艺术体育
高校学术研究论著丛刊

高校健美操课程建设与教学研究

王子卓　著

中国书籍出版社
China Book Press

图书在版编目 (CIP) 数据

高校健美操课程建设与教学研究 / 王子卓著 . -- 北京 : 中国书籍出版社 , 2023.8

ISBN 978-7-5068-9557-6

Ⅰ . ①高… Ⅱ . ①王… Ⅲ . ①健美操 - 教学研究 - 高等学校 Ⅳ . ① G831.32

中国国家版本馆 CIP 数据核字（2023）第 171918 号

高校健美操课程建设与教学研究

王子卓　著

丛书策划　谭　鹏　武　斌
责任编辑　李　新
责任印制　孙马飞　马　芝
封面设计　东方美迪
出版发行　中国书籍出版社
地　　址　北京市丰台区三路居路 97 号 (邮编：100073)
电　　话　（010）52257143（总编室）　（010）52257140（发行部）
电子邮箱　eo@chinabp.com.cn
经　　销　全国新华书店
印　　厂　三河市德贤弘印务有限公司
开　　本　710 毫米 ×1000 毫米　1/16
字　　数　257 千字
印　　张　16.25
版　　次　2023 年 8 月第 1 版
印　　次　2024 年 1 月第 2 次印刷
书　　号　ISBN 978-7-5068-9557-6
定　　价　95.00 元

目　录

第一章　高校健美操理论与发展

健美操是一项融体育、美学、艺术及时尚于一身的新兴体育运动，这项运动在我国高校开展较为普遍，对促进大学生身心健康、丰富情感体验、陶冶情操、培养审美素养以及提升综合素质起到了重要作用。当前我国高校健美操教学越来越受重视，也取得了良好的教学成果，但同时高校健美操发展中也有一些不足和问题，有待进一步完善，以推动我国高校健美操运动的进一步发展。本章主要对高校健美操理论与发展进行研究，主要内容包括健美操基础知识与多元价值，我国健美操运动的发展现状与展望，高校健美操教学理念与特点、教学任务与原则以及教学现状与革新。

第一节　健美操基础知识与多元价值

一、健美操的概念与分类

（一）健美操的概念

健美操是融音乐、体操、舞蹈、美于一体，以身体练习为基本手段，以有氧运动为基础，通过徒手、手持轻器械和用专门器械的操化练习达到增进健康、塑造形体、丰富生活、陶冶情操的一项新兴娱乐、观赏型体育运动项目。[①]

① 徐裴，韩颖，徐立宏．高校时尚健美操运动教学理论与实践［M］．北京：光明日报出版社，2015：35.

（二）健美操的分类

健美操和很多体育运动一样都是兴起于大众健身及娱乐活动。随着健美操运动的不断发展，逐渐融入了表演和竞赛的元素，健美操的内容与表现形式越来越丰富和多变，分类方法也逐渐增多。

通常采用的分类方法是按照健美操运动的目的和任务进行分类，将健美操运动分为健身健美操、竞技健美操和表演健美操三种类型。

1. 健身健美操

健身性健美操是健美操最基础的形式，又称为大众健美操，是一种同时具备娱乐和健身功能的健美操形式，动作一般比较简单，适合大部分人群，因此也被称为"群众性健美操"。普遍认可的关于健身健美操的概念为：健身健美操是以身体锻炼为基本手段，跟随着音乐的伴奏进行的能够增进身体健康、愉悦身心的一项体育健身运动项目。

2. 竞技健美操

竞技健美操是一项在音乐的伴奏下，能够表现连续、复杂、高强度成套动作的运动项目。成套动作必须通过七种基本步伐以及难度、过渡连接、同伴协作等动作组合成成套动作来进行展示，展示过程中注重动作的连贯性和流畅性，对力量、柔韧性的要求都非常高。竞技性健美操的步伐也有着严格的规范和标准。作为一种竞技项目，竞技健美操强度较大、难度较高，想要在比赛中获胜，各个队伍必须要不断设计，从而完成复杂、新颖的动作，如难度动作 A 组类别 3：托马斯转体 180° 后腾空转体 360° 成文森，过渡动作：挑身起成纵劈腿等。

3. 表演健美操

随着人们对健美操运动认识程度的不断加深，健美操种类的分类也越来越多样化，除了传统的健身健美操和竞技健美操，表演健美操也成为一种新颖的健美操运动种类。

表演健美操是以表演的形式将健美操动作呈现给观众。为迎合表演需要，竞技健美操的动作除了难度要求之外，还要追求动作的美感和节奏，比如可以在健美操运动中加入一些现代舞和艺术体操的动作，以丰富动作种类，使其更具观赏性。同时也要非常注意健美操动作和音乐的匹配程度，最好能够根据动作的要求特殊改编音乐以提高匹配程度。

表演健美操的创意、美感和思想都需要通过表演者的肢体动作和眼神、表情等表现出来，所以对表演者的表现能力和情绪感染力有比较高的要求。表演健美操可融合各类元素，包括街舞、爵士舞等，一般节奏轻快活泼、动作精彩、队形多变，能够通过表演展现表演者们健美、自信的精神体貌，近年来不断出现在各种舞台表演和文艺汇演中。

二、健美操术语

（一）健美操术语概念

健美操术语是人们在健美操发展过程中经过总结提炼，不断归纳出来的用来描述健美操运动中的动作名称、动作过程等的专业语言，以其专业、准确、简明的优点在健美操运动中占有重要地位，无论是日常运动、训练，还是上场竞赛和进行科研，都必须用到这种专业的交流工具。

（二）健美操术语的特点

1. 科学性

健美操术语具有科学性。健美操术语需要准确描述健美操的动作要求和比赛规则，必须非常严谨，描述必须只有一种含义而不能有歧义，这样才能便于运动者理解其中动作和比赛规则。

2. 一致性

健美操术语具有一致性，作为传递信息、促进交流的语言工具，健美操术语在训练时的技术指导、比赛时的规则制定和平时的学术沟通上被广泛使用。不一致的术语容易给人们带来理解差异，而加大理解、交流的难度，只有具有一致性的术语才能促进健美操运动的发展。

3. 实用性

健美操术语必须具有实用性。健美操的理论知识最终是需要落实到实践中去的，所以健美操术语必须具有通俗易懂的特点，健美操的运动者们除了专业的运动员，还有业余的健身爱好者，通俗易懂的健身操术语便于各种运动群体的理解和记忆，促进健身操运动的繁荣。

（三）健美操术语的构成

1. 学名术语

开合跳（Jumping jack）、单足转体720°（2/1 Turn）等词语是所谓的健美操学名术语，其特点是由动作基本术语组成，一般由动作开始姿势、动作部位、身体形态、动作方向、动作做法、动作数量、动作相互关系和结束姿势位置等部分构成。

2. 音译术语

恰恰步（Cha Cha）、桑巴步（Samba）等词语是所谓的健美操音译术语，因为健美操最开始的发源地是美国，后面才变成一种风靡世界的运动，因此我国将一些英语中的健美操术语直接根据英文发音引入进来，补充完善我国的健美操术语。

3. 命名术语

托马斯（Flair）、塔玛诺（Tamaro）、科萨克跳（Cossack jump）等词语是健美操命名术语，是国际健美操联合会根据历届举行健美操世界大赛的一些国家、地区、民族和一些表现出色的运动员的名字命名而成的术语。

4. 形意术语

钟摆跳（Swing）、十字步（Cross step）等词语是健美操术语中的形意术语，形意术语就是根据健美操动作的表现方式，找到与其相似的一些常见物体运动，并用我们常见的物体运动来描述健美操动作的命名方式。

5. 俗称术语

燕子、旋子等词语就是健美操术语中的俗称术语，这两个词语是从中国舞中引用到健美操术语中的，所以俗称术语一般就是从大众通用的词语或者正在流行并且成型的词语中引进的，其优势是通俗易懂、群众基础广泛。

6. 象形术语

健美操的象形术语类似于象形文字，是通过使用一些比较形象好懂的图形文字来描述健美操的动作，对于专业人士来说，具有直观、快速的优点，但是业余人士辨认存在一定困难，所以多使用于裁判和科研活动中。

（四）健美操基本术语

1. 场地方位术语

一般借鉴舞蹈中的基本方位术语来说明健美操运动中人的身体在场地上所处的方位。把开始确定的某一边（主席台、裁判席）定为基本方位的第一点，按顺时针方向，每 45° 为一个基本方位，将场地划分为 1、2、3、4、5、6、7、8 点，共 8 个基本方位（图 1–1）。

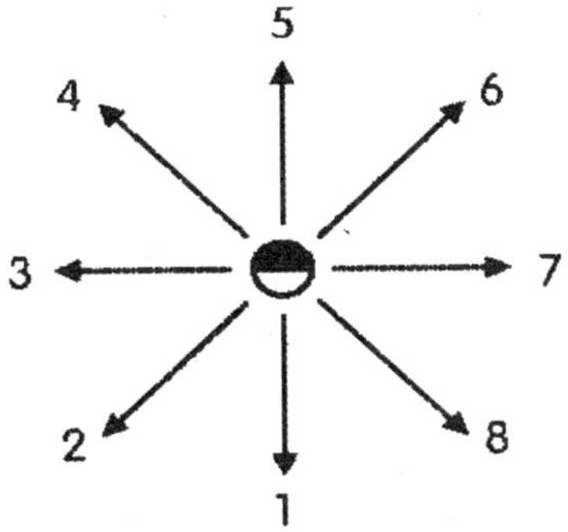

图 1–1　健美操场地方位

上图从 1 点到 8 点分别表示的方位如下。

1 点表示正前方。

2 点表示右前方。

3 点表示正右方。

4 点表示右后方。

5 点表示正后方。

6 点表示左后方。

7 点表示正左方。

8 点表示左前方。

2. 运动形式术语

健美操常见动作形式术语如下。

举：指手臂或腿向上抬起，停在一定位置，如侧平举、举腿。

屈：身体某一部分形成一定角度，如屈腿、双臂胸前平屈。

伸：身体某一部分形成一定角度后伸直，如伸臂、侧伸。

摆：肢体在某一平面内由一个部位运动到另一个部位，不超过180° ，如摆臂、后摆。

绕：身体某部分转动或摆动180° 以上（360° 以上称绕环），如绕髋、肩绕环。

踢：腿由低向高做加速有力的摆动动作，如剪踢、弹踢。

交叉：肢体前后或上下交叠成一定角度，如十指交叉、交叉步。

转体：绕身体纵轴转动的动作，如单脚转体、水平转体。

平衡：用一只脚支撑地面，身体保持一定的静止姿态，如侧控腿平衡、燕式平衡。

水平：身体保持与地面平行的一种静止动作，如分腿水平支撑、水平肘撑。

波浪：指身体某部分邻近的关节按顺时针做柔和屈伸的动作，如手臂波浪、身体波浪。

跳跃：双脚离地，身体腾空并保持一定的姿势，如团身跳、开合跳。

劈叉：两腿分开成直线着地的姿势，如横叉、纵叉。

梗：下颌内收、颈部伸直的动作，如梗头。

提：由下向上做运动，如提臀、提肩。

沉：身体某部分放松下降的动作，如沉肩、沉气。

含：指两肩胛骨外开，胸部内收，如含胸。

挺：一般指胸部或腹部向前展开，如挺胸、挺腹。

振：身体某部位弹性屈伸或加速摆，如振胸、振臂。

收：向身体正中线靠拢或还原到起始位置，如收臂、收腿。

（五）健美操术语的运用要求

1. 规范完整

健美操术语广泛运用于健美操的教学素材、论文专著、赛事规则等领域，是推动健美操理论文化传播与交流的重要语言工具。健美操术语承担着传递正确健美操文化，促进世界各地健美操文化交流和发展的重要使命，因此使用健美操术语必须坚持严谨的态度，规范完整地使用健美操术语，防止将错误的知识传播出去，防止不小心误导他人。

2. 简明清晰

完全标准的健美操术语虽然能满足高标准的准确度的要求，但是通常也会有冗长复杂的缺点，在一些对描述方式要求不那么严格的情况中，可以在保证内容完整、描述清晰、格式规范的前提下，采用更加简洁明了的健美操术语进行表达。如教师备课或者健美操教练制定健美操练习规划，就可以用简单的动作名称加上形意术语表述，这样既省时省力，又清晰明了。除此之外，利用一些线条画、图片、视频等代替冗长的标准表述，也不失为一种简单高效的方法。

3. 方便快捷

健美操术语的其中一个要求就是要方便使用者，使使用者能在时间比较紧张的情况下，快速准确地记录相关事项。如裁判员在赛场上的时间就比较紧迫，需要在运动员做动作的时候记录下成套的动作，记录下各个动作的难度程度，还有一套体操动作的艺术性，这样才能根据运动员的多方面表现公平打分。通常在赛场上，负责记录动作完成情况的裁判员会通过使用难度和技巧符号评定运动员的动作完成情况，负责记录动作难度的运动员会使用符号代表不同的难度等级，负责评定动作艺术性的裁判员则会运用成套动作内容符号评定动作的艺术性。因此，人们在使用健美操术语的时候可以本着方便快捷的原则，提高自己的工作效率。

4. 形象易懂

健美操术语除了方便使用者，也要方便学习者。人们在学习健美操时，理论知识的学习通常只占用总体时间的一小部分，更重要的部分是实践和练习。因此在使用健美操术语进行教学时，使用的术语尽量要形象易懂，保证学生能在短时间内快速领悟动作结构和技术要领，节省理论学习的时间。此外，教师在教学过程中还可以提供分解动作的图片或者视频供学生观看，给学生更加清晰直观的印象。通俗又形象的描述方式，使学生能够比较形象地感知动作内在的本质要求，有利于加深学生对健美操动作的理解和记忆。

5. 灵活变通

健美操运动动作种类繁多，但是因为基本步伐只有七种，所以很多动作不免有相似之处。相应地,健美操术语也有交叉重叠的部分,这无疑会给教学中简称动作名称带来了一定的麻烦。所以在使用健美操术语的时候,虽然要以标准为主,但是也要学会灵活应用,比如在教学中就可以按照“先正式后简称”的方式解决这个问题。所谓的先正式就是指在教学刚开始的时候,教师要先正式告诉学生每个动作的标准描述,使学生构建正确的动作概念,而后在学习中后期使用术语简称,学生此时已经了解该动作的正式描述并且对动作比较熟悉,此时为了方便教学,可以使用一些比较简略的术语,如教师可直接用口令“V”或手势“V”来提示动作,这样能节约教学时间,提高教学效率。

三、健美操音乐

(一)音乐对健美操的意义

需要音乐配合进行是健美操运动区别于其他体育运动的一大特征,音乐在健美操运动中具有非常重要的作用。音乐可以增加健美操运动的趣味性和艺术性,相比单一的动作具有更直观的表现力,音乐还能渲染气氛、感染情绪、引起共鸣。音乐是健美操的灵魂,能从多个因素上影响健美操运动。

1. 音乐和动作

健美操运动中的音乐和动作是相辅相成、互相配合的关系。在进行健美操创编时,可以先构思动作再选择音乐,也可以根据音乐构思动作,但终究动作和音乐必须要保证你中有我、我中有你。健美操的音乐还能突破动作表现力的有限性,将动作要表达的情感和思想通过音乐的形式表达,增强动作的表达效果。

2. 音乐和节奏

健美操音乐节奏的快慢基本上决定着动作节奏的快慢,不同类型的音乐配合的动作也不尽相同。一般来说,音乐节奏越快的作品,动作变化的节奏越快,动作的强度也更大,反之,节奏缓慢的音乐一般配合的是比较轻缓的动作。

3. 音乐和风格

音乐受到主客观因素的影响,一般我们可以从音乐中了解到历史背景、人物情感等信息，在选择健美操配乐时要选择和动作风格相适应的音乐风格，所以我们一般根据健美操的配乐风格就能想象健美操动作的风格。

（二）健美操音乐的类型

1. 爵士乐

爵士乐诞生于19世纪末20世纪初，最初发源于美国，是广泛流行的美国民间音乐。爵士乐是非洲文化和欧洲文化的结合，人们将黑人社会里婚丧嫁娶、社交场合上唱的、演奏的散拍音乐以及劳动歌曲进行总结，搭配欧洲音乐的和声方式，形成了一种全新的音乐形式。爵士乐是一种“喜庆”的音乐，经常表现出喜悦的氛围，感染力很强，通常情况下就算表达哀伤也会采取比较隐晦的方式。

爵士乐有很多鲜明的特点，比如是由很多连续不断的切分节奏构成完整旋律；其表演形式一般是即兴表演；具有鲜明强烈的音色；和声非常丰富；节奏变化多端；采用强有力的打击乐器等。

2. 摇滚乐

摇滚乐是近年来非常流行的一种音乐类型，一般在乐队中占有非常重要的位置。摇滚乐是从爵士乐发展而来的，它继承了很多爵士乐的特点，如即兴表演、强烈的打击乐器等。不同的是摇滚乐的节奏有快有慢，一种相同的节奏会反复多次出现，给人一种强烈的摇摆的感觉。

3. 迪士高

迪士高也是从爵士乐发展而来的一种音乐类型，它和爵士乐一样，选择使用大量的打击乐器，并且保留了爵士乐中的切分旋律。不同的是，迪士高音乐中使用大量的单拍，并且多次重复这些拍子，以表现音乐的激情。此外，迪士高音乐中一般会包含唱的部分，但是唱的部分一般不被重视，因为迪士高音乐中节奏的“快”才是这种音乐真正的追求。

4. 轻音乐

轻音乐不是一种真正意义上的音乐类型，它泛指所有节奏轻松愉快、曲调生动活泼、内容简单明了的音乐。轻音乐的范围十分广泛，爵士乐、摇滚乐、迪士高也可以算在轻音乐的范围内，我们大致可以将轻音乐划分成五个类型，分别是：第一类，轻松活泼的舞曲；第二类，电影音乐和戏剧配乐；第三类，通俗歌曲及流行歌曲；第四类，日常生活中的舞蹈音乐和民间曲调；第五类，是轻歌剧。

(三)健美操音乐的选择

音乐是健美操的重要组成部分，贴切妥当的音乐会极大增强健美操的呈现效果，使其更加出彩，因此在选择健美操音乐时一定要非常谨慎，最大程度上提高健美操音乐和动作、思想情感的匹配度。我们可以按照下列程序选择音乐。

1. 反复琢磨动作

健美操音乐是为了配合动作而存在的，因此在选择音乐之前一定要加深对动作的理解。反复琢磨动作可以基本上了解动作节奏的快慢、动作强度的大小、动作的风格等，健美操的音乐和动作具有一致性，基本了解这些因素后，就可以大致确定音乐的方向。

2. 寻找大量音乐素材

创编动作之后想要一次性寻找到和健美操作品完全匹配的音乐几乎是完全不可能的事情，选择健美操音乐往往要搜集大量的音乐素材，再深入到素材内部去，通过对比分析选择最适合作品的音乐片段。所以很多时候健美操音乐不会是完整的乐曲，而是一个个音乐碎片拼凑起来的一个全新的音乐作品。

3. 剪接制作音乐

从音乐素材中选择和健美操作品最贴切的音乐片段后，要做的就是通过剪辑将这些片段制作成新的健美操音乐。在剪接制作的过程中我们不仅要考虑各个部分的匹配度，还要注意音乐整体的协调性，要突出音乐的开头、高潮和结尾。

四、健美操的多元价值

健美操运动自兴起以来，以强劲有力的动作、优美的音乐旋律而风靡全球，受到世界各地年轻人的喜爱。健美操运动之所以能够广泛传播，在社会上保持持久的热度，与其重要的价值功能是分不开的。健美操运动具有多元化价值，包括突出的生理价值、心理价值和社会价值，多种价值的共存使这项运动深具魅力。健美操运动的价值反映了现代人的生活方式，满足了人类的情感需要，对人类的各个方面都产生了重要影响。

下面具体分析健美操运动的生理价值、心理价值和社会价值。

（一）健美操运动生理价值分析

1. 改善身体器官和系统功能

（1）改善呼吸及消化系统的功能

人在参加各种各样的健美操活动时，进行健美操练习的过程中机体的需氧量会增加，长时间练习可以扩大肺部容积，增加肺泡张开率，同时也会大幅度增加吸氧量，从而锻炼呼吸肌，增强呼吸系统的功能。

在健美操健身锻炼或训练比赛的过程中，很多动作的完成都需要腰腹肌、骨盆肌的参与，这能够使肠胃蠕动更加通畅。而且在健美操练习中要做大量的深呼吸，相应也就增加了腹肌和胸肌的上下活动频率，在一定程度上按摩了消化器官，促进了消化功能的提升，使人体更好地吸收营养，满足运动的需要。健美操锻炼还能促进新陈代谢，改善肝脏功能。

（2）调节神经系统功能

人在中枢神经系统的支配下参与健美操练习，长期参与健美操运动也有助于促进这一机体系统功能的提升。健美操运动改善人体神经系统功能的作用具体表现为促进神经过程强度的提升，增强集中注意力的能力，提升均衡分配注意力的能力，使神经系统功能更灵活、完善，开阔人的视野，提高观察力的敏锐性，提升综合分析能力，并增强生命力。

（3）改善循环系统功能

长期参与健美操运动，能够改善心肌细胞的结构，增强心肌收缩力，使心脏供血能力得到提升，进而增加血液的能量供给，使脑细胞获得更多的氧分，促进大脑思维能力的全面提升。在健美操练习中，人体有氧代谢能力也能得到提升，从而达到燃烧脂肪，减轻器官负荷的作用。

2. 塑造健美体形

人体组织包括骨骼、脂肪、肌肉等，这些组织的比例结构和分布情况直接影响人的体形，体形又会对体态即身体外形姿态产生影响，我们常说一个人举手投足是否大方、得体，主要就是对其体态进行评价。体形的高矮胖瘦是人体外部最直观的体现，影响体形的因素有很多，包括先天遗传、新陈代谢、饮食习惯、疾病、自然环境等。人体的体形和体态历来受到重视，体态受体形的影响很大，在礼仪教育中我们强调的"站有站相，坐有坐相"就是良好体态的表现，体态不端正而且对此不够重视的人，长期下去会出现骨骼发育不正常的问题，而且可能出现畸形，那些含胸驼背、脊柱侧屈的人有的就是因为长期的不良体态造成的。体形和体态良好的人能够给人留下良好的第一印象，能够使人保持良好的精神面貌，而且形成积极的生活态度，养成健康的生活习惯，表现出理想的自制力、自信心和独立性。这样的人在一生中有更多的机会实现自己的人生价值，创造更多的社会价值，而且生活有乐趣、有意义。

体育锻炼是改善体形和体态的重要方式，健美操运动在这方面起到重要作用，下面从三个方面分析健美操运动对塑造健美体形和良好体态的价值。

（1）塑造健康、优美的体形

肌肉的丰富度和强健性在很大程度上影响人体的体形和体态美。在健美操运动中，完成带有一定负荷的动作能够有效刺激肌肉，促进受刺激部位肌肉的发展和骨骼的增强，促进局部的生长发育。参与健美操锻炼，既能将先天的身体优势利用起来，并进一步强化优势，又能使先天不足得到弥补，遗传度越小的身体部位经过科学系统的健美操锻炼越能发生积极的变化，长期坚持锻炼，能够收获良好的效果，使体形变得丰富、匀称，看起来既健康，又有美感，再加上在一定程度上控制了体重，所以整体上给人一种大方美丽、端庄自信的感觉，这便是健美操运动对体态的积极作用。不管男性还是女性，长期参与健美操锻炼，都能有效改善体形和体态，男子变得体格魁梧、风度翩翩，女子变得体态丰满、秀丽动人。有关专家针对人体不同部位的体态问题创编了局部塑形健美操，这样就提高了锻炼的针对性，满足了锻炼者发展身体各个部位的需求，最终获得整体的健美效果，塑造出健康而具有美感的体形、体态。

（2）全面锻炼身体素质

健美操运动能够全方位锻炼人的身体素质，具体表现为增强肌肉力量，增加肌肉、韧带的弹性，提高柔韧性。有些动作要求肌肉活动达到极限状态，直至有轻微的疲劳和酸痛感，这对锻炼耐力素质具有重要意义。在健美操音乐伴奏下，运动者的动作不断变化，包括动作方向的变化、动作路线的变化、动作力度的变化等，完成这些不断变化的动作能够促进肌肉记忆力的增强，能够使神经系统更加灵活，使身体各部位更加协调，从而有效锻炼了灵敏性、协调性。

（3）矫正畸形、促进康复

健美操既有局部动作，也有全身性动作。创编者根据健美操运动的特征、基本创编规律和原理以及人体的需要而设计身体不同部位的动作及全身性动作，局部动作重点发展某一身体部位，但也会影响全身，能够起到全方位的锻炼效果。对于因为各种因素而造成的身体缺陷、身体畸形，采用运动疗法可以起到一定的矫正作用。健美操作为常见运动疗法的项目之一，在矫正驼背、鸡胸、O 型腿身体畸形方面具有重要意义。有关专家专门针对常见身体畸形而创编了矫正畸形健美操运动，在大众中广为流行。身体有畸形或缺陷的人要选择适合自己的健美操动作来进行锻炼，从而有针对性地矫正畸形，改善不良体态。

例如，肩膀狭窄、肩胛下垂的人可选择的健美操动作有前平举、侧平举、颈后举等，从而使肩部三角肌、斜方肌得到有效锻炼，使这些部位的肌肉变得发达，以达到良好的矫正缺陷的效果，使肩部看起来有美感；“鸡胸”的人可选择的健美操动作有“飞鸟”、仰卧推举以及对锻炼胸大肌有作用的动作，经过长期练习而使胸部肌肉发达、结实、丰满、有轮廓，使胸部看起来挺拔；肥胖的人参加健美操锻炼要以控制体重、燃烧脂肪、塑造体形为主，健美操锻炼对肥胖者来说不仅能塑造体形，还能促进健康和预防疾病，因为超重或肥胖的人发生慢性疾病的可能性大，所以必须通过运动锻炼来减轻体重，促进健康，预防疾病。

因为健美操运动具有矫正畸形、预防疾病的作用，所以其被纳入医疗体育的范畴中，成为医疗体育的重要组成部分。一些患者如颈椎病患者、腰肌劳损患者、腰间盘突出患者等也可以通过健美操锻炼而达到身体康复的效果。

3. 延缓衰老，保持青春活力

长期参与健美操运动锻炼，不但能够强身健体，塑形美体，还能稳定与提高身体功能，使精力旺盛，保持活力，提高免疫力，延缓衰老。

（1）提高人体生物催化酶的活性

人体内物质的分解、合成、代谢等过程都需要酶的参与，需要发挥酶的催化作用。但随着年龄的增长，人体内酶的活性也就是酶的催化作用会下降，从而影响人体内物质的分解与合成，阻碍人体正常代谢，加快人的衰老过程。通过健美操运动锻炼，能够有效刺激酶的活性，增强酶的催化作用，促进体内物质的快速合成、分解，促进人体代谢，从而延缓衰老。

（2）调节内分泌

长期进行健美操运动锻炼能够使机体获得与保持强大的免疫力，从而有效抵抗疾病，预防疾病，避免因疾病而加速衰老过程。神经营养及激素调节作用下降是衰老的常见表现，通过健美操健身练习能够改善这一状况，延缓衰老。健美操运动能够调节人体内分泌系统功能，预防疾病，如胰岛素这种激素有降低血糖的作用，在健美操运动锻炼中可分泌出很多胰岛素，从而对血糖进行有效的调节，达到预防糖尿病的效果。

（3）预防器官衰老

人体衰老在组织器官上主要表现为器官萎缩、功能退化，健美操运动尤其是有氧健美操运动对人体血液循环有积极的促进作用，能够使血液的含氧量增加，延缓器官萎缩，维持器官功能。健美操锻炼还有益于保持红润的肤色，防止皮肤松弛暗淡，提升气色。长期坚持健美操健身活动还能促进骨骼密度的增加，起到补钙的效果，有效预防骨质疏松。

（4）促进新陈代谢

人体代谢速度减慢是衰老的主要特性，为促进代谢，延缓衰老，有必要参与有氧健美操锻炼，促进体内物质合成与分解代谢的平衡以及各项代谢功能的改善，并通过锻炼而生成更多的能量和营养成分，使机体营养需求得到满足，促进新陈代谢。

（二）健美操运动心理价值分析

1. 健美操运动对心理过程的影响

（1）对认识过程的影响

①使运动表象成熟

健美操运动的基本练习手段是身体锻炼活动，在音乐伴奏下进行身体练习，达到增强体质、愉悦心理的作用。初步接触健美操运动的人，会被健美操运动环境、健美操音乐和指导员的指导技能吸引，强烈的好奇心和新鲜感使人表现出积极的参与行为，长时间的积极参与和实践锻炼提高了肌肉运动感觉，使运动表象不断趋于成熟。

②使思维丰富、敏捷

健美操运动使人的思维不断丰富，主要体现在形象思维上，形象思维是具体的、生动的，是对健美操运动规律和健身本质的具象反映。在健美操健身锻炼中，不管是运动场地、运动器材、专门的音乐以及周边的环境等，都是具体可见的，是形象的，运动者大脑中能够勾勒出这些具体形象，从而产生直观而丰富的形象思维，这有助于使运动者解决健身锻炼中出现的具体问题。

健美操运动使人的思维更加敏捷，主要体现在动作思维上，运动者在健美操锻炼中要通过完成具体的动作才能产生动作思维过程。在健美操运动过程中，人的动作思维往往以组合形式出现，因为身体各个部位都在不停运动，在各部位动作的基础上形成丰富、敏捷的组合式动作思维，在运动实践中解决现实问题同样离不开敏捷的动作思维。

③使想象力丰富

人在学习健美操知识、掌握健美操技能以及参与健美操运动的实践过程中，健美操动作、音乐直接作用于人的感觉器官，作用于肌肉和神经系统，人们也能切切实实地感知这些刺激，不仅如此，人们通过积极主动的思维还能创造出抽象的、虚拟的动作形象，随着运动经验的不断积累，人们还能在大脑中勾画出新的技术动作，并采用一定的创编技巧而创造出实实在在的动作形象，这对培养人的想象力、创造力具有重要作用。想象力提升后，人们可以更好地理解健美操的内涵，更加积极地参与健美操运动，将健美操作为生活的一部分，养成终身锻炼的好习惯。

（2）对情感过程的影响

不同的个体有不同的需要，要追求不同的事物来满足自己的需要，某一事物是否与个体的需要相符，能否满足个体需要，应该由个体自己去体验，这种体验的本质就是情感。情绪是情感的重要组成和重要表现，健美操运动对情感过程的影响集中反映在对情绪的影响上。人的心境、激情和应激都与情绪有关，是几种常见的情绪状态，健美操运动对这些情绪产生了重要影响。

心境：心境具有持久性、微弱性和色彩性，健美操运动锻炼能够帮助运动者产生良好的心境状态。

激情：激情具有短时性、快速爆发性和激烈性，激情这种情绪状态的外部表现很明显，如人们在健美操锻炼中兴奋地表现自我。健美操能够激发人的运动热情,使人充满激情参与锻炼。

应激:应激的特点是紧张、出乎意料,这种情绪状态发生在意外突如其来的情况下,这时个体必须做出某种决定,没有犹豫的时间和选择的余地。健美操实践经验丰富的人往往能在应激条件下快速反应、判断和采取行动,在这个过程中必须高度集中注意力,主动联想过去的经验,果断决定。应激状态下的行动激活了机体器官,并使参与工作的系统的功能发生积极的变化。

2. 健美操运动对个性心理的影响

(1)对体育态度与行为的影响

性格的形成和家庭环境有关,每个人的体育态度和行为也与其家庭环境、家庭教育情况有关。作为社会的基本单位和道德集中点,家庭从初始意义上影响着人的性格。家长的生活态度、生活方式、行为习惯等对孩子性格的养成有重要的影响。要培养人对健美操运动的积极态度和良好行为习惯,就要从小抓起,从家庭教育抓起。家长如果喜欢健美操运动,养成了长期参与运动的好习惯,那么这种体育态度和体育行为就会给下一代体育态度、体育兴趣以及良好运动行为习惯的养成带来积极影响,并有利于促进下一代形成正面性格。

父母对孩子的态度可能会终生影响孩子的性格,所以父母要自己先树立良好的体育态度,养成良好的运动习惯,然后积极影响孩子,使其树立终身体育的意识。此外,父母如果能够对孩子进行民主化的管教与培养,那么孩子就容易形成亲切的、喜欢协作和社交的良好性格,这种性格对孩子的一生都有重要意义。

人们在学习健美操知识和参与健美操实践的过程中也能培养良好的体育态度和行为习惯,也能进一步塑造性格。因此要重视激发青少年的运动动机,培养其良好的体育态度、科学的运动观和正确的健康观,鼓励青少年参与健美操运动,使其在运动实践中获得多方面的收益,受益终身。

(2)塑造乐观性格

性格是个人对现实的稳定的态度和习惯化了的行为方式。人们参与健美操运动,在运动场地、技术动作、健美操音乐等多种因素的影响下完成对健美操的认识过程、意志过程、情感过程,这些过程伴随人的实践活动而真真实实发生、保存,使人形成了对健美操运动的一种稳定的态度，并在实际行动中以各种各样的形式去表现这种稳定的态度，从而形成了特定的行为方式和健美操运动习惯。

性格是人的独特心理特征的总和。喜欢健美操运动并多年坚持参与这项运动的人往往给人留下大方、勇敢的印象，这类运动人群性格开朗，意志坚定，情感丰富，热情开放，与时俱进，喜欢创新。人的性格虽然具有稳定性，但不是完全不变的，在特定环境的影响下人的性格可能会有所变化。长期参与健美操运动，不断陶冶情操，丰富情感，久而久之可以发生一些变化，这种变化主要表现为内向变外向、胆小变勇敢、被动变主动、消极变乐观等。

（3）陶冶情操，培养高雅气质

健美操运动要求参与者在锻炼过程中将每个动作都完成得自然一些，使动作看起来协调、舒展、优美、大方。此外，造型合适、美观；动作奔放、刚健有力等也是对参与健美操运动的基本要求。这有助于矫正身体的不良姿态，美化身体姿态，使体态优美、风度高雅、体型健美。音乐是健美操成套动作不可缺少的因素，在节奏鲜明的音乐伴奏下跳健美操，使人看起来更有运动美、活力美。音乐的存在活跃了健美操运动氛围，有助于陶冶参与者的情操和提升思想境界。

健美操实践以健身为基础，竞技动作为提高，形体训练为主要内容，形体训练内容与年轻锻炼者尤其是女性锻炼者的需求相符，成为影响女性气质的主要原因。健美操形体训练能丰富内心情感，塑造外在姿态的高雅美，促进内在气质与外在美的协调统一。

3. 健美操运动对人格塑造的影响

人格是指人的性格、气质、能力等特征的总和，也指个人的道德品质和人作为权力、义务的主体的资格。人格魅力则指一个人在性格、气质、能力、道德品质等方面具有的吸引人的力量。一个人如果人格魅力巨大，那么他就拥有智慧、力量等无形的财富，在社会上也会获得更多的温暖，发展的机遇也很多。在快节奏的社会生活中，人们面临重重压力，这时人格魅力对一个人来说就更加重要了，它是人们克服压力、走出困境、勇往直前和获得帮助的重要工具。健美操运动对塑造人格和提升人格魅力具有重要影响，主要表现如下。

（1）塑造智慧人格

在健美操运动教学、锻炼及训练中，参与者既要掌握内部技术，即对健美操创编的艺术构思有所理解，对身体动作达到一定的熟悉度，并在内心产生相应的情感，体验这种情感，同时参与者还要掌握外部技术，也就是将健美操表演技巧熟练掌握，对健美操动作与音乐的结合规律等有所理解。在健美操实践中，参与者作为基本载体通过肢体语言将健美操艺术展现出来，在实践过程中要根据健美操运动的规律和发展需要改造参与者的固有属性，促进参与者思想修养的提升，对其智慧人格进行培养。

（2）塑造道德人格

人要经历很长的过程才能形成道德人格，影响道德人格形成的因素有很多，其中教育的影响非常显著，健美操教学在很大程度上影响着学生道德人格的养成。健美操的健身功能、塑形功能、保健功能、娱乐功能、医疗功能等都很突出，在各种各样的健美操实践活动中充分发挥这些实用功能，对人类文明加以传承，以潜移默化的方式促进人类道德情感的提升。例如，在健美操教学中，学生以团体的形式参与健美操运动，在实践中相互帮助、合作，树立团体意识，培养集体主义精神，不但有助于提高教学效果，还有利于对学生的良好道德品质进行培养，促进学生道德人格的养成和提升。

（3）塑造审美人格

美是客观实际和主观感受的统一，客观实际指的是美好事物的客观属性，主观感受是指美好事物发挥自身功能给主体带来的体验。每个人在审美领域都有自己的追求，如精神境界的提升，人与自然和社会的和谐发展，对和谐社会的创建，对美好地球家园的保护等，每个人都希望自己的存在能够使社会更加美好。人们在参与健美操运动的过程中流露真实情感就是一种审美表现，健美操运动员的身体律动和内心情感是融为一体的。有关研究表明，在人格形式初期，外界因素会造成很大的影响，当个体的认知能力、知识水平不断提升后，就会主动选择符合一般审美规律和被社会广泛认同的审美人格。健美操是身体活动和精神活动的统一，在人格形成后期参与健美操运动能够对审美人格的塑造及提升产生积极影响，人们在健美操实践中对艺术的审美理论、审美标准、审美方法予以学习和掌握，并以审美人格的标准为依据而对自己的言行进行调整，从而有效提升自己的审美素养。

（三）健美操运动社会价值分析

1. 丰富大众生活

健美操运动形式多样，内容丰富，健美操作为大众健身的主要内容，大大丰富了大众的体育生活，避免了大众因长期参与单一类型的健身运动而产生枯燥和乏味感，以至于失去健身锻炼的兴趣。健美操锻炼形式多种多样，不同年龄层次的人都可以找到适合自己的锻炼方式。人们参与丰富多彩的健美操运动，能够逐渐树立自我超越的意识，形成正确的健康观和健身观，进而形成良好的世界观和人生观。大家在公共场所参与集体性健美操活动，认识更多的人，相互交流心得，有助于开阔眼界，扩大社交范围，提高社交能力，丰富日常生活，稳定社会感情，促进社会平等，强化社会认同。

2. 促进社会稳定和发展

（1）调节人际关系

在信息化时代，社会生活节奏不断加快，人与人之间的交往逐渐浓缩，越来越简洁。互联网技术的出现和通讯设备的发明虽然使人际沟通和交往打破了时空限制，使人类的时空距离缩短了，但是人际情感距离也因此而越来越大。在快节奏的社会环境下生活，人们的生活压力、就业压力、教育压力、就医压力等不断增加，因此很容易产生负面情绪，如紧张、焦虑、抑郁、暴躁等。为了摆脱负面情绪，人们对社会交往有了新的需求，渴望以新的方式进行人际沟通和交流。健美操具有重要的社会交往功能，人们参与这项运动，能够对自身的身心状态进行调节，对生活节奏进行调整，提高生活质量。人们三五成群一起进行健美操锻炼，在运动中聊工作、聊生活，诉说自己的烦恼，得到好友的安慰与帮助，在轻松的运动氛围中不仅锻炼了身体，还加深了相互之间的感情，巩固了友谊。

随着体育健身产业的不断发展，我国各大城市的健身俱乐部越来越多，健身场所在中小城市甚至是城镇乡村也不断增加。大型健身俱乐部不仅提供健身服务，还有各项休闲娱乐服务，一条龙齐全。上班族在下班时间或节假日进入健身俱乐部，在音乐的激情伴奏下尽情跳操，尽情流汗，热情洋溢，自由自在，宣泄情感，表达兴奋，彻底放松身心。

参加完健美操运动，人们神清气爽，心情愉悦，活力四射，脸上洋溢着自信，再次以充沛的精神和乐观的情绪投入生活和工作。可见健美操运动可以美化人的生活，塑造人的精神。不管社会地位如何，文化水平如何，人人都能在健美操运动中有所收获，体验美好的情趣，陶冶情操，美化心灵，为生活添加色彩，使生活有滋有味。

人们在跳健美操的过程中，随着运动水平的提高和运动经验的积累，能够重新认识和理解这项运动，获得新的感受，在新的体验中获得新的收获。在充满激情的健美操运动中，人们尽情展示自己，发挥创造力，彰显生命活力，人们在运动过程中能够获得对自己的重新认识，能够培养个性，并主动调节与他人的关系。健美操运动氛围是充满乐趣的，欢声笑语荡漾在人群中，人们尽情舞动，发泄不良情绪，消除郁闷心理，收获友谊，一举多得。

（2）促进社会稳定

健美操运动是人人都可参加的运动，任何国家、任何年龄、任何职业的人不分高低贵贱都能享受这项运动。健美操是世界性的运动，是超越国界、超越种族、超越世俗的运动，人们在这项运动中能够感受到人与人的平等，人们聚集在一起呐喊、舞动，尽情展现自己，有利于增进人际关系，促进民族团结，维护社会安定。

生物学理论指出，人具有动物属性，攻击性是动物的一种本能欲望，如果人们长期在压抑的环境中生活，或受到沉重的打击，情绪消极，无处发泄，又得不到及时的调整和有效的迁移，随着这种负面心理越来越深，不断恶化，就有可能采取过激行动来报复人类社会，扰乱社会安定，破坏社会和谐，威胁他人的生命和财产安全。因此，及时疏导积郁的心理很有必要，健美操为人们发泄情绪、迁移负面心理提供了良好的舞台，人们在健美操运动中全身心放松投入，与他人友好沟通交流，缓解情绪，消除郁闷，收获快乐，避免将过剩精力运用到报复社会中去，从而促进了社会团结，维护了社会秩序，促进了社会和谐发展。有人将健美操运动比喻为社会的“全阀”，其为维护社会稳定、促进人类和平共处做出了重要贡献。

3. 促进社会经济发展

现代社会经济发展水平大幅度提升，人民群众的生活条件和生活质量显著改善，丰富的精神文化生活成为人们新的追求，体育锻炼对丰富人的精神生活具有重要意义，因此体育健身锻炼成为现代人的共同追求，成为现代人生活的重要组成部分，也是一些人生活中不可缺少的一部分。健美操是大众体育健身锻炼的常见项目之一，这项运动包含运动、音乐、艺术、审美等丰富多彩的元素，广受人众欢迎和喜爱，形成了广泛的群众基础，为开发健美操市场和推动健美操产业发展奠定了良好的基础条件。

在拥有广泛群众基础的条件下，我国大力开发健美操市场，扶持健美操产业，创造了丰富多彩的健美操产品，以更好地服务于体育爱好者。大众体育消费刺激了健美操行业的进一步发展，使经济市场环境下的健美操彰显出重要的经济价值，健美操产业作为我国新兴体育产业，其快速而健康的发展极大地促进了我国社会经济的发展。

下面具体分析健美操运动的经济价值。

（1）健美操用品及赛事的经济价值

健美操作为市场上流通的商品，其最重要的经济价值主要表现在健美操用品市场和赛事市场上。人们参与健美操运动，必然要进行一些基础用品消费，如健美操服装、健美操音像制品、健美操辅助器械等，在健身俱乐部充值会员和购买健美操课程也是常见的消费产品。举办健美操赛事，赞助、门票、报名费、广告费、奖品等无不体现健美操比赛与经济的千丝万缕的关系。在大型体育场馆举办健美操比赛，观众成千上万，可获得可观的门票收入。一些地方还建立了健美操赛事品牌，不断加大品牌宣传，扩大品牌的影响力，提高赛事经济效益。健美操赛事的举办还带动了健美操培训行业、健美操教育行业的发展。

（2）健美操市场培训的经济价值

健美操作为商品的经济价值还体现在健美操市场培训行业的发展中。随着经济的发展和大众健身需求的增加，健美操培训行业的市场需求不断扩大。有关单位面向广阔的人群开发健美操培训业，为不同年龄群体都设置了相应的健美操培训课程，以满足各年龄段健身群体的需求。健美操虽然不是奥运会正式比赛项目，但它对大众的吸引力很强，积累了大量的健美操人口，人气很高，渴望身体健康、良好体形体态和想要放松身心的人很多都积极参与健美操运动，健美操运动功能多元化，这是它备受观众喜爱的主要原因之一。再加上高校健美操的教育水平不断提高，健美操人才队伍越来越壮大，这些都促进了健美操培训市场的开发与繁荣。青少年有培养艺术细胞的需求，年轻人有强身健体、休闲娱乐的需求，老年人有延年益寿的需求，可见健美操培训市场的发展前景十分广阔。

（3）健美操表演的经济价值

高水平的健美操表演赛能够带来可观的经济收益，而且参演的选手也会获得奖励。在一些重大体育比赛中，会将健美操表演项目放在开幕式或闭幕式环节，参与表演的选手基本都是专业运动员，而且很多运动员在健美操行业都有很高的知名度，他们在重大场合表演也会获得经济报酬。健美操表演在商场活动、车展活动、晚会活动以及运动会中都有可能出现，在不同场合的表演能够给主办方带来一定的经济效益。

健美操的商业化、产业化、社会化发展是必然趋势，大力开发健美操市场，扶持健美操产业发展，有利于扩大健美操的影响力，进一步宣传和繁荣健美操文化，树立健美操品牌，促进体育产业和社会经济的发展。因此，我国应不断改善体育市场环境，加大对健美操产业的创新力度，不断完善产业化体制，进一步发挥健美操的经济价值，为我国体育产业及社会经济的发展做出贡献。

第二节　我国健美操运动的发展现状与展望

健美操运动从兴起到广泛流行经历了漫长的发展历程，彰显了强大的生命力。现在健美操运动不仅在欧美发达国家流行，而且在发展中国家也呈现出蓬勃发展的态势。当前我国健美操运动的发展也呈现出勃勃生机，大众健美操健身、学校健美操教学以及竞技健美操比赛的发展都取得了一定的成绩，但与此同时也存在许多不足的地方，有待进一步完善，以推动我国健美操运动的进一步发展。本节重点分析我国健身健美操和竞技健美操的发展现状，探讨这两类健美操在我国的发展前景与策略。

一、我国健美操运动发展现状分析

（一）我国健身健美操运动发展现状

1. 高校健身健美操发展现状

随着高校体育教学的深入改革，高校体育教学内容越来越丰富，具有突出健身功效、塑形功效、娱乐功效、社交功效等多元功效的健身健美操逐渐成为深受大学生喜爱的体育课程，高校健美操运动氛围浓厚，校园健美操文化建设取得了一定的成绩。健身健美操之所以在高校受到广大学生尤其是女生的欢迎和喜爱，除了与其强大的强身健体、塑形美体等功能有关外，还与其开展方便、锻炼成本低、不像对抗性运动那样容易发生运动损伤等优势有直接的关系。高校开设健身健美操课程，不仅要让学生掌握健身健美操知识和技能，更要培养学生对健美操运动的持久兴趣，使学生将健身健美操运动作为日常运动锻炼的主要内容之一，养成终身锻炼的好习惯。

要进一步推动健身健美操运动在高校的发展，就要先通过调查了解高校健身健美操教学的发展现状，发现其中的问题，从而对症下药，有针对性地解决问题，促进发展。下面简要分析通过调查而了解到的高校健身健美操教学的现状与问题。

（1）健身健美操选修课的男女比例情况

高校健身健美操课程主要以选修课的形式开设，选修健身健美操课程的女生占绝大多数的比例，男生只占到很小的比例，这个问题从高校开设健身健美操课程以来就一直存在，虽然高校体育教学实行“三自主”教学模式，“健身健美操课程是为女生设立的课程”的传统观念受到了冲击，部分男生开始选修健美操课程，活跃了健美操课堂氛围，增加了健美操课堂的活力，但是男女学生的比例依然很悬殊。很多男生从小接触的体育运动偏对抗性的球类运动，对形体类运动了解不多，所以从本能上或习惯上会排斥健美操运动，这在很大程度上造成了健美操选修课上女生多男生少的现象。

（2）健身健美操课程的教学时数情况

高校健身健美操教学时数在整个体育课教学时数中占的比例很低，很多大学生尤其是女生非常喜欢上健美操课，有限的教学时数难以充分发挥健美操课程的价值，也难以满足大学生的兴趣爱好和学习需求。而且因为教学时数太少，所以对大学生健美操知识与技能应用能力的培养被忽视，导致学生对这门课程失去兴趣，选修这门课程的学生逐渐减少，对高校健身健美操教学的发展造成了严重的制约。

（3）健身健美操课程教学的场地设施情况

高校健美操运动场馆数量和中学相比有很大的优势，但是依然不能满足正常的教学需要，也满足不了健美操爱好者课余时间练习健美操的需要。此外,高校健美操运动器材比较单一,制约了器械健美操运动的开展,长期枯燥的徒手健美操教学影响了大学生对这项运动的学习热情和积极性。

(4)健身健美操课程教学的师资情况

高校健身健美操课程教学中,不仅选修学生存在男女比例差异,授课教师的数量也存在明显的性别差异,女教师多,男教师严重缺乏,这一方面与用人单位传统用人观念有关,另一方面与男性健美操教师培养不足的客观现实有关,传统而顽固的人才培养观、用人观对高校健美操教师力量的拓展造成了制约,导致高校健美操师资缺乏,师资素养水平整体低下,最终影响了高校健美操教学的发展和健美操运动在高校的普及和推广。

2. 俱乐部健身健美操发展现状

随着全民健身活动的不断开展和体育健身产业市场的大力开发,社会上涌现出大量的健身俱乐部,集健身健美性、娱乐性、社交性等多元特征及优势于一体的健美操逐渐被引进健身俱乐部,成为俱乐部的重要课程之一,受到很多健身爱好者和俱乐部会员的青睐。下面简要分析俱乐部健身健美操的发展现状。

(1)会员情况

下面从几个方面来简单说明健身俱乐部上健美操课程的会员的基本情况。

①性别

上俱乐部健美操课程的会员基本都是女性,男性寥寥无几。

②学历

在健身俱乐部上健美操课程的会员学历水平整体比较高。

③职业

从职业来看,健身俱乐部会员以公司职员为主,还有一部分是自由职业者,此外,公务人员、教师等也在会员群体中占一定比例。

④选课内容

俱乐部会员主要上徒手健美操课程,较少会员上器械健美操课程,而且上轻器械健美操课程的会员相对比上专门器械健美操课程的会员多。

⑤锻炼时间

很多会员在俱乐部上健美操课的时间并不长，而且有一部分会员是进入俱乐部才开始接触健美操，因为工作的原因和俱乐部健美操排课时间的原因，会员每周进行健美操锻炼的时间并不长，一周一两次，一次不到1小时，但如果能长期坚持，可以取得良好的锻炼效果。

⑥消费情况

俱乐部会员上健美操课，主要消费集中在锻炼服装、健美操课程上，免费的课程更吸引会员，单独缴费才能上课的健美操课程往往收费较高，所以购买付费课程的会员较少。

（2）教练员情况

①性别

健身俱乐部的健美操教练员和高校健美操教师一样都存在男女比例悬殊的情况，而且都是女多男少，男性健美操教练员非常少。

②年龄

健身俱乐部健美操教练员比较年轻，年轻化趋势明显。

③学历

健身俱乐部健美操教练员的学历水平整体比较高，很多教练员都是本科及以上学历，大专学历的也较多。

④专业

在健身俱乐部从事健美操教练工作的职业者大都在高校时期专修体育专业，理论知识扎实，训练方法科学，有些教练员虽然没有专修过体育专业，但是因为喜爱健美操，所以参加相关资格等级考试，获得了相应的资格证书，具备较高的专业水平。也有一些教练员既不是体育专业生，也没有考取任何教练员等级资格证书，甚至没有参加过专业的培训，这就需要俱乐部加强对从业人员的管理，把好招聘关，多引进专业人才，以提高俱乐部的经营质量。

（3）经营情况

健身俱乐部为满足健身市场上广大女性对健美操运动的爱好与追求，积极开设各式各样的健美操课程，通过广泛宣传、合理经营和严格管理，吸引了很多会员，大大增加了俱乐部的经济收入。但是俱乐部的会员卡以年卡为主，收费方式单一，不够灵活，而且会员卡转让和延期制度不完善，造成了部分会员的流失。

健身俱乐部开设的健美操课程以徒手健美操和轻器械健美操为主，

但是器械比较少，缺乏必要的配置，再加上俱乐部健美操课程开设场地空间有限，随着会员的不断增加，人均场地日益减少，上课时明显很拥挤，容易相互碰撞，也影响了动作的完成，这些问题导致一些会员无奈退出。

一些健身俱乐部健美操课程形式简单，课程内容多年不变，课程时间安排得比较死板，缺乏灵活性，所以造成了部分会员的流失。

（4）主要影响因素

下面将影响健身俱乐部健美操运动发展的因素归纳为四个方面。

①政府部门方面

健美操运动在健身俱乐部的发展与俱乐部本身的运营有很大的关系，政府部门对健身俱乐部缺乏必要的管理，而且扶持力度弱，导致俱乐部市场存在一些乱象，而市场调节作用有限，如果不依靠政府的力量加强宏观调控，将会影响俱乐部的可持续发展，最终影响健美操运动在俱乐部的生存与发展。

②经营者方面

健身俱乐部缺乏综合素质高的经营管理人才，因为经营者自身经营理念的问题，导致目标市场定位不准、课程单一、资源缺乏，最终造成会员流失的局面，影响了经营效益。

③教练员方面

健身俱乐部健美操教练员虽然学历水平整体较高，但是缺乏必要的培训，导致教练员难以与时俱进，训练理念和方法都比较落后，影响了健美操课程的开设效果。而且俱乐部的教练员队伍不够稳定，频繁流动，经常更换教练员也引起了会员的不满。

④会员方面

健身俱乐部中上健美操课的会员大都是女性，男性的参与意识较弱，现有会员群体消费观念较为落后，消费能力有限，而且在接受新的健美操课程方面有一定的难度，制约了俱乐部健美操的创新发展。

3. 社区健身健美操发展现状

随着现代社会生活条件的改善和全民健身的广泛开展，现代人的健康意识越来越强，而通过体育锻炼来维持身心健康已成为共同的信念和追求，全民健身的参与者越来越多，积极向上的健身行为和锻炼习惯已成为现代人生活的一部分，这就为健美操运动在社区居民中的普及与推广奠定了基石。现在，健身健美操运动以其重要的健身性、广泛的实用性而在我国各大城市与地区蓬勃开展，健身健美操运动形式丰富多样，开展起来较为灵活，组织起来也比较方便，而且对场地设施的要求不高，这为健美操在各社区的开展提供了可能性。健身健美操既有强身健体的功能，也有健全心理和人格的作用，同时还能塑造优美的形体，能够满足现代社区居民对健康的全面追求。现阶段，在社区广场、公园、周边健身俱乐部等公共场所，跟随音乐节奏而跳健美操的人随处可见，健身健美操成为社区体育的重要组成部分，也成为社区居民运动锻炼的重要内容之一，在社区乃至社会上产生了广泛的影响力。但是健身健美操在社区的发展还是受到了一些因素的限制，如场地设施不够，缺乏专业指导，活动内容单一等，这些问题有待进一步解决与改善。

下面具体分析我国社区健身健美操的发展现状。

（1）社区居民的健身活动内容

现在，很多城市尤其是大中型城市的社区居民非常注重体育锻炼，大部分社区居民都有参与社区健身活动的习惯，在众多的健身活动内容中，跑步最受欢迎，其次是打球，参与这两项健身活动的居民占绝大多数。选择健身健美操活动的社区居民近年来不断增加，但存在很大的性别差异，大部分是女性群体跳健美操，男性主要选择球类健身项目。很多男性对健美操都存在刻板印象，认为健美操与男性的身心特点不符，是专为女性设计的运动，这使得他们主动屏蔽健美操，没有将其列入日常健身计划中。此外，男性在体育锻炼方面有很强的求知欲，有很高的积极性，在运动中喜欢思考，喜欢参加力量型运动，而且对教练员或指导员也有较高的要求，对男性来说，健美操缺乏力量和强度，没有激烈的对抗性，没有很强的吸引力，而且很多健美操教练或指导员都是女性，男性认为自己不方便参与。种种原因导致社区健身健美操活动主要是女性群体参与，很少看到男性跳健美操的身影。

虽然社区健身健美操活动主要是女性参与，但很多女性都没有将健身健美操作为日常健身的第一选择，而是将跑步作为第一选择，社区体育锻炼者中，跑步的人比跳健身健美操的人多得多，因为跑步更方便参与，基本上没有客观因素的限制。

（2）社区居民参与健身健美操的态度

关于社区居民参与健身健美操的态度和意愿的调查结果显示，愿意参加健身健美操运动的女性占绝大多数，而男性还不及一半。随着我国居民生活质量的改善，对身心健康、优美体型的追求越来越强烈，对健身锻炼有很高的需求，女性尤其渴望获得优美的形体，因此女性积极参与健身健美操运动，以纠正不良身体姿态，使身体形态更优美，气质更突出，给人一种既健康又有气质和修养的审美享受。女性大都渴望瘦，脂肪是她们的“天敌”，所以希望通过跳健美操来消除多余脂肪，维持能量平衡，使体重轻一些，使体型看起来更优美一些。一部分同样对身体健康和体型健美有热烈追求的男性也会选择通过参与健身健美操锻炼来达到这一目的。

（3）社区居民参与健身健美操的形式

参与健身健美操运动的社区居民中，年轻人喜欢去健身俱乐部上健美操课，在专业教练的指导下跳健美操，这样能够获得专业的指导，能够在专门的健美操音乐伴奏下跳操，以培养音乐节奏感和准确的动作习惯，同时也能在专业指导下练出气质，练出美，达到强身健体、愉悦身心及减肥的效果。

相比来说，中老年人经常在社区广场、公园等户外露天的公共场所参与集体健美操运动。锻炼内容既有徒手健美操，也有轻器械健美操，常用器械有扇子、丝带等。中老年群体参与健身锻炼活动，应以动作速度较慢、动作优美柔和、运动量适宜的项目为主，而健身健美操正好具备这些特征，而且健身健美操有音乐伴奏，练起来更有节奏性，不枯燥，这些与中老年的身心特征是相符的，轻器械健美操也能使中老年人达到强身健体、愉悦身心、防治疾病、延年益寿的效果。正因如此，这项运动在中老年群体中广受欢迎。

（4）健身健美操在社区推广与普及的影响因素

社区健身健美操运动的发展受到了一些因素的限制，这里将这些制约因素归纳为以下几点。

①宣传因素

社区居民缺乏对健身健美操的高度认识，主要与宣传面窄有关，有关组织没有面向广大的社区居民广泛宣传健身健美操，导致很多居民对这项运动的基本知识尤其是健身功效、锻炼方法了解甚少，所以参与这项运动的居民并不像参与大家喜闻乐见的跑步运动的居民那样多。

②编排因素

健身健美操动作编排方式单一，创新不足，居民参与这项运动难以维持持久的兴趣和积极性。

③时间因素

现代人尤其是中青年面临着生活压力、工作压力、就业压力、学习压力、就医压力等各种压力，这些压力的存在使得人们不得不进入快节奏的生活状态，学习、工作填满了人们的所有时间，使得人们很少有时间参与健美操活动。

④组织管理因素

社区健身健美操活动大都是社区的健美操爱好者自发组织的，活动过程中可能存在组织不到位、缺乏管理、安全没保障等问题，这就影响了社区健美操活动的稳定和持续开展，影响了广大居民的参与热情和积极性。

⑤指导因素

社区健身活动的开展缺乏专业指导员的组织和指导，社区体育指导员数量严重不足，现有指导员质量良莠不齐，很少有指导员接受过正规的、专业的培训，导致社区居民对专业指导的需求得不到满足。

（二）我国竞技健美操运动发展现状

竞技健美操是当前高校健美操教学中的重要组成部分，也是我国健美操事业发展中非常重要的内容。当前我国竞技健美操发展水平不断提高，在国际大赛中也有较好的成绩，但依然存在经费相对不足，后备人才短缺等相关问题。下面具体分析现阶段我国竞技健美操运动发展的主要问题与困境。

1. 缺少资金支持

我国竞技体育运动的发展需要大量的经费，而国家财政拨款是竞技健美操发展的主要经费来源，但是政府划拨的体育经费极其有限，竞技体育项目又很多，因此划分到各个竞技项目上的经费更有限，再加上我国重点发展优势竞技项目，扶持民族传统体育项目，对各项目的经费支持力度主要考虑该项目在奥运会上是否有取得金牌的可能，这就使得竞技健美操项目陷入尴尬的发展处境，既非奥运会比赛项目也非民族重点扶持项目的竞技健美操因为缺乏充足的经费支持而举步维艰，不管是竞技健美操基础建设和训练基地建设，还是培养竞技健美操队伍，举办竞技健美操比赛，开展竞技健美操理论研究等，都面临着经费不足的严重问题。

2. 竞技健美操后备人才缺乏

我国竞技健美操后备人才严重缺乏，这与后备人才的选拔与培养模式落后以及训练机制不健全有直接的关系。

现阶段，我国选拔与培养竞技健美操后备人才主要分三个级别进行：第一个级别是初级选拔与培养，主要由中小学单位负责相关工作；第二个级别是中级选拔与培养，主要由体育培训学校负责；第三个级别是高级选拔与培养，主要由健美操俱乐部负责。但是因为竞技健美操不是正式的奥运会比赛项目，所以我国在这方面的投入力度较弱，导致我国缺少足够且优秀的竞技健美操专业队伍，业余选手在比赛团队中占据一定比例，在赛前集中训练一段时间就参加比赛，参赛团队的实际水平与优秀团队差距很大，这种模式导致我国竞技健美操运动员缺乏良好的专业素质和专项技能，也对我国竞技健美操的持续发展造成了严重的制约。

我国很多家长把孩子的文化成绩和升学考试看得很重，即使孩子在健美操方面天赋异禀，也会因为参加健美操训练和比赛可能影响文化课成绩而反对孩子参加训练，造成了有天赋的后备人才的流失。而且我国在选拔与培养竞技健美操后备人才方面缺乏客观的检测与评价方法，无法准确评价后备力量培养质量和水平，导致选拔出来的后备力量成材率不高，而真正有天赋的孩子却没有被选拔。

3. 科研水平低，理论体系不够健全和完善

竞技健美操在我国属于新兴项目之一，我国竞技健美操发展至今，在训练比赛、音乐制作和配置、动作编排、后备力量培养等方面进行了相应的探索和研究，并取得了一些成绩，但很多研究都属于定性研究，很少有定量研究，很多研究成果还没有实现从理论到实践的升华，而且在研究中缺乏对竞技健美操独特性的把握，研究缺乏专门性和专业性，主题不明确，雷同研究多，研究内容表浅，研究角度单一，研究也不够深入，总之竞技健美操真正的理论研究体系尚未形成。

此外，我国关于竞技健美操训练原理、训练监控、技术细节、艺术表现力、审美素养、后备力量培养等方面的研究远远不够，很多研究都没有涉及过，导致我国对竞技健美操缺乏充分而深入的认识，也使得竞技健美操训练、竞赛等实践工作的开展缺乏理论研究成果的科学指导，导

致训练盲目，比赛成绩与欧美存在差距，后备人才的培养质量低下等，这些都有待进一步深入研究。

4. 动作编排缺乏艺术性

成套动作编排是表现难、美类竞技体育项目重要的程序。编排得成功与否在很大程度上决定了这套动作的命运，也决定了运动员的综合素质、个性特点以及运动成绩等。竞技健美操成套动作编排的艺术性表现在动作设计和表现力两个方面。世界锦标赛规定每个成套动作中必须包括操化动作、难度动作、过渡与连接动作、同伴协作（集体项目）。这就要求在编排成套时根据所要表现的主题内容合理选择动作，并有机连接选择的动作，成为一套完整的艺术作品。相比于欧美运动员，我国竞技健美操运动员在国际比赛中的表现缺乏表现力和感染力，不能充分表现美的内涵，这一方面与运动员本身的艺术素质不高有关，但在很大程度上也说明编排上缺乏艺术的表现力和感染力。

二、我国健美操运动的发展策略与展望

（一）健身健美操发展策略与展望

1. 政府及相关部门加大支持力度

健身健美操运动在全社会的普及和推广需要有政府相关政策条例的引导和约束，向大众普及健身健美操运动，带领大家参与这项运动以提高全民健康水平，这项工作本身就具有公益性质，理应得到政府的政策扶持，相关政府部门应从健康中国建设的战略背景出发，基于对全民健康目标和健身健美操可持续发展的长远规划的考虑而制定相应的政策法规，充分发挥政策的引导和约束作用，并在政策的引领下对健美操推广机制予以建立，并监督各地大众健美操运动的开展情况，提高大众参与度。

2. 扩大宣传，实现资源共享

在信息化网络时代，人们的传统生活方式因为网络传播方式的出现而发生了翻天覆地的变化，人们能够通过网络手段对各种各样的信息予以了解和掌握。在“网络热”的背景下，健身健美操被赋予信息化和现代化的科学内涵，利用这一契机并借助互联网手段大力宣传健身健美操

的基本知识、锻炼价值、开展意义、开展内容及方法等信息，有助于促进这项运动在群众中的进一步普及，使全国各地的人民共享健美操信息。

全民健身是国家发起的号召和提出的发展战略，我们要对该政策积极响应、充分贯彻，广泛宣传全民健身，并将全民健身思想和健身健美操运动锻炼有机结合起来共同宣传，使人们在全民健身浪潮下更好地认识健身健美操运动。此外，对健身健美操的宣传和普及离不开行政力量及社会各界力量的参与，聚集多方面的力量，充分发挥这些力量，在全社会营造良好的健美操运动氛围，掀起全民参与健身健美操运动的热潮。

3. 多渠道筹集项目资金

健身健美操是休闲娱乐项目，具有大众性、经济性、简易性，开展较为便利，但要在全国范围内广泛开展这项运动，就必须提供经济方面的支持，这是最基本的条件和最基础的前提保障。虽然推广大众健美操运动是公益事业，需要政府财政支持，但单一的资金来源渠道远远不能满足现实需要，从社会中探索其他经费筹集渠道势在必行。有关组织要向社会企事业单位或个人寻求资金或设施资源的赞助，或接受来自社会各方面捐赠的资源，从经费和基础资源上保障健身健美操活动的顺利开展。

例如，有关部门组织可以向社会企事业单位寻求赞助，为健身健美操活动的参与者提供便利和服务，使人们有更好的条件和平台参与健美操运动。在健身健美操推广方面要加大资金投入力度，提高宣传的效果，促进健美操在更多地区的普及。同时也要加强对现有闲散场地的改造，秉着经济实用的原则扩建，多渠道集资解决健身健美操发展中的宣传问题、场地设施问题。

4. 加强对健身健美操的组织与管理

各地政府部门尤其是体育相关部门要将大众健身锻炼和居民健康重视起来，充分认识健身健美操对促进大众健康的重要意义，鼓励大众参与健身健美操锻炼，必要时建立相关规章制度和长远规范，明确各部门的职责，有序开展健身健美操的相关工作，使健身健美操的参与者越来越多，业余健美操活动和比赛的组织水平不断提升。为具体落实健身健美操的普及与推广工作，要将街道组织和社区体育协会的作用充分发挥出来，在社区建立居民健身锻炼指导站，组建志愿者队伍为健身健美操活动的参与者提供公益服务，同时也要引进优秀的健身健美操指导员，使其在社区健美操活动的开展与管理中充分发挥指导作用，提高社区健美操活动开展的效率和科学性。各级健身健美操活动的开展都要有对口的管理，每一层级的活动都应该安排专门的工作人员负责，这样才能确保各项工作的有序开展，保证活动效率。

基层健身健美操活动的开展需要健美操骨干、专业指导员和社区积极分子的参与，因此要加强对健美操骨干、专业指导员及积极分子的培训，提升这些主体的综合素质，使其在健身健美操活动中充分发挥自身作用，积极参与相关事宜，为推动健身健美操的进一步发展而做出贡献。

5. 多层次开发健身健美操，丰富大众锻炼内容

健身健美操形式丰富多样，内容多姿多彩，不同类型的健身健美操各有特色和重要功能，吸引了广大健身爱好者的参与。但因为健美操参与者都具有独特的个性，他们的需求各不相同，参加健美操的动机和追求的目标也有差异，因此现有的健身健美操内容还不能满足每个参与者的需求。因此，必须从大众体质现状、健身需求及各方面的现实情况出发而对更多更丰富的健身健美操内容进行开发，体现健身健美操的风格多样性，这样才能促进健身健美操的可持续发展。大众参与内容丰富的健身健美操运动，需要有专业的指导，以提高运动锻炼的科学性和实效性，使大众达到预期的健身锻炼目的，提升成就感，激发其继续参与健身健美操锻炼的热情。

在健身健美操内容的开发中，可以融入舞蹈、瑜伽、体操等相关项目，开发的健美操内容既要有特色，又要有趣味，而且强度要适合大部分人，这也是健身健美操创编和开发的重要原则。此外，健身健美操有自身的技术标准，开发新内容时要明确不同健美操套路的技术标准，对相似的内容进行整理，不断完善健身健美操内容体系。

6. 加大培训力度，培养优秀的健美操师资队伍

健身健美操运动的发展水平与健美操师资队伍的专业素养有很大的关系，因此要特别重视对专业健美操师资队伍的培养，加大培养的广度与密度，全方位开展对健美操教师、健美操教练员以及健美操指导员

的培养。健美操师资培训班的组织模式应该是丰富多样的，是不断创新的，这样才对健美操爱好者和健美操师资后备人才有吸引力，在专业的培养下促进健美操师资队伍专业知识的不断丰富和专业技能的不断提升，使其在健身健美操教学、训练以及普及推广中各自发挥自身的作用，实现健身健美操由点到面的广泛传播和全方位开展。在健身健美操的发展中，还要储备与培养更多的人力资源，使其充实到健身健美操师资队伍中，扩大队伍的规模，提升队伍的综合素质，并不断将优秀的专家、学者引进队伍中，各司其职，有效推动健身健美操的可持续发展。

社会健身健美操活动的开展尤其离不开社会体育指导员的参与和指导，在专业人员的指导下，人们能够更加科学地参与健美操锻炼，提高锻炼的效果，同时也能减少在健身锻炼中受伤的可能，因此培养与组建专业的健身健美操指导员队伍至关重要，这就需要加强对体育指导员的培训，提高体育指导员的健美操专业素养。高校健美操专业学生和体育教育专业学生同样能够在社会健身健美操的发展中发挥作用，应为大学生提供深入基层的实践机会，使其充分运用所学知识组织基层健美操活动，指导居民参与活动，学以致用，提升学生的应用能力和社会适应能力，同时也解决了大众参与健美操活动无人指导的问题。这或许是一种双赢的局面。

7. 加强对健身健美操教学模式的创新

高校健身健美操教学存在很多问题，需要加强改革与创新，其中教学模式的改革与创新很关键，传统健身健美操教学中，常见的模式是教师示范一个 8 拍，学生模仿练习一个 8 拍，这种教学方式长久以来已经成为机械化的套路，不利于培养学生的主观能动性，也影响了学生学习的积极主动性。要解决这个问题，就必须加强对传统教学模式的改革与创新，转变教学理念，采用先进的教学方式和手段进行教学，构建与实施多元有趣的教学模式，既要使教师乐于教学，又要使学生乐于学习。健美操教师在课堂教学中要创造适宜的情境，通过实施情境教学模式来引发学生思考，激励学生创新，活跃课堂氛围，这种教学模式所起到的作用是潜移默化的，对学生的影响是非常大的。

8. 大力发展俱乐部健身健美操

健身俱乐部是我国推广健身健美操的主要阵地之一，俱乐部对促进健身健美操的普及和发展起到重要作用，因此要促进健身俱乐部的发展，使健身健美操在各类健身俱乐部中得到长足的发展。促进健身俱乐部健身健美操的发展应从以下几方面努力。

第一，健身俱乐部加强对健身健美操课程的宣传，开发特色课程，树立品牌意识，促进俱乐部各项服务的不断完善，为俱乐部会员提供良好的运动环境，将更多的健身爱好者吸引进来，使其成为健美操品牌课程的购买者和参与者，成为俱乐部的忠实客户和长期会员。

第二，市场上的健身俱乐部随着市场经济的快速发展及大众健身意识与消费水平的提高而不断增加，为了争抢会员，俱乐部之间的竞争十分激烈，而且出现了一些不正当竞争问题，对此需要政府发挥调控智能，加强对体育健身市场的规划和管理，引导健身俱乐部持续健康发展。

第三，健身俱乐部要对健美操教练员进行专业培训，并不断引进高水平的优秀教练员，用优秀的教练员吸引更多的会员，提高俱乐部健美操授课质量和效果。俱乐部也要积极参加相关交流活动，与其他俱乐部交流经验，学习大型俱乐部的经营之道，提高俱乐部的经营管理水平，最终增加经济收益，在经济保障下开发更多的健美操课程，引进更多的优秀人才。

第四，健身俱乐部要注意权衡会员利益和俱乐部利益，要为会员提供全面而优质的专业服务，尽可能满足不同会员的需求，刺激会员消费，尽可能使短期会员发展成为长期会员甚至是终身会员，从而增加健身俱乐部的经济收益，扩大俱乐部规模，为健身健美操在俱乐部的发展奠定良好的基础。

第五，健身俱乐部要加强与高校的合作，从高校引进专业人才，同时也要加强对劳动部门的合作，就教练员培训与考核的相关问题进行沟通，促进俱乐部健美操教练员专业素养的提升，并改善福利待遇，激发教练员的工作积极性，使教练员队伍趋于稳定，减少流动，教练员队伍的稳定有助于促进会员的稳定，优秀的教练员更能吸引会员。

9. 以“赛”促发展，大力举办大众健美操竞赛

健身健美操的传播与发展离不开比赛的推动，健美操比赛发挥着重要作用。举办形式多样的健美操比赛，能够吸引广大群体参与其中，使人们对健美操的了解更多一些，使健美操爱好者的参赛需求和表现需求

得到满足。健身健美操表演和比赛活动的开展需要相关部门的组织和管理，需要社区组织的积极参与，需要有关职能部门的协同配合。健身健美操比赛尽可能在节假日举办，使更多的人都有时间参与比赛或欣赏比赛，要充分发挥媒体的作用，通过电视、网络报道健美操比赛，提高健身健美操比赛的影响力。

10. 促进健身健美操与艺术元素的融合发展

健美操本身就具有艺术性，健美操与艺术的融合是健美操的重要发展趋势，要进一步发展健身健美操，就要继续加强其与艺术的深度融合，丰富健美操的艺术内涵，提升健美操的品质和艺术魅力。健身健美操相关的艺术元素如图1-2所示，要努力加强健身健美操与这些多元化艺术元素的融合。

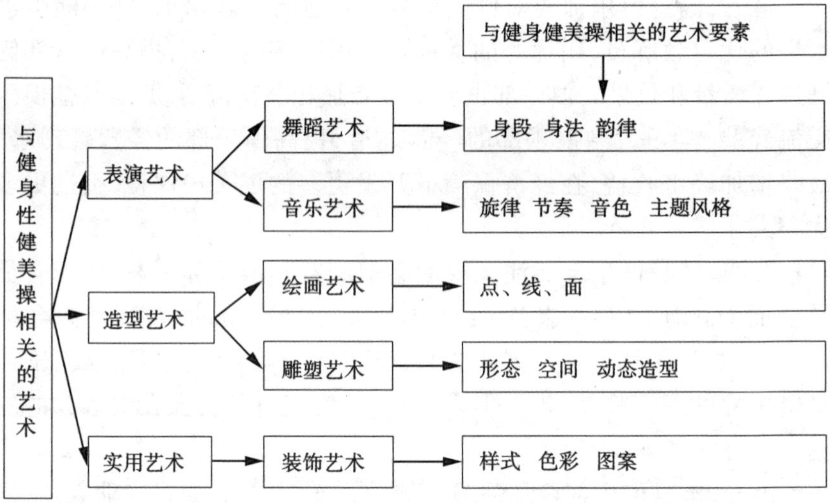

图1-2 健身健美操相关的艺术元素[①]

（1）健身健美操与艺术要素融合发展的原则

促进健身健美操与艺术要素的融合发展，需遵循与贯彻以下几项原则。

①艺术性原则

健身健美操运动本身就包含很多美的元素，如形态美、肌肉美、力量

① 闫凤娟. 新视角下我国健身性健美操多元艺术要素融合发展的研究[D]. 广州大学，2012：22.

美、协调美、精神美等，美是健身健美操的追求。健身健美操创编中借鉴了其他运动项目中许多美的元素，将各种美的元素有机结合起来，有序融入健美操动作中，使健身健美操既有健身健心的功能，也有陶冶情操、培养审美素养的功能，人们参与健身健美操运动，用肢体语言传达健美操的美，将充满美的健身健美操的艺术魅力充分展现出来。

艺术性是健身健美操的主要特征之一，健身健美操动作的直观性、节奏性以及音乐的抒情性等都是艺术性的主要表现，具有艺术性的健身健美操融合了肢体语言艺术和美学元素，表现出刚健有力、律动和谐的特性，给人以视觉上和精神上的享受，也培养了人们的审美能力。健身健美操动作富于变化，包括身体姿态的动态变化、肢体动作力度的变化以及不同部位动作的协同变化等，刚健有力的动作、富有节奏的变化使表演者的动作看起来行云流水，极富美感。

健身健美操的艺术性从健美操音乐上也能体现出来，健身健美操与音乐形影不离，音乐伴奏是健身健美操的重要组成部分，不可缺少，没有音乐伴奏的健美操与体操无异。健身健美操音乐的艺术性主要表现为节奏美和律动美，健美操动作与音乐节奏融为一体，人们跟随音乐而跳操，节奏动感，旋律优美，净化心灵。健身健美操有动有静，有刚有柔，使人从视听觉和心理上都获得美的享受，受到艺术的熏陶与感染。

②实用性原则

在社会发展中，集中一切智慧和力量所追求的就是一种实用性，我们追求物质和财富，都建立在实用性的基础上。人们从事某个活动，都追求实用性，就是追求良好的效果。健身是健身健美操的本质，在这个本质的基础上衍生了其他功能，在健身这个本质属性上实现艺术的创新与融合，包括音乐、造型、舞蹈等多方面的融合。比如，再好听的音乐作品，如果节拍不明显，那么就不适合在健身健美操中运用；再好看的服装，如果穿上会限制人的活动，那么也不能在健身健美操运动中穿。再如，作为一种典型表演艺术的舞蹈，与时代、文化的联系非常密切，每个时代都有属于自己的文化特征，都有一些文化成果能代表这个时代的发展，在健身健美操与舞蹈的融合发展中，要在时代背景下考虑舞蹈中的各项艺术元素的特征，结合时代背景进行融合与创新，在健身健美操编排中多融入一些积极阳光的艺术素材。

健身健美操与艺术的融合发展要贯彻实用性原则，要考虑大众参与健身健美操的需要、目的以及社会发展的需要而促进融合发展，对社会的需要仔细观察，要有敏锐的观察力和准确的判断力，要使健身健美操尽可能满足社会发展的需要，从发展的层次、时空、范围、对象等方方面面满足需要，使不同群体的实际需要得到满足，为全民健身、大众健康以及社会建设做出贡献，使人们的健身内容不断丰富，生活多姿多彩，生活质量得到提升。对社会需要和大众需要的观察与分析要坚持“以人为本”的科学理念，要了解社会个体、社会群体与健美操的互动情况和希望在健身健美操运动中达到的目标，要深入调查，全面分析，高度归纳，真实演绎，准确预测、科学决策，尽可能发挥健身性健美操的各项功能，使人对体育的各方面需求从健身健美操中得到满足，使健身健美操的实用价值得到人们的肯定。

③娱乐性原则

健身健美操既有强身健体的功能，也有休闲娱乐的功能。健身健美操刚柔相济、动静结合，节奏起伏跌宕，节奏感极为鲜明，人们参与健身健美操运动能够获得身心的愉悦和轻松，获得由外而内的享受。

将多元艺术元素融入健身健美操时，要重点选择具有娱乐性、观赏性的艺术元素融入其中，如音乐元素，舞蹈元素等。音乐给人带来活力，使人充满激情，舞蹈使人更加飘逸、柔美，将音乐和舞蹈元素融入健身健美操中，能够给人带来全方位的享受。人们在充满音乐和舞蹈元素的健身健美操中，可以轻松随意地跳动，不受束缚，感受健美操的奔放和自由，相比于严肃的操化动作，健身健美操更能使人释放激情，张扬个性，展现活力，使人调整身心，放松自我，宣泄情感，释放压力，卸下包袱，回归纯真，享受生活。

现代人的生活理念中，健身、休闲、娱乐占据一定的分量，作为时代发展产物的健美操和艺术在未来的发展中要与时代的步伐保持一致，要与社会的需求相统一，要满足现代人的娱乐和健身需求，只有贯彻娱乐性原则，健美操和艺术才会有更加广阔的发展空间。

（2）健身健美操与艺术要素融合发展的方法

①重组法

重组指的是将至少两个健美操动作巧妙组合起来，形成新的组合动作。这是健身健美操与艺术元素融合的常见方法之一。动作重组有两种常见的情况，一种是组合不同类型健美操的单个动作，另一种是组合同一类型健美操中不同风格特色的动作，在这两种组合的基础上编排成套动作。重组也包括音乐的融合或舞蹈元素的融合，如将民族音乐和西方音乐组合成健美操音乐，将民族舞蹈与西方现代舞的一些动作融入健美操中，组合成新的健美操套路。需要注意的是，并不是简单地将不同的音乐作品结合在一起，或简单串联、堆积单个的技术动作就是健身健美操与艺术的创新融合，而是要根据健身健美操的特点去慎重选择适宜与其融合的动作或音乐，不同动作和音乐重组在一起要合理、和谐、新颖，不能做不伦不类的重组。

②移植法

移植指的是在健身健美操动作创编中引入其他运动项目的动作元素或音乐元素，然后对这些引入的内容进行改造，使其符合健身健美操的特点，这种创新性的融合方式在健身健美操的发展中运用也很普遍。在体育舞蹈、现代舞、体操等运动项目的练习中，我们能体会到有些动作与健美操有异曲同工之妙，将这些相似的动作素材借鉴到健身健美操中，促进健身健美操与其他艺术项目或体育项目的相互转化、移植，丰富健身健美操的艺术内涵和动作内容，从而提高健身健美操表演的艺术效果，使更多的人深刻体会到健身健美操的独特艺术魅力。

③创新法

在健身健美操与其他艺术元素的融合发展中，创新必不可少，健身健美操创编者要将自己的想象力、创造力充分发挥出来，要善于从其他领域挖掘适用于健美操中的素材，要能够在明确健身健美操动作主题的基础上进行相关音乐主题的配套和完善，能够从人体运动规律、生理结构出发创编将身体各部位充分调动起来的健美操套路。这对创编者的专业能力提出了很高的要求，需要不断提升创编者的专业素养，提高创新的效果。

11. 健全与完善健身健美操的创编机制

广场舞近年来在我国城市和农村地区都很流行，创编广场舞的体育工作者或爱好者越来越多，而创编健身健美操的人渐渐减少，健身健美操的发展因为广场舞的流行而受到了严重的冲击。这时如果不认清现状，分析原因，对症下药，那么健身健美操会逐渐退出大众的体育生活，广场、公园等公共场所中也很难再看到大家一起跳健美操的画面。为防止健身健美操从大众视野中消失，要重视对健身健美操的编排工作，编排丰富有趣的健美操作品来吸引人们参加。在编排中要注意以下几个要点。

第一，在健身健美操的编排中，要从健美操爱好者的体质状况、实际需求、参与动机等多方面出发而设计动作，健美操动作应该相对简单一些，掌握起来容易一些。

第二，编排者要按照运动生理学、运动生物力学、运动解剖学等人体科学原理而设计动作，在一套健美操动作中，动作从前到后要有难度上的变化，要体现层次性。

第三，要针对青少年、中青年、老年人等不同年龄群体和男、女不同性别群体而编排不同类型的健身健美操作品，体现出健身健美操编排的针对性，提高大众参与健美操锻炼的实效性。

第四，编排的健美操成套动作中既要有小关节动作，也要包含大肌肉动作，提高锻炼的全面性，使人们充分活动身体各个部位，促进各部位的健康与协调发展。

第五，要将广场舞的元素融入健身健美操动作中，设计有广场特色的健美操动作，同时可以将其他相关项目的动作融入其中，展现健身健美操的特色化、综合性，彰显健身健美操的活力，提高健身健美操的普适性，使其在社会大众中得到更好的普及。

总之，在健身健美操编排中要立足现状，与时俱进，加强创新，以普及为主，不要一味追求高难度，而应将焦点放在内容的丰富性、动作的趣味性、作品的特色化和锻炼的综合性等方面。

12. 把握健身健美操的发展趋势

当前，推动我国健身健美操发展要把握好以下几个趋势，根据新的发展趋势创建有利于健身健美操发展的环境。

（1）大众化趋势

高校健身健美操教学、健身俱乐部健美操课程、社区健身健美操活动是我国健身健美操发展的重要依托。当前我国健身健美操成为高校体育课的重要内容之一，成为不同规模与档次的健身俱乐部的重要经营项目之一，成为社区居民日常锻炼和体育消费的重要内容之一，健身健美操人口规模日益扩大，健身健美操呈现出突出的大众化发展趋势。

（2）社会化趋势

在市场经济背景下，我国健美操运动的市场运行机制及组织管理体制逐渐形成，其特征是以市场经济为背景，兼具国家调控和市场调节两种手段，面向全社会广大人民群众而服务，生机勃勃，活力四射。这充分展现了我国健身健美操发展的社会化趋势。

（3）知识化趋势

健身健美操在我国高校体育教学中占据重要地位，是高校重要的体育课程和教学内容之一，很多高校都将该项目列入体育教学大纲中，健美操专业在各大体育院校相继成立，我国健身健美操的未来发展有了充足的人力资源保障，这将推动我国健身健美操的持续健康发展。

（4）特色化趋势

在可持续发展理念的指导下，我国从国民体质健康状况、大众生活习性及普遍性的运动健身爱好出发而对健身健美操活动内容、活动形式等做了深入的挖掘和大量的开发，创造出很多深受大众喜爱的健身健美操活动内容，丰富的健身健美操不仅类型和风格多样，而且具有鲜明的特色，呈现出特色化、综合化的重要发展趋势。

（二）竞技健美操发展策略与展望

1. 加大基础设施建设投入力度

要发展竞技健美操，就要为运动员参加健美操训练提供良好的条件与环境，要使训练场地、训练器材、训练配套设施等都满足运动员的训练需要。高质量、高水平的训练必须在专业的训练场地和规范化的训练配套设施的保障下才能实现。一些健美操运动队没有专门的训练场地，只能在篮球场或其他场地训练，训练环境恶劣，训练条件有限，导致运动员专业水平的发挥受到了严重的限制，影响了健美操运动员训练的主动性和热情。我们必须重视这个问题，集中精力解决这个问题，将改善基础设施建设作为发展竞技健美操的首要任务，加大对基础设施建设的投入力度，大力修建标准的训练场地，配备标准的器材设施，使运动员在良好的环境下积极训练，高质量完成训练目标。

2. 成套动作的编排要注重动作的艺术性

编排竞技健美操成套动作要突出强调动作的艺术性，要从以下几方面来提高编排质量。

（1）观摩学习

竞技健美操源于美国，兴于欧洲，在欧美有很长的历史，在我国发展的时间并不长，我国竞技健美操运动队少，相关从业人员也不多，现有工作人员缺乏丰富的经验，要在竞技健美操比赛中取得高分还有明显的难度。基于这种情况,我们要虚心向健美操发展较好的国家学习,勇敢走出去拓宽视野和思维,形成新的思路。也可以多观看国外优秀的健美操比赛视频,深刻理解优秀运动队对各类动作的创编选择、设计思路、组合方式以及衔接技巧,结合我国竞技健美操的实际情况而加以借鉴,创造具有中国特色的竞技健美操成套动作。

(2)请进来

从国外邀请优秀的经验丰富的高水平教练员来指导我国的训练工作,在很多运动项目的发展中是很普遍的现象,竞技健美操也可以这样,从欧美国家聘请知名健美操专家或教练员来我国指导健美操编排、训练和比赛等相关事宜,为我国健美操教练员与国外优秀教练员的交流提供机会,不断学习国外的先进理论与方法,从而提高我国健美操教练员的执训水平。

3. 提高竞技健美操教练员的专业素养

竞技健美操的不断发展对教练员的专业技能和综合素养提出了更高的要求,健美操教练员要能够从运动员的实际情况出发而对难度动作进行选择,要结合规则而设计动作,成套动作的布局要有特点,难度类别要符合规则要求,要按规定指导运动员完成高标准的动作,提高完成的完美度,教练员还应该具备艺术方面的素养,在成套动作的编排中要多设计多样性、艺术性的动作,合理嵌入难度动作,各类动作之间的连接、过渡要自然、合理、有新意,要将成套动作的艺术魅力和主题充分展现出来。教练员还要有高度负责的品质和敬业精神,并树立一定的科研意识,提高科研能力,善于将国外优秀的训练理论、经验借鉴到运动队的训练中,善于捕捉灵感,善于从比赛中总结教训与经验,带领运动队冲刺更好的成绩,引领中国竞技健美操走向世界舞台,在世界竞技健美操领域拥有更多的优势地位。

4. 加强对竞技健美操后备人才的培养

(1)注重科学选材

我国选拔竞技体育后备人才,一般都是从自愿报名的人中挑选有天赋的好苗子,然后进行培养。有些青少年虽然有天赋,但因为一些原因的影响而没有报名,从而造成了人才的流失,对此,要鼓励有天赋的孩子积极报名,了解他们犹豫的原因,解决他们的后顾之忧。

教练员选拔竞技健美操后备人才，主要以经验选材为主，但是教练员的经验比较主观，而且经验也有限，完全基于经验来挑选人才，容易影响评价的客观性、全面性和真实性。因此，教练员要通过科学测验、组织比赛来选拔优秀的竞技健美操后备人才，同时也可以参考自己的经验，尽可能将所有天赋好、发展潜力大的青少年选进后备人才队伍中。

（2）改革培养体制

培养竞技健美操后备人才，要将体育培养体制和教育培养体制有机结合起来，构建体教结合的培养新体制，既要抓后备人才的学习，也要抓后备人才的训练，使后备人才的文化水平和训练水平同时提高，而训练水平的提高恰恰需要良好文化知识的指导，所以说文化知识的学习很重要。竞技健美操后备人才在健美操训练中，难度动作的完成对其来说是一个很大的挑战，如果不能理解难度动作的艺术性，不能充分把握难度动作，就练不好成套动作，也无法在不断的实践中进行高效率的探索和有价值的创新，而后备人才对难度动作的理解与把握需要有良好的知识能力作支撑，通过文化教学培养后备人才的文化素养，提高其思维能力和理解能力，使其对竞技健美操难度动作有深刻的理解与准确的把握，理解教练员的训练意图，提高训练效率。可见，体教结合的竞技健美操后备人才培养体制非常重要，体育和教育缺一不可。

5. 加强科学研究，提高理论水平

竞技健美操既包含了体能要素、技能要素，又包含了艺术要素和音乐要素，这项运动与运动生理学、运动生物力学、运动心理学、运动营养学、运动解剖学、运动医学以及美学等学科有千丝万缕的联系。只有结合这些学科对竞技健美操进行深入研究，对竞技健美操的项目特征予以归纳、总结，对其中的内涵加以挖掘，才能将这项运动的精髓真正展现出来。我国竞技健美操发展至今，虽然在竞技健美操训练、比赛、教学等方面进行了一些理论性研究，但大都是一些表浅的研究，对更深层次的内容没有深度挖掘，也忽视了对竞技健美操技术特征的深入研究。要提高竞技健美操的发展水平，就必须从科研着手，深入研究竞技健美操训练、竞赛等各方面的问题和原理，探索科学发展之路，并定期举行科研成果报告会，相互交流，不断完善理论体系，使理论科研成果在实践中发挥重要的指导作用，使竞技健美操在科学理论的指导下实现更高水平的发展。

6. 健全与完善竞技健美操训练机制和比赛体制

我国一些竞技健美操运动员是从其他相关项目中转过来的,如体操、艺术体操、舞蹈等项目,由于这些运动员不是从小就专门接触健美操,接受健美操训练,所以在训练中常常出现一些问题,比如在其他项目训练中养成的一些动作习惯一时间难以改正,无法适应健美操比赛等,针对这些问题,要加强对健美操比赛体制的健全和完善,并加强对竞技健美操训练机制的改革,提高训练的系统化和专业性。

竞技健美操动作复杂,运动员要在快而变化的节奏中完成有力度、有幅度的健美操动作,同时要保证动作与音乐的协调性,要在动作中将音乐主题表现出来。如果没有长期专业的训练,运动员很难做到这一点。虽然一些运动员接受过体操训练,但是体操与健美操毕竟是有差别的,所以只在短期的训练中不可能达到专项要求,而只有从小进行系统化、专业性的训练,才能提高训练水平和比赛成绩。

第三节　高校健美操教学理念与特点

一、高校健美操教学理念

(一)健康第一理念

在时代不断进步、经济迅猛发展的今天,我国对人才的需求越来越严格,对全面型人才的需求持续增加,因此学校教育在培养人才方面越来越注重全面发展。学生作为国家的未来和民族的希望,承担着一定的学习压力和就业压力,很多学生的时间被学习占满,大学生还要为就业做准备,而没有多余的时间参加体育锻炼,最终造成了学生体质健康水平逐渐下降的现状。而且很多学校对体育教育不太重视,对学生体育活动的举办也没有给予足够的支持与鼓励,而且组织体能测试也不够严格,所以说学生的健康无法得到有效的保障。健康是奋斗的“本钱”,如果身心不健康,是没有精力奋斗的,最终也没有能力为祖国建设贡献力量。为了更好地培养全面型人才,推动国家现代化建设,高校要树立“健康第一”的教学理念,在这一教学理念下制订健美操教学的政策与计划,加强健美操教学改革与创新,高度重视在健美操教学中对学生健康体质的培养，为国家培养身心健康、全面发展的栋梁之才或身心健康、专业突出的健美操人才。

（二）人本教育理念

人本主义理论的核心思想是，我们要以人性为中心来探讨技术性因素的发展，然后促进人与自然环境、社会环境的和谐发展。人本主义思想体现了对人性、个性的尊重，对促进人的全面发展具有重要意义。现在，人本主义理论受到了广泛的认可，在很多领域都树立了该理念，在这一思想的指导下开展工作，教育领域同样如此。将人本主义理念引进教育领域，将该理念的核心思想与教育的特征相结合，从而形成了人本教育理念。

人本教育理念的基本思想是，教育活动是围绕学生这个核心而展开的，应该将教学活动的中心定位在学生角色上，而不是教师，要围绕学生这个中心角色的兴趣爱好、个性需求而设置课程，实施教学过程，要根据不同学生的不同情况而进行区别化、个性化教学，要将所有学生的潜能充分激发出来，促进每个学生的健康与发展。

总的来说，人本教育理念尊重人的本质属性，并由此出发通过科学教育来满足人们的心理需求，实现人的个性化发展目标，促进人生命质量的提升，从一定程度上而言，这与全面发展的教育理念是非常契合的。在高校健美操教学中要树立人本教育理念，以学生为本，围绕学生这一中心开展教学活动，最终促进学生的发展。

（三）快乐教学理念

健美操教学如果缺少了乐趣，单纯严肃地讲解知识，传授技能，那么学生就会在漫长的枯燥的教学中失去兴趣，最终影响教学质量。所以，开发健美操教学中的趣味元素，或将趣味元素融入健美操课堂，提高教学的趣味性非常重要。这就需要在健美操教学中树立快乐教学理念，强调培养学生健美操兴趣和创造力的重要性，让学生的身体素质、健美操技能在充满趣味、轻松活泼的氛围中得到提升。

在高校健美操教学中树立快乐教学理念，应在培养学生健康体质、运动技能的同时注重学生人格的培养与健全，同时要使学生树立自觉学习、乐于学习的学习观，在学习过程中享受乐趣，领悟奥妙。为了提高健美操教学的趣味性，吸引学生的学习注意力，教师还要重视对传统教学方法的改革，适当设计一些游戏教学方法来活跃课堂氛围。

(四)终身体育理念

人们在任何时间和地点都能根据自身实际情况和现实需要而从事适宜的体育锻炼活动,这就是一般意义上的"终身体育"理念。终身体育包括学校体育、家庭体育、社会体育,这是从终身体育的构成空间上而言的。不管是什么类型的体育,都充分彰显了体育运动的重要价值,如强身健体、愉悦心理、陶冶情操、防治疾病、延年益寿、社会交往等。鉴于体育运动对人的一生都有重要意义,体育教学中必须树立终身体育理念,构建终身体育教学体系,促进体育教育的深化与拓展。高校健美操教学是体育教学的重要内容,同样也要树立终身体育理念,并在终身体育教学体系的指导下展开教学工作,使健美操运动成为学生生活的一部分,为学生的持久健康提供保障。

二、高校健美操教学特点

(一)音乐贯穿整个教学过程

健美操教学的重要特点之一就是音乐贯穿了整个教学的过程。教师在教学的过程中根据健美操的特点选择合适的音乐,一方面能够让学生感受健美操动作的节奏性,加深学生对健美操动作和技术的领悟;另一方面可以通过健美操配乐增加健美操运动的趣味性,提升学生的学习积极性;同时健美操音乐还能增加健美操运动的艺术性,在学习的过程中培养学生的审美能力。

(二)同时进行身心锻炼

从身体上说,学生能够在健美操教学过程中增强身体素质,改善体形、体态,还能够学习到健美操的动作和技术,提升自身的运动技能。从心理上说,学生能够在健美操运动的教学过程中释放精神压力,分泌多巴胺来使心情保持轻松愉悦,能够获得更加积极的情绪体验。学生在健美操的教学过程中同时获得身体上和心理上的双重锻炼,不仅提高了自身的身体素质,还改善了精神状态。

(三)内容形式多样化

首先,健美操的动作具有相对比较复杂多变的特点。不仅单个动作内容丰富多彩,借鉴了各类舞蹈姿势,而且动作之间的组合形式也是多种多样，动作本身以及动作之间的组合形式使得健美操运动的内容必然不会单调乏味。

其次，健美操运动的形式也非常丰富，既有传统的徒手健美操，也有依赖特定器械和特定场合的新型健美操，如拳击健美操、水中健美操等。

健美操教学内容和形式的多样化增加了健美操教学的趣味性，使健美操运动受到越来越多学生的欢迎。

（四）提倡创新性

因为健美操运动是一项注重艺术性的运动健身活动，因此健美操的创编工作十分注意创新，创编人员不断丰富健美操的动作和技术，使其始终具备较强的生命力。而在健美操教学的过程中，教师在向学生教授基本的动作和技术的基础上，引导学生建立动作之间的联系，不断加深对动作和技术的认识，最终使学生能够自然而然地形成新的动作和技术，养成创造性的思维方式。

（五）加入思政元素

健美操项目独特的“育人、育体、育美”功能，可以让学生在练习过程中接收到来自品德修养、品质培养、团队协作、爱国情操等多个思政维度的教育。学生通过课程学习，在掌握健美操基本理论与技术的同时，提高品德修养，坚强意志品质，注重团队协作，陶冶爱国情操，潜移默化地美化心灵，增加个人自信。课程当中有机地融入价值塑造的元素，努力实现二者的水乳交融，做到“如盐化水”、润物无声的同时，达到全员育人、全程育人、全方位育人的积极效果。

第四节　高校健美操教学任务与原则

一、高校健美操教学的任务

（一）提高学生的身体素质水平

健美操教学最根本的任务就是提高学生的身体素质水平。教师设计健美操教学课程时，除了要整合健美操知识，还要对生物学、心理学、保健学、营养学、美学等学科的知识加以运用，以设计出科学合理的教学计划。同时，教师还要了解到身体素质的提高是一个整体的过程，身体各项机能之间的发展能够相互促进，比如身体体能素质的提高对于促进速度素质、力量素质的发展具有重要作用，因此教师在设计健美操课程教学时还要考虑到是否能够使学生的各项身体机能都得到锻炼。

（二）改善学生的身体形态

身体形态是一个人最外在、最直接的特征，能够将人们的身体素质和精神状态展示出来。体形健美、体态端庄是人们的追求，体现了人们对健康和美的向往。健美操是一项能够有效改善人们的体形和体态的健身运动，健美操的教学任务之一就是改善学生的身体形态。教师应该在健康安全的基础上，设计合理的健美操动作，引导学生通过动作的学习和训练对自己的体形和体态加以改善。

（三）提升学生掌握知识的能力

健美操教学本质上是一项教育活动，学生需要在教师有计划的带领之下对健美操的相关理论知识、健美操动作、技术进行学习，这个过程需要学生动用自己的领悟能力、记忆能力以及知识的实践运用能力等。因此健美操教学要对学生学习和运用新知识的能力加以培养，以提高学生掌握知识的能力。

（四）健全学生的人格

首先，健美操运动是一项具备一定难度的健身运动，学生在学习的过程中难免会遇到动作和技术等方面的困难，教师的任务是引导学生形成克服困难、积极解决问题的乐观品质。

其次，健美操是一项集体活动，教师要引导学生在集体学习的过程中养成遵守纪律、互相帮助、共同合作的好习惯。

最后，教师要在健美操教学过程中带领学生感受健美操运动的魅力，培养学生的兴趣，丰富学生的精神世界，健全学生的人格，提升学生的品质。

（五）加深学生对美学的认识

健美操运动是一项集合了音乐、舞蹈、美学于一体的健身运动，具有节奏感强和动作优美的特点，不仅具备健康价值，还同时具备很高的美学价值。教师要在教学过程中引导学生从动作、表情等方面表现健美操运动的美感，使学生能够感知美、分辨美、评价美，提升学生对美学的认识和学生的审美能力。

（六）培养学生的社会适应能力

学生能够在健美操学习过程中提高身体素质水平，形成良好的身体形态，提升学习能力、人际交往能力，培养乐观的心态、勇于克服困难的精神。而教师应该在教学过程中引导学生有意识地将这些在健美操课堂上获得的益处迁移到生活中去，提升学生对社会环境的适应能力。

二、高校健美操教学的原则

高校健美操教学的顺利开展与良好教学效果的取得离不开对一系列基本教学原则的贯彻及对相关要求的执行，主要教学原则分析如下。

（一）师生协同原则

健美操教学中，教师的教与学生的学密切相关，相互影响，相互作用，整个教学过程也可以看作是教师与学生频繁互动、协同完成教学任务的过程。鉴于健美操教学的这一特征，在教学中贯彻师生协同原则非常必要。在健美操教学中，既要承认与尊重教师的主导地位，也要高度重视与尊重学生的主体地位，教师发挥的主导作用与学生主体的能动性相互促进与协调，要特别强调学生发挥主观能动性对提高教学效果的重要性。

在健美操教学中贯彻师生协同原则，要做到以下几点要求。

（1）教师与教学对象之间要建立良好的关系。

（2）教师要使学生掌握适合自己的学习方式，将其学习的主动性与积极性调动起来。

（3）教学过程生动有趣，氛围和谐活泼，师生互动体现出民主性。

（4）师生平等对话，提高互动质量。

（二）差异性原则

差异性原则是指，教师在健美操教学过程中要充分考虑学生的个体差异。因为不同学生的体质健康水平、运动基础、学习能力等存在差异，所以不适合采用一刀切的教学方法。教师要根据个体差异程度采取不同的教学方法，对不同水平的学生进行不同的指导，做到因材施教。

这就要求教师要具有丰富的教学经验，对学生的身心发育规律、体能差异、运动水平差异有一定的了解和掌握，并能够敏锐地观察每个学生在健美操学练中的表现，进行适时的正确的引导。

（三）启发创造原则

在健美操教学中，教师不仅要传授知识与技能，培养学生的健美操理论与技能素养，还要开发学生的智力，培养学生的意志品质，丰富学生的情感，提升学生的创造力。要完成这些培养目标，就要贯彻启发创造原则，在教学过程中创设情境，设计问题，鼓励学生自主思考，独立或合作解决问题。这也是素质教育的要求。

在健美操教学中贯彻启发创造原则，要做到以下几点要求。

（1）将学生的学习动机和热情激发出来，培养学生探索与创新的积极性。

（2）将培养学生的思维能力作为教学目标之一。

（3）设置适宜的、能够启发学生自觉思考的问题情境。

（四）理论联系实际原则

健美操教学不能只停留在课本的理论层面，还要结合学生实际情况、学校教学条件以及地方相关政策来开展教学工作，将理论与多方面实际充分结合起来，提高健美操教学的实效性。

在健美操教学中贯彻理论联系实际原则，要做到以下几点要求。

（1）适当增加理论课教学时数，培养学生的健美操理论素养。

（2）恰当联系学生和学校实际开发课程资源，实施教学内容，完成教学任务。

（3）在教学中培养学生将理论知识运用到实践中的意识与能力。

第五节　高校健美操发展现状与革新

一、高校健美操教学与训练发展现状

（一）高校健美操教学现状

当前我国高校健美操教学问题具体表现在以下几方面。

1. 教学环境不佳

健美操在高校属于一项新兴运动，高校健美操教学起步较晚，因而一些高校还未针对健美操的特点设置相关专业设施，没有准备专门的健美操健身房，健美操场地设施的建设相对于田径、球类等体育项目而言相对落后，这是导致学生对健美操缺乏专注度和健美操教学难以持续发展的主要原因。

2. 教学方式单一

高校健美操教学实践中，很多教师按照健美操教学大纲进行教学，目的是完成健美操教学任务，达成教学目标，因此教师通常将健美操动作教学作为重点，并且在授课过程中主要是采用讲解性的教学方式，关于动作方法的教学以播放视频为主，随后学生进行短时间练习。这种单一的教学方式影响了学生学习的积极性，无法有效培养学生的学习兴趣。

3. 教学内容不够丰富

高校健美操教学内容单一直接影响了健美操教学质量。部分高校的健美操课程多安排一些动力性项目，学生因为缺乏这方面的基础而很难掌握好教学内容。此外，高校在健美操教学内容的安排中也没有贯彻因材施教的原则，对不同学生的健美操爱好、节奏感、运动基础等了解较少，因而没有开展类型丰富、内容多样的健美操教学，学生可选择的项目少，影响了其参与的积极性和参与度。

4. 考核方式有待完善

教学考核是反映教学质量的重要手段，很多高校缺乏科学有效的健美操考核方式，理论知识的考核中主要以试卷为主，考核内容大多是学生死记硬背的，缺乏灵活性和创新性。技能考核主要考查基础成套动作的练习效果，有统一的考核标准，忽视了学生的个体差异。此外，健美操考核以教师为主体，以结果性评价为主，忽视了过程性评价、自评、他评等多种评价方式的综合运用。

（二）高校健美操训练现状

下面主要从高校健美操训练经费、训练场地、训练形式、训练次数、体能训练以及参赛情况等方面来分析高校健美操训练现状与问题。

1. 训练经费

我国很多高校的教育经费一直都不是很充足，所以健美操训练经费也较少，满足不了需求。现阶段，高校体育活动经费和专门的训练竞赛经费是健美操训练经费的两个主要来源。健美操训练在一些高校不受重视，因此在这方面没有投入经费，因而制约了健美操训练活动的开展。

2. 训练场地

高校组织健美操训练活动必须要有足够的场地和完备的设施，这是最基本的物质前提和保障。当前我国高校的健美操训练场地设施条件不是很乐观，有的高校在田径跑道上组织运动员进行健美操训练，有的高校在校外租赁专门的场地供运动员训练使用，有的高校直接在操场上开展健美操训练活动，还有一些高校在其他运动项目的场地上组织健美操训练，如篮球场地、网球场地。总之，很多高校的健美操运动员都是在不正规或不标准的场地上进行健美操训练，对训练活动的正常开展及最终的训练效果造成了严重影响。

3. 训练形式

高校健美操课余训练的形式主要从训练周期上体现出来，目前来看，训练周期主要有三种情况，分别是 2-4 个月一周期、半年一周期、一年一周期，大学生对训练时间的计划与安排是根据自己的课余时间而定的。在上述三种训练周期中，大部分学生选择 2-4 个月一周期这种形式。但因为训练经费短缺的原因，很多高校都是在临近比赛前两个月才开始组建运动队临阵训练，虽然减少了训练支出，但是训练效果不理想。

4. 训练次数

运动员在健美操比赛中获得优异的成绩是平时长期努力训练的结果，训练时间充足才能保障训练实效，提高训练水平，增加在比赛中获胜的可能。运动员只有长期进行系统性、连续性训练，才能逐渐积累训练成果，提高自身专项水平，而那些断断续续训练或中途放弃训练的运动员很难获得好的训练效果和比赛成绩。

前面提到，很多高校迫于训练经费的限制，大学生的训练时间主要是临近比赛的前两个月，要在两个月的时间内达到理想的训练效果，明显提高运动水平，大学生必须加倍努力，但短时间进行高强度训练，休息时间减少，不利于运动疲劳的恢复，最终也会影响大学生运动员在赛场上的表现，影响最后的成绩。因此说，高校临近比赛才组队进行健美操训练，或许可以达到一定的冲刺效果，但从长远来看这是不可取的。

5. 体能训练情况

健美操运动对运动员各方面的素质都有较高的要求，特别是对身体素质、专项技能和艺术表现力方面提出了严格的要求。运动员在日常训练中要提高自己的身体素质，熟练掌握专项技术，提升自己的艺术表现力，达到专项要求，从而在比赛中展现自己的力量，完成标准技术，以良好的艺术表现力感染裁判与观众。大学生参与课余健美操训练，一定要重视力量、柔韧性等身体素质训练，提高自己的体能水平，为熟练掌握健美操技术以及提升艺术表现力奠定基础。但目前来看，我国高校健美操训练对体能素质的训练不够重视，这直接影响了大学生体质健康，制约了大学生对健美操专项技能的掌握。

高校健美操体能训练主要存在以下两方面的问题。

（1）缺乏基础训练

高校健美操运动队的成员并非都是体育专业或专修健美操课程的，也有非体育院系的学生，这部分队员身体素质不及体育专业的学生，专业水准也与体育生有一定的差距。所以整体来看，高校健美操运动队的运动员身体素质、专业水平是参差不齐的。健美操运动的艺术性和难度性对运动员的体能素质提出了较高的要求，如果运动员没有很好的身体素质，很难坚持完成比赛，也难以标准地完成每个动作，在比赛后期常常会因为体力问题而影响动作质量，出现动作幅度小、动作不规范、难度动作完成质量差等问题，最终影响比赛成绩。所以，加强健美操基础体能训练非常重要。但当前高校健美操训练中的体能训练处于缺失状态，即使体能训练被纳入健美操训练计划中，所占比例也比较小，不足以充分提高运动员的体能水平。

（2）体能训练与技术训练缺乏密切联系

在高校健美操训练中，教练员强调运动员要高质量完成难度动作和成套动作，却忽视了运动员耐力的问题。运动员在难度动作、成套动作的训练中花费了很多时间，只用少数时间进行体能训练，而且体能训练与技术训练是分割开来的,这既影响体能训练效果,又影响技术训练效果。体能训练与技术训练本身是密切联系的,运动员良好的体能素质是其进行技术训练和提高专项技术水平的基础与前提,技术训练又有助于提高运动员的专项体能素质,所以在健美操训练中理应将二者密切联系起来,将体能训练融入技术训练中,并将技术训练穿插于专项体能训练中,以促进运动员体能与技术的同步提升。

6. 参赛情况

高校健美操运动队中没有参加过任何健美操比赛的运动员不在少数。近年来健美操运动在高校越来越受重视,组建健美操运动队和举办健美操赛事也得到了高校有关部门的关注,少数运动员有机会参加健美操比赛,但从未参加过比赛的运动员还有很多。尽管参加健美操比赛的运动员在增加,但是因为缺乏系统的训练,所以在比赛中的表现不容乐观,而且高校健美操比赛的质量和水平也不够高。有些健美操比赛对来自高校的参赛队伍是普通队还是专业队没有限制,而普通队与专业队实力相差明显,所以比赛的公平性受到质疑。普通队参加这样的比赛虽然可以积累经验,检验训练成效,但是毕竟与专业队有实力差距,最终比赛分数悬殊会影响普通队运动员的自信心。专业队参与这类比赛,因为竞争队伍中有普通队,所以获胜的可能性大,但即使获胜,专业运动员也不会有太高的成就感,只有与实力相近的专业队进行比赛,才更能激发专业运动员的斗志,提高运动员的表现力。而且普通队与专业队都能参与的健美操比赛因为比赛结果悬念不大,所以缺少了欣赏性。

二、高校健美操教学训练的革新策略

(一)高校健美操教学的革新

1. 贯彻“以人为本”教学理念,满足学生的自我发展需求

在健美操教学中,“以人为本”的教学理念提供了重要的导向,在这一核心导向的引领与启发下进行健美操教学方法的创新具有非常重要的意义,这就要求健美操教师及时转变只注重考核成绩的传统教学观念,将“唯成绩论”的陈旧教学思想摒弃,树立全新的教育理念,为学生健康成长与全面发展而服务,并运用新理念对教学方法的改革创新加以规范。在“以人为本”教学理念下应该从以下几个方面来进行健美操教

学方法的创新。

第一，设计具有启发性的教学方法，引导学生进行自我定位与自我评价，以培养学生的自主学习能力，促进学生自我发展价值的实现。

第二，创造激励性教学方法，对于不同学生之间的差异要正确对待，对学习水平较低的学生给予尊重与关心，采用激励教学方式带领学生进步，对学生在学习过程中的良好学习态度和努力付出予以肯定，增强其学习信心，使其学习的积极性更强。

第三，在健美操教学方法的改革与创新中，将教学方法的精准性提高到新的水平，使学生的自我发展需求得到充分满足，并在精准教学方法的实施中培养学生健康身体素质与心理素质，同时促进学生综合素质的提升。

2. 创建轻松活泼的教学环境，激发与调动学生的健美操学习兴趣

传统健美操教学方法在课堂上运用比较单一，而且带有一定的强制性，学生被灌输知识，被动接受，自主意识得不到重视，课堂教学氛围沉闷，整个课堂教学过程枯燥乏味，模式化严重，最终导致的结果是学生毫无学习兴趣与热情，教学效果与预期差距大。针对这个问题，应该在健美操教学方法的创新与运用中创建轻松的教学环境，营造活泼的教学氛围，使学生感受到学习健美操的趣味，并乐于主动学习。为了达到这一目的，需做好以下几方面的工作。

第一，健美操教师善于调动课堂气氛，使学生保持愉悦的心情来自主学习、配合教师，使其在良好的状态下对健美操的魅力产生深刻的体会，从而将其学习兴趣和热情激发与调动起来。

第二，要营造轻松欢悦的课堂教学氛围，就要充分利用与凸显健美操本身具有的律动性特征这一优势，在充满律动与节奏的健美操教学中能够将所选教学方法的功效最大程度地发挥出来。

第三，在健美操教学方法的创新中提高方法的开放性，将趣味性、兴趣等元素融入新的教学方法中，使之为营造活泼欢快的课堂氛围提供便利，在欢快、活跃、充满律动的健美操教学中使学生保持长时间的学习兴趣，提高健美操知识素养和运动技能水平，达到良好的教学效果。

3. 促进传统教学方法与多媒体教学方法的结合

在高校健美操教学中，为了让学生清楚地认识健美操，了解健美操，

可将多媒体教学手段运用到健美操课堂中。通过放映健美操视频，重复播放，让学生认真观察，积极模仿，从而简单认识健美操动作。为学生播放健美操视频，供学生观看与欣赏，还能对学生的审美能力进行培养，使学生对健美操运动的魅力有切实的体会。播放完整的健美操视频后，可以播放健美操分解动作的动态图片或小视频，使学生对健美操步伐、手臂动作、躯干动作及面部表情、音乐节奏等一一了解，这样便于学生在大脑中形成抽象概念，在正式学练中利用这部分记忆来辅助学习，逐步掌握健美操基础动作。

在学生正式进入学练阶段后，教师根据学生的学习情况有选择地播放重难点动作视频或图片，并引导学生观看细节，掌握技巧。一般要由易到难、由简单到复杂地分解动作，播放单个动作图片也是如此，以便适应学生的认知能力和学习能力，逐步加深学生的记忆。但最终还要将各个分解动作组合起来，以保证学生学习健美操动作的连贯性。

多媒体教学是现代教学理念下健美操教学方法的重要发展方向之一，在现代健美操教学中应更新思想观念，重视多媒体教学方法的运用，将多媒体教学技术手段充分运用到健美操课堂教学中。在健美操教学中，多媒体技术大都是以教学辅助手段的角色出现的，利用这类辅助性手段可以有效改革传统教学方法，设计出更多新颖的教学方法，从而不断丰富教学方法体系，提高教学的立体性、直观性和趣味性，为教师选用教学方法提供更广泛的空间与更充足的选项。

我们提倡对多媒体教学方法的设计与使用，并不意味着要全盘否定与摒弃传统教学方法。而且多媒体教学也有它的缺陷与弊端，因为在健美操教学中师生的互动非常重要，教师要与学生多沟通交流，但是多媒体教学软件虽然为师生线上沟通交流提供了便利，打破了时空局限，然而却限制了师生的近距离互动，使师生的互动变得有了距离感，这样在一定程度上不利于健美操教师真正了解学生的学习需求和学习情况。所以说，多媒体教学大多数情况下是传统教学方法的辅助性手段。

传统教学方法具有强大的生命力，之所以能够沿传至今，有其自身的价值、优势与可取性，在推动健美操教学发展、提高教学质量方面确实发挥了不可估量的作用，因此我们必须正确对待传统健美操教学方法，正确处理传统教学方法与多媒体教学法的关系，分析二者各自的利弊，加强整合，发挥各自优势，规避方法本身的缺陷给教学带来的负面影响，促进二者相辅相成，共同发挥提高教学效果的功能价值。

4. 教学中加强乐感的培养

音乐是健美操运动不可缺少的重要组成部分，健美操的鲜明特点及强大的生命力与其音乐元素必不可分，音乐与动作的结合使健美操魅力十足。因此在健美操教学中要注重培养学生的乐感，使学生学习健美操音乐，熟悉律动，提高音乐感知力，这能够促进学生动作节奏感和表现力的提升，进而促进学生健美操运动技能的增强，学生的健美操动作越准确、规范，技能越强，健身效果就越好，越有利于身心健康。

在健美操教学中，要将动作练习与乐感的培养充分结合起来，没有音乐的健美操动作是没有灵魂的，离开健美操动作，音乐的重要性也无法体现出来。因此，要在教学实践中将音乐素养的培养充分融入动作教学中，使学生对动作节拍有准确的把握，完成标准的健美操动作，提高技能水平和体能锻炼水平。

5. 注重文化教学

学生对健美操运动的兴趣直接影响学习效率、学习成果以及学习目标的达成情况，学生能否积极参与健美操学练，通过长期坚持练习来增强体能素质，这在一定程度上取决于其是否对健美操运动感兴趣。因此，培养学生的兴趣很关键，而健美操文化教学是培养学生对健美操课程学习兴趣的重要教学方式，学生了解健美操文化知识，对健美操运动有了基本认识与了解后，学习兴趣会逐渐产生。

在健美操课堂上，教师可以将健美操重要赛事介绍给学生，或者直接播放精彩的健美操比赛视频，使学生对健美操比赛规则、裁判方法、比赛技巧有初步的了解，并认识到团队协作的重要性。通过学习掌握这些文化内容，学生对于健美操运动的态度从好奇慢慢转变为兴趣，最后在一定动机的驱使下上升为学习的热情，这对于提高学习效率、达成体质健康目标具有重要意义。

6. 不断健全教学评价机制

为了进一步提升健美操教学质量，对健美操教学评价机制加以完善很有必要。在健美操教学评价机制的创新中，要突破传统健美操教学评价中以结果评价为主的单一方式，将过程评价重视起来。而且除了继续发挥教师作为评价主体的重要作用，还要充分尊重学生的主体作用，鼓励学生进行自我评价，引导学生之间相互评价。此外，应将学生个体考核与健美操队团体考核结合起来,同时计入最终的考核成绩。

只有不断创新健美操教学考核与评价方式,完善考评体系,才能充分发挥教学评价的作用,提升健美操教学效果和质量。

(二)高校健美操训练的革新

1. 领导给予重视

高校健美操运动队训练既是高校竞技体育发展的一部分,也是高校健美操教育的重要组成部分。开展高校体育教育与体育训练工作,必须重视健美操训练。任何体育项目要在高校获得长远的发展,都需要相关部门尤其是部门领导的支持,领导的重视程度与支持力度直接影响运动项目的发展程度。随着健美操运动的不断发展及其在高校的日益普及,越来越多的大学生喜欢参加健美操运动,高校领导对这项运动也给予了一定程度的重视,而且还有争取更高重视与更多支持的空间。

为了得到领导的认可,获得高度的支持,高校健美操教练员要将运动队训练情况主动汇报给领导,使领导了解最新训练成果。此外,教练员要带领运动队参加比赛,取得好成绩,为学校争光,这样有关部门会更加重视健美操在高校的发展。高校有关部门及领导对健美操运动的思想支持、精神支持、物质支持、制度支持、行为支持都是健美操运动在高校不断发展下去的重要支撑。

高校领导提高对健美操的重视,健美操运动队的发展越来越好,有发展前途的运动项目更容易获得校领导的支持,这样就形成了良性循环机制,健美操训练水平会越来越高。

2. 加强宣传,解决经费问题

现代社会中信息传播速度之快超乎想象,人们获取信息的渠道越来越多,获取信息越来越便捷、迅速。这都得益于现代科技尤其是电子技术和网络技术的发展。为了提高健美操运动队在高校的影响力,将健美操运动打造为高校大众化运动项目,提高大学生的参与积极性与参与度,运动队可以将丰富的现代媒体资源和信息平台充分利用起来加大对健美操的宣传力度。例如,健美操运动队可以建立微信公众号,定期发表以宣传与普及为主的推文,文章应有趣、新颖,能吸引学生关注与阅读,这样能够提高健美操队在高校的知名度与影响力。运动队还可以将学校传播媒介充分利用起来,以宣传运动队在重要比赛中取得的好成绩，这些媒介主要包括学校微信平台、校园微博、校园网、校园报刊、校园广播等。通过多种形式的积极宣传必然能够让更多的学生、教育工作者以及学校领导对健美操运动及运动队有一定的认识与了解，同时也有机会得到更多校园人的支持，吸引更多的大学生参与这项运动。

通过宣传健美操运动及运动队的成绩，也有助于促进经费来源渠道的拓展，使训练经费短缺的问题得到有效解决。目前，学校体育活动经费与专项运动经费是高校健美操运动训练的主要经费来源，单一的经费来源使得健美操运动队在训练中的很多需求得不到满足。对此，要广泛开辟新的经费来源渠道。健美操运动的艺术价值很高，它本身具有市场化发展的潜力与优势，因此可以推动高校健美操的市场化发展，吸引社会关注，从社会上寻找经费来源，增加经费来源渠道，如寻求企业赞助、获得社会体育组织的经费支持、参加商业比赛获取奖金，等等。只有保证经费足够，才能解决运动队训练中的重要问题，才能有更好的条件去备赛和参赛，使运动队的成长与发展空间得到提升。充足的经费也能使教练员的薪资待遇水平得到提升，从而提高教练员的工作积极性。

3. 拓宽选拔途径，完善招生制度

高校健美操运动队中的运动员大多是来自体育院校的学生。运动队是由教练员在体育院系中选拔运动员组建而成的，有的运动员是主动报名加入运动队，也有些运动员是其他院校的体育教师推荐的。要在大学四年时间内将高校健美操运动队打造为高水平队伍，使其在地方、国家乃至世界重大健美操比赛中取得优异成绩是有一定难度的。但这是高校健美操运动队的一个重要发展目标，可以朝这个目标不断努力。而努力的方法首先就是对有健美操运动天赋、健美操基础良好及经验丰富、基础与专项体能素质良好的大学生运动员进行选拔，这就需要做好招生工作。

一般来说，体操、艺术体操专业的大学生都有成为健美操运动员的潜质，这些学生在体能和艺术表现力上占优势，学习与掌握健美操技术相对容易一些，因此可以将这些学生纳入招生范围。高校成立健美操运动队，在招生方面要给予政策扶持与适当的优待，这也是对运动员退役后的一份保障。在招生中，高校尤其是体育院校设置的特招名额可适当增加，专项项目上可以有一定的倾斜性，从形体类运动专业中招生。

另外，要在高校培养优秀的健美操运动员，还需要在中小学建立健美操运动训练基地,培养优秀后备人才,将各级教育阶段的健美操运动训练衔接起来建立一条龙训练体制,为高校组建优秀健美操运动队打好基础,为国家输送优秀的健美操后备人才。在中小学阶段培养健美操后备人才还有助于面向青少年学生普及健美操运动,使高校健美操运动员生源短缺的问题得到有效解决,长期的系统化训练能够有效提高健美操后备人才的专业能力,使之在高校健美操运动队中充分展现自己的力量、技术能力和艺术表现力,在健美操比赛中取得优异的成绩。

4. 改善训练设施条件

高校健美操运动队的日常训练离不开良好的训练设施条件,包括正规的训练场馆、完备的训练器材等,这些都是不可或缺的物质基础。比赛环境宽敞、舒适、美观,与比赛场地接近,则有助于营造良好的训练氛围,也有助于促进健美操运动员训练积极性与效率的提升。在舒适的环境下训练,运动员的斗志更强,心理素质更好,而且也能在一定程度上减少运动员受伤的可能。

当前,高校健美操运动队的成员普遍不满意学校的训练场地设施条件,具备专业训练场地的学校并不多,很多运动队都是在其他项目的场地上训练,影响了训练效果,也容易发生运动损伤。对此,高校应大力建设标准化的健美操运动场馆,配置专业训练器材。这方面需要学校将现有体育资源充分利用起来,改造旧场馆,修补运动器械,将每笔经费都用到刀尖上,提高体育物力、财力资源的利用率,避免造成资源浪费。

5. 系统构建训练体系

高校健美操训练是一个系统的、长期的、不断进步与提高的过程,短时间的训练无法取得理想的成绩。健美操运动员只有在长期的训练中,不断增加运动负荷,增加训练刺激,提高机体的适应力,才能不断积累,实现由量变到质变的飞跃,最终提高自己的运动水平。而短时间或断断续续的训练无法实现质的飞跃与提高。前面已经提到,很多高校都是在临赛前才组建健美操队伍和组织训练的,这不利于运动队在比赛中获得优异成绩。而只有提早组队,系统全面地展开训练,才能实现良好的训练目标。高校健美操运动队即使短期内没有要参加的比赛,也不能中断训练,否则容易造成之前积累的量逐渐减少,以前的训练效果渐渐付诸东流。

要保证训练的系统性，就要先保证训练时间、训练频率，合理规定与安排每周的训练次数和每次的训练时间，长期落实训练计划，有效提高训练成效。临近比赛前要适当增加训练次数与时间，以进一步取得突破。高校健美操运动队应该有计划地安排各项训练工作，制订适合本队情况的训练方案，提高方案的针对性与实效性，对训练内容、训练方法、运动负荷合理安排，将体能训练、技术训练、心理训练、智力训练结合起来，将多种训练方法综合运用到健美操训练中，使运动员通过有计划的训练而逐步提高训练水平。

6. 制定与完善激励政策

高校健美操运动训练的发展与教练员息息相关，为提高训练水平，要对教练员的地位给予重视，对其重要性有正确的认识，对教练员给予信任，对其积极的工作意识、主动培养人才的意识予以激发，使教练员感受到自己是被认可的，自己是有价值的，自己是被需要的。学校要制定激励政策来鼓励健美操教练员，将各项激励政策与制度有效落实好，将教练员的执训积极性充分调动起来。各高校的激励制度与运动队管理制度可根据学校现实情况来制定，制度应科学有效，应能体现出持续的激励性，为健美操训练的发展提供制度保障。

对高校健美操教练员与运动员的激励措施如下。

（1）对教练员的激励

第一，将物质激励与精神激励同步重视起来。

第二，教练员通过考核才能担任教练工作。

第三，将训练成绩作为教练员职称和薪资待遇调整的一个依据。

（2）运动员方面

第一，采取物质奖励和精神激励措施。

第二，奖励在健美操训练与比赛中表现突出的运动员，这方面的奖励应体现出层次性，成绩越好，奖励越多，这样有助于运动员训练积极性的激发。

第三，对取得优异比赛成绩的运动队要颁发荣誉证书，对优秀运动员可在入党、保送研究生方面有政策倾斜。

第四，对不遵守集体纪律或训练不积极的运动员给予惩罚，以适度的奖惩方式对运动员的行为进行激励或约束。

7. 培养与提高教练员的业务素质

任何体育项目的发展都离不开创新,创新是体育项目发展的动力源泉,若忽视对项目的创新和创造,就很难实现更高水平的发展,而且还会逐渐被淘汰。高校健美操训练的发展同样需要创新,而教练员在高校健美操普及、提高及创新方面发挥着举足轻重的作用。高校健美操教练员应站在时代前沿把握健美操运动的新动向,及时更新训练理念与训练方法。虽然高校健美操教练员的训练经验比较丰富,也熟练掌握了训练技能,但他们常年使用的一套训练模式中有些内容已经不适应现代健美操发展的需要了,教练员必须不断充实自己的知识库,更新知识,创造新的训练模式与方法,同时还要在科研上有所努力,多参加一些学术交流或专业培训活动,以提升自己的健美操专业知识水平和执训能力。

8. 解决运动员的学训矛盾

高校健美操队的大学生既要上文化课,完成专业课作业,又要利用课余时间来训练,双重身份增加了大学生运动员的负担,有些运动员无法两头兼顾,所以要么耽误了学习,专业课成绩不理想,要么顾不上训练,运动技能水平提不上去,有的运动员为了修满学分,甚至放弃喜欢的健美操运动,离开学校健美操队。要解决这一问题,必须将学习与训练的关系处理妥善,既不耽误大学生学习专业课程,又使大学生有时间参加健美操训练。

解决高校健美操运动员的学训矛盾,恰当处理学训关系,需要从以下两个方面着手。

第一,完善对大学生的激励政策,培养大学生的自主学习能力和时间管理能力。同时要考查大学生文化课的出勤情况,将此纳入最终考核系统中,使大学生尽可能按规定时间学习文化课程。对代表校队参加健美操比赛而取得优秀成绩的大学生,适当给予学分奖励。

第二,高校有关部门及时沟通与交流,辅导员、教练员及运动员之间也要做好沟通,如果运动队要参加重要的健美操比赛,需要教练员与辅导员协商时间,使大学生有时间训练和为比赛做准备,比赛结束后安排补课。对于因训练而耽误了文化课的大学生,文化课教师给予体谅,并对其提供单独的辅导,使大学生弥补落下的课程。

第二章　高校健美操课程建设的学科理论支持

高校健美操课程建设是一项系统复杂的工程，建设工作需要科学理论的支持才能顺利开展，在多学科理论的支持和引导下，健美操课程建设有理可循，有科学可靠的理论依据，能够提高课程建设的科学化水平和建设效果。本章主要对高校健美操课程建设的学科理论支持展开研究，主要包括体育教育学理论、体育管理学理论以及体育美学理论。

第一节　体育教育学理论

一、体育教育的概念与本质

（一）体育教育的概念

体育教育是以身体练习为基本手段，以增强体质，促进身心全面发展为目的，促使人们掌握身体锻炼的知识与技能的一种有意识、有目的的教育活动。

（二）体育教育的本质

体育教育由“体育”与“教育”构成，这两个组成部分的内涵决定了体育教育的本质。体育的特有属性反映在体育的内涵中，教育的特有属性则反映在教育的内涵中，事物的本质主要从其特有属性中表现与反映出来。由此可见，体育的内涵与教育的内涵相互融合而形成了体育教育的本质。

从性质上来看，体育是人类社会上以身体教育为主的一种特殊社会文化活动,其以身体练习为基本内容和手段,促进人体质增强、身体协调发展以及各方面全面发展。人的全面发展最终能够促进社会的发展,因此可以说体育是为推动社会发展而服务的。教育是以培养人为中心的活动,教育和其他事物现象最本质的区别就在于培养人。结合体育和教育的本质可知体育教育是教育人和培养人的过程,它以身体活动为主要内容、手段及载体来培养人、教育人,促进人的全面发展。在体育教育过程中,教育对象通过科学的身体活动能够增强体质,健全心理,掌握知识,提高运动能力,磨练意志,塑造精神,提高道德品质,陶冶情操,最终实现全面、协调发展的目的。

另外,社会政治、经济、文化等环境在不同程度上影响体育教育,具体影响体育教育的目的、规模等,体育教育在某种意义上是为社会政治、经济、文化的发展即社会的整体发展而服务的。不同社会发展时期的体育教育主要通过培养适应当时社会发展需要的全面发展的人才来推动社会发展的。

二、体育教育的育人功能

(一)德育功能

体育教育中包含思想品德教育,主要通过集体体育活动、体育竞赛、体育自主练习等方式而培养学生的思想品德。学生参与体育活动,会产生一定程度的机体疲劳,疲劳的积累容易引发心理障碍,而且有时因为多种因素的影响而发生意外伤害事故,这些情况下学生如果没有顽强的意志品质作支撑是很难坚持下去的,体育教育是锻炼与培养学生意志品质的有效方式。

集体性的体育活动有助于学生的团结意识、协作能力及集体主义精神的培养。在以小团体或班级为单位的体育比赛中,学生踊跃参与,与队友相互配合,互助友爱,与对手公平竞争,合理对抗,切磋交流,从而塑造良好的道德品质。

总之,体育教育具有重要的德育功能,能够引导学生确立正确的世界观、人生观和价值观,培养学生的爱国主义精神、民族责任感和集体荣誉感,提升学生的道德修养。

（二）教养功能

作为教育的重要组成部分，体育教育具有独特的教养功能，即教育和培养功能，对人的发展有着重要的影响。在青少年儿童的生长发育中，体育教育起到积极的促进作用，教师带领孩子们跑跳、游戏，组织集体比赛，使孩子们在良好的氛围中团结合作，学会公平竞争，正确对待成败，调节不良情绪，养成自觉参与体育运动的好习惯，这都是体育教育所起的作用。

体育教育的教养功能还体现在生活中，其对学生的性格、生活方式、生活习惯都有潜移默化的影响。体育教育能够使学生健康文明地生活，培养学生良好的生活习惯。学生在体育教育活动中学习体育与健康知识，学习体育锻炼方法，从而提升自我保健能力。体育教育还促进了学生文化生活的丰富多彩，培养学生健康的兴趣爱好，使学生在健康向上的氛围中学习与生活。终身体育教育对培养学生的终身体育思想和终身体育锻炼习惯起到了举足轻重的作用。

（三）人文精神教育功能

人文精神是人类为了更好地生存和发展，以真善美的价值理念为核心，不断追求自身解放和自由的一种自觉文化精神。[①] 在体育的发展中，人文精神作为重要的思想基础、精神内涵以及生命线，对体育的发展前景及其对社会的影响力有着决定性影响。体育长期以来之所以能够不断发展壮大，与其背后的人文精神内涵有着必然的联系，如果体育缺乏人文精神，则其就是一个徒有外在形式的空壳，难以获得长久发展。因此在体育教育中既要进行外在的身体教育和技能教育，又要进行深层的人文精神教育。在体育教育中要注重向学生传授人文社会学知识，加强对体育背后的人文精神的宣传，促使体育教育的人文精神教育功能的充分发挥。

（四）美育功能

时代背景、社会发展都会影响人的审美观，而个人的思想意识、对美的基本认知以及审美标准是影响自身审美观的关键因素。人们判断美的标准不是固定不变的，是随着社会的发展进步而不断丰富和深化的，

① 张松奎.体育教育学[M].徐州：中国矿业大学出版社，2013：52.

如不同时期人们对生活中常常提到的“健康美”“人格美”等有不同的认识与理解。

体育教育能够对学生的审美能力进行培养，使学生掌握较为客观和全面的美学判断标准，从而正确判断自己与他人的体质状态、动作技能以及道德人格。学生具备一定的审美能力，更容易在体育活动中发现美、欣赏美和创造美，获得美的享受。

（五）促进个体社会化功能

人从生物个体变成社会个体的过程就是个体社会化。体育教育中采用分组与合作教学法、讨论法、探究法等方法能够对学生的社会交往能力进行培养，使学生在与他人合作、交流中学习他人的长处，借鉴成功的学习经验，并在对比自身与他人的过程中发现自己的不足，积极改进和完善。

体育教育能够培养学生豁达乐观、平等友爱、互帮互助、公平竞争的思想意识，这都是构建和谐人际关系所必不可少的。开发性的体育教育活动还促进了学生人际交往范围的扩大，推动了学生社会适应与交往能力的提升。

三、体育教育的载体——体育课程

体育教育是我国社会主义建设中非常重要的一项事业，发展体育教育能够满足社会各方面、各层次的人对体育的多种需要。体育课程是体育教育的一个重要载体。体育课程是学校课程体系的重要组成部分之一，是在校学生以身体练习为主要手段，通过合理的体育教育和科学的体育锻炼，达到增强体质、增进健康和提高体育素养为主要目标的必修课程。

体育课程是一门以多学科为基础的综合性课程，与多个学科的关系都很密切。加强体育课程建设，落实体育课程教学，能够使体育教育的功能与价值得到更好的发挥，促进体育教育多元育人功能的实现。

随着现代教育理念和体育教育理念的兴起，如终身体育（教育）、快乐体育（教育）、成功体育（教育）等，体育课程逐渐形成了多元化的结构，在原有基础上增添了新的内容，如各种选修课等，同时还将课外体育纳入体育课程结构体系中，作为体育课程的拓展和延伸性内容，课内形式多样的体育课和丰富多彩的课外体育活动构成了体育课程的结构体系，如图 2-1 所示。

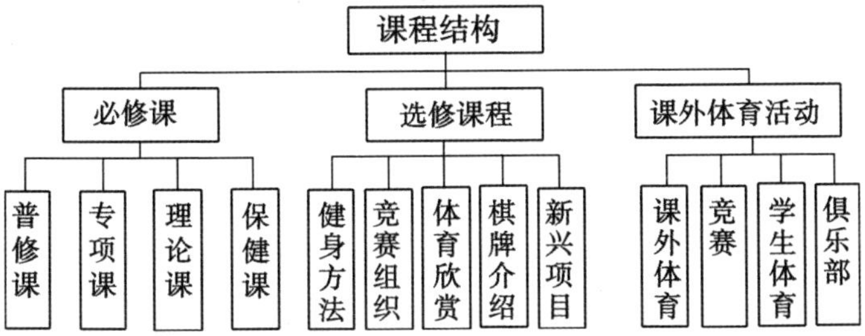

图 2-1　体育课程结构①

健美操课程是体育课程的具体内容，高校健美操课程结构同样也可以划分为健美操必修课、健美操选修课和课外健美操活动等几个部分。在高校健美操课程建设中，要依据有关政策有针对性地建设不同类型的健美操课程。一般来说，往往在体育院校或普通高校体育院系设置健美操必修课，在普通高校其他院系设置健美操公共课程或选修课程，课外健美操活动在各类高校和各个院系中都应有所开展。

四、体育教育与素质教育的关系

（一）素质教育为体育教育的发展指明了方向

为提高个人的综合素质和整体社会素质，我国提出了素质教育理念，实施素质教育有助于实现人从“自然人”向“社会人”的转变。素质教育顺应了教育从社会本位转变为人本位这一转变的需要，与现代教育改革和发展态势一致。素质教育的提出进一步明确了当代体育教育的地位、目的和意义，为体育教育的发展提供了正确的指导思想和方向指引，促进了“健康第一”教育思想在体育教育中的贯彻落实，同时要求在体育教育中传承体育文化，培养学生传承文化的责任感。素质教育要求结合学生实际开展体育教育，注重体育教育内容的实用性，通过体育教育要能够使学生获得对其长期发展和进步有利的知识和能力，要重视体育教育的长期效应。

此外，素质教育的全面推行使我们对体育教育的当代社会地位与社会价值更加明晰，同时保障了学生学习体育知识、参与体育锻炼的权利，这与全面教育方针政策的相关要求高度一致，对加快体育教育改革

① 程辉. 体育新课程背景下学校体育理论研究[M]. 北京：科学出版社，2016：59.

和推动体育教育健康持续发展具有重要意义。

（二）实施体育教育有利于实现素质教育的目标

个体在先天遗传和后天环境因素的共同作用和影响下而形成的身心特征及其他特质就是所谓的素质。一个人的综合素质是由身体素质、心理素质、道德素质、文化素质、审美素质等多元素质共同构成的。通过素质教育要达到全面提高学生这些素质的目的，促进学生各方面素质协调发展和整体素质的综合提升，即实现全面发展的目的。而实施体育教育则有助于实现素质教育这一目标。

体育教育在增强学生体质、改善学生心理素质、培养学生道德品质、塑造学生审美与文化素质、健全学生知识结构体系、推动学生社会化发展等方面发挥着独特的价值与重要的作用，体育教育在促进学生全面发展方面的功能作用是其他学科教育所无法比拟的，因此应将体育教育作为实施素质教育的重要突破口，重视体育教育，为社会培养全面发展的现代化人才。

健美操是高校体育教育的重要内容之一，健美操具有体育教育的普遍功能，如增强体质，促进全面健康，提升审美素养，促进全方位协调发展等。在高校健美操课程设置中，要充分体现健美操的项目特色和独特价值，使健美操的多元功能价值在课程实施中得以充分发挥，为素质教育的深入改革及目标实现做出贡献。

第二节　体育管理学理论

一、体育管理的系统理论

（一）系统理论与体育管理

系统理论起源于20世纪20年代，但该理论迅速发展及得到广泛应用是在20世纪40年代之后，这一管理理论的实用价值很强，主要在经济、军事、农业、工业、体育和教育等领域的管理中得到广泛应用。

系统理论的基本观点是，任何事物都是一个由诸多要素有机组成的“系统”，系统内各个组成部分之间密切联系，同时与系统外部环境存在一定的联系,系统内、外环境之间及系统内各组成部分之间是互相联系、互相影响和互相制约的,有机把握系统内部联系,处理好系统内外关系,有助于促进系统功能的增强和系统运作效率的提升。

我们可以将体育看作是一个系统,对该系统的建立、管理及运行本身也是一项系统而复杂的工程。现代体育有三大支柱,分别是体育科学、体育技术和体育管理,体育技术的发展和体育管理的落实都离不开体育科学,体育科学的发展也离不开体育技术和体育管理这两个必要条件。在现代体育管理中,从行为科学理论出发,充分发挥基本管理职能(决策计划职能、组织指挥职能、控制职能等)来促进各项管理要素的有机组合及其效能的发挥,从而完成管理任务。

现代体育管理不同于传统的小生产方式管理,要从不同层次、角度出发来进行全方位管理,全面管理各个层次中的管理对象。现代体育管理系统中的管理主体、管理机构、管理法规制度等都是密切联系的,同时与系统外界环境也保持一定的联系,这符合"天人合一"的传统哲学观,将所有事物置于一个整体中去分析它们相互影响、相互制约的关系。

在系统理论下进行体育管理,重点要做到以下几点。

1. 优化系统结构

优化体育管理系统,主要是弄清管理层次,确保决策层、管理层、控制层等各个层次清晰明了。要合理组建领导班子,不要追求人多,而要以精干、团结为主。

2. 明确系统的目标

(1)要依据科学理论和实践经验而制定符合体育发展现状的正确、具体的系统目标。

(2)要确立不同类型的目标,如长期目标与短期目标;集体目标和个人目标等。要量化目标,以便对照目标而评价管理系统的运行效果。

系统目标不止一个,要分清主次及先后次序,按一定的顺序与逻辑合理排列目标,按目标排序来有条不紊地开展管理工作,依次实现各个管理目标,最后实现管理总目标。

3. 树立全局观

现代体育管理系统中各个组成部分紧密联系,要做好各要素之间的协调工作，从全局视角出发而推动系统的整体运作，提升整体效率。在体育管理中既要观察系统的运行现状，又要预测系统的未来运行趋势，预测风险，加强防范，使现在与未来、已知和未知紧密联系，通过实现短期阶段目标而逐步实现长远目标。

树立体育管理的全局观，还要总体设计管理系统的运行规划，出一个整体方案，对系统运行中的薄弱环节做到心中有数，并依据理论与现实来判断系统运行的风险，做好防范准备。此外，要将系统中各要素的竞争与协同关系处理好，二者缺一不可，系统若没有竞争，就失去了前进的动力，而若没有协同，也就不可能向前发展。竞争与协同并存，并保持良好的关系，如此才能推动系统运作，因此在体育管理中不能盲目排斥和消除竞争，要勇于面对竞争，在竞争中前进。

（二）系统理论与高校健美课程建设

1. 系统的结构与健美操课程建设

任何一个系统都有自己的结构与功能。每个系统中所包含的各种要素之间的排列与组合都是有次序、有规律、有逻辑的，系统的结构是否紧密、稳定，与其本身是否有序有直接的关系。系统具有层次性，复杂系统的层次性更鲜明，系统内部各要素（子系统）之间密切联系，相辅相成，共同推动系统的稳定发展。健美操教学系统是体育教学系统的子系统，而学校体育系统又包含了体育教学这一子系统，为形成最佳健美操课程建设，既要对健美操课程系统内部各要素之间的关系有清晰的认识，又要了解健美操课程系统与相关系统之间的关系。

系统的结构和功能相对独立，又相互依赖，对二者的关系形成正确的认识，有助于对健美操课程系统各要素之间的关系及健美操课程教学过程和教学系统之间的关系有正确的了解，从而提高课程方案的设计效果，提高课程方案实施的真实效果。

2. 系统的特性与健美操课程设计

（1）整体性

任何一个系统都是由两个或两个以上的要素组成的，组成要素相互区别，相互联系，它们以一定的规律、次序组成系统，体现了系统的综合性。虽然系统中各要素的功能有区别，但它们构成整体的系统是遵循了一定的逻辑规律和统一要求的。系统由各要素组成，但并不是说各要素简单组合就构成了系统,基于各要素简单相加而建立的系统不是真正的系统,这样的系统不具备一个真正系统作为整体而具有的功能的。各要素按照一定逻辑关系和统一要求组合而成的系统具有作为整体的特定功能,虽然单独评价其中每个要素都有自己的缺陷和不足,但是它们的优化组合使得系统具有良好的整体功能。相反,即使系统内各组成要素各自都非常完善,如果不能按照一定的关系优化组合,也就无法使作为整体的系统拥有成熟的功能。系统作为整体的功能比各要素的功能之和要大。

从系统的整体性特征来看,健美操课程就是一个整体的系统,在健美操课程建设中要对系统内不同层次子系统的情况进行分类研究,从而对课程内容进行有针对性的安排,对课程实施方法进行恰当选用,同时为科学安排训练负荷提供依据,最终实现系统整体的综合功能,实现良好的增值功能,提高健美操课程建设与实施的标准与效果。

(2)动态性

系统具有动态性,这主要是因为系统的组成要素之间密切联系、相互作用与制约,而且系统与外部环境也不断进行着交换与互动,具体表现在能量交换、信息互动、物质交换等方面。具有动态性的系统是不确定的,是随机的,面对这样的系统,人们要学会随机应变,根据情况变化采取策略,从而促进系统的动态发展及其整体功能的充分发挥。在健美操课程建设中,要认识到健美操课程教学系统的动态性,灵活建设,留出调整与完善课程建设方案的空间。

(3)目的性

每个系统所指向的目标都是特定的,要实现特定的目标,就要充分发挥系统的功能。在高校健美操课程建设中,要充分发挥健美操课程系统的整体功能及各教学要素的功能,以优化健美操课程实施效果,提高健美操教学质量,实现高校健美操课程建设与教学目标。

(4)相关性

系统的内部组成要素不是完全独立的,各要素之间相互依赖,相互制约,存在着密切的相关性。在健美操课程设计中,要了解健美操课程系统内各组成要素之间的内在联系与密切关系,如教师与学生的关系,教学内容与教学策略的关系,教学条件与教学环境的关系等,了解这些结构性要素的相互关系,有助于利用这些关系来提高健美操课程建设的效率,充分实现健美操课程系统和教学体系的整体功能。

(5)反馈性

系统的反馈性主要体现在其自身所具备的自我调节功能上,要使系统维持稳定与平衡,就要充分调动这个反馈功能。为了进一步理解系统的反馈性,我们将系统的反馈解释为从系统的环境中收集关于系统产物的信息,尤其是关于产品优缺点的信息。在高校健美操课程建设中,建设方案就是前面所说的产品,方案的可行性高就代表产品的优点,可行性差就代表产品的缺点。

综上,系统论对健美操课程建设的作用主要表现如下。

第一,为健美操课程建设方案的制订和健美操课程教学问题的解决提供了系统工具。

第二,提出系统分析的方法与策略,从而在健美操课程建设和教学系统构建中对相关教学要素进行分析,在此基础上优化各个要素,完善与发挥教学系统的整体功能。

二、体育管理技术

体育管理中采用科学而适宜的管理技术有助于提高管理效率和管理质量,尽快实现管理目标,促进体育发展。下面主要分析现代体育管理中常用的几种管理技术。

(一)授权技术

体育管理组织开展各项管理工作主要是为了实现体育管理系统的目标。为了达到这一目标,体育管理组织机构内部对不同职能部门进行了设置,并明确各职能部门的职责和工作任务,同时要求不同职能部门之间要做好协调配合,为了共同的目标而努力。体育管理组织内各职能部门都被赋予了一定的权力,各部门通过行使权力而完成自己的本职工作。

随着我国体育事业的不断发展,体育行政领导每天都要做很多的工作,负担越来越重,压力越来越大。管理者即使再专业、再优秀,也不可能有“超能力”,无法独揽所有工作。合格的领导者不仅自己能办事,而且还能给他人授权,让他人办事,提高办事效率。领导者授权相当于运用分身术来完成体育管理工作,如果管理者大包大揽,事必躬亲,则很难提高系统的整体运作效率,也会影响管理组织的活力。

（二）动态管理技术

在信息时代和现代社会背景下，体育管理系统受到内外诸多因素的影响，系统内的组成要素是动态变化的，系统外的环境也处于不断变化发展中，因此我们不能采用一成不变的方法去进行体育管理，而应遵循客观事物的发展变化规律，根据体育发展的实际情况而进行动态管理，突出管理的即时性和有效性。

运用动态管理技术进行体育管理，要做好以下工作。

1. 局部动态管理

按照体育管理系统的整体运作方案进行局部管理，根据局部情况而采取适宜的管理方式，提高局部管理的效果，进而实现全局管理的目的。

2. 整体动态调节

从整体上调节体育管理系统，整体优化管理系统，创造良好的管理环境，提高管理水平。通过整体动态管理而推动体育事业的发展。

（三）目标管理技术

以组织目标为导向，要求组织中的每个部门为了实现这一目标，制定出各部门乃至个人的分目标以及实现目标的制度、措施和有效方法，并将目标分为若干个阶段或期限，设立阶段性任务，进行阶段性成果考核。

在体育管理中应用目标管理技术要注意以下几点。

1. 依据目标进行决策

决策必须依赖目标，目标是决策的依据，离开目标无法进行科学决策。确定了目标才能设计出更恰当的方案。在体育管理中必须弄清目标与达到目标的方案之间的关系。确立正确的目标比选择方案更重要。

2. 把握好实现目标过程中的控制问题

体育管理者在实现目标的过程中，要设立若干检查和控制环节，以便及时发现问题并纠正，以保证目标管理始终在正确轨道上运行。例如，在体育场馆建设中，可设立场馆模型、实施单位、材料质量、工程质量、综合检查和控制等环节。

3. 注重成果评价

评价类型包括本部门自我评估、主管部门评估。评价方式包括按指标评估、对事评价等。经过成果评价肯定和奖励成效显著的部门,反之给予一定的惩罚,要以鼓励为主。

三、学校体育管理

(一)学校体育管理的原则

1. 导向性原则

学校体育管理的目标是完成国家赋予的“育人”任务。国家对青少年一代提出德、智、体全面发展的要求,根据育人目标和现实要求,学校体育管理系统必须结合学校体育发展水平而制定相应的管理措施。

2. 整体性原则

在学校体育管理中要整体协调各方面的关系,正确处理体育教学、课余体育训练、体育锻炼及运动竞赛之间的关系。

3. 计划性原则

计划是管理的首要环节,在学校体育管理中要做好规划,全面部署学校体育系统管理工作,从宏观到微观,统一计划、统一实施。①

(二)学校体育管理的内容

学校体育管理是一项较为复杂的系统工程,包含多个目标、多元结构和多个系列。学校体育管理的内容大概包括学校体育专业管理和学校体育保障体系管理两大类别,各类中又包含若干具体的管理内容。学校体育管理的内容体系如图 2-2 所示。

① 肖林鹏. 现代体育管理[M]. 北京:北京体育大学出版社,2009:77.

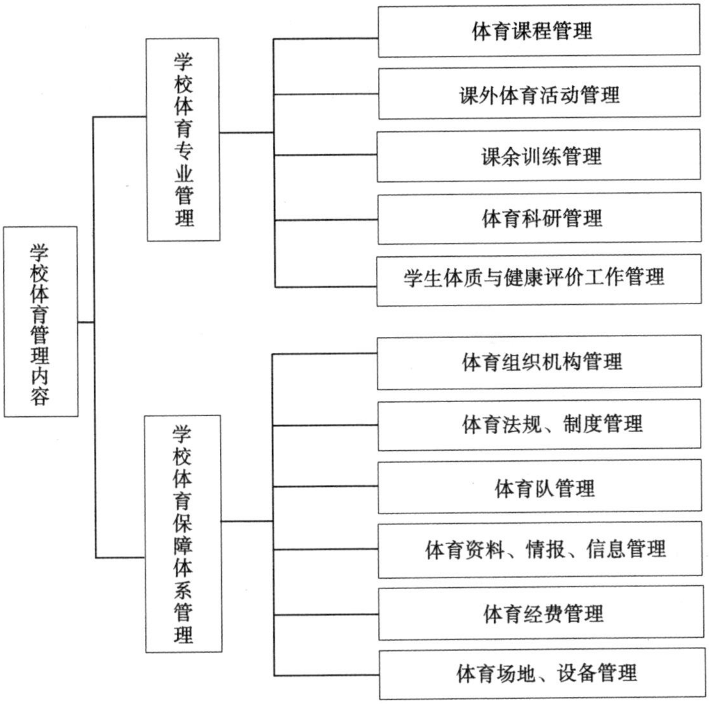

图 2-2　学校体育管理内容体系 ①

学校体育管理内容较多，限于篇幅，下面只分析学校体育专业管理中的体育课程管理和课外体育活动管理，从而提高体育课程建设质量及课外体育活动的开展水平。

1. 体育课程管理

在学校体育改革与管理中，体育课程管理既是重点，也是难点，它是一项包含诸多因素的系统工程。从系统理论出发，一般认为学校体育课程管理系统包括三个分支，分别是教师教学管理、学生学习管理和课程支撑管理，每个分支下又包含具体的管理内容和要素，完整的体育课程管理系统如图 2-3 所示。

① 肖林鹏. 现代体育管理 [M]. 北京：北京体育大学出版社，2009：78.

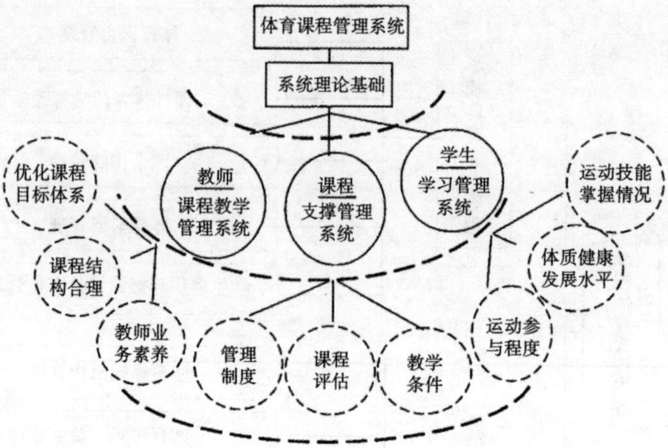

图 2-3　体育课程管理系统[①]

下面具体分析体育课程管理系统中的三大子系统和具体管理事宜。

（1）教师教学管理系统

在体育课程管理系统中，教师教学管理系统居于核心地位，直接影响其他两个子系统。教师教学管理中主要涉及以下三个方面的管理事宜。

第一，对体育课程目标体系的优化，对体育课程目标的层次、难度及要求要有正确的把握。

第二，将体育课程结构合理化。体育教学模块和体育教学内容的组合与搭配就是所谓的体育课程结构。合理化的体育课程结构不仅包括体育课堂教学结构的合理化，还包括课外体育活动中众多模块与体育课程教学内容搭配的合理化，如体育教学内容与课余训练模块、身体素质锻炼模块、运动竞赛模块等的合理搭配。

第三，提升教师业务素养，侧重于丰富体育教师的理论知识，优化知识结构，提升体育教师的教学技能和创新教学能力。

在体育教师教学水平与教学质量的评价中，可以将以上要素作为主要评价指标。

（2）学生学习管理系统

在学校体育课程管理系统中，学生学习管理是根本。在学校体育教

① 顾圣益. 现代体育管理学——理论与应用 [M]. 大连：大连理工大学出版社，2004：70.

育中树立“健康第一”“以人为本”和“素质教育”的思想与理念，一切从学生的现状和发展需求出发，从社会对人才的需求出发，对学生的知识素养、技能素养及综合素质进行培养。在学生学习管理中，主要管理内容和要素包括下列几方面。

第一，运动参与程度。体育教师要科学指导学生将课堂教学内容掌握好，鼓励学生参与丰富多彩的课外体育活动，提升学生的运动兴趣，使其形成良好的运动习惯。

第二，体质健康水平。鼓励学生通过积极参与课内外体育活动而提升体质健康水平和生活质量。

第三，运动技能掌握程度。对于学生而言，在体育课程学习中最主要的任务就是掌握运动技能，学生只有将运动技能掌握好，拥有一定的运动能力，才能采取运动手段来增强自己的体质。需要注意的是，学生掌握运动技能并不是完成的指标越高越好，掌握的技能越多越好，而是要掌握适合自己的，对自己健康有利的运动技能，如果一味追求高难度、高指标则容易发生运动损伤，危害学生的健康，并挫伤学生的运动积极性。

（3）课程支撑管理系统

在体育课程管理系统中，课程支撑管理居于基础地位，具有保障功效，对保障体育课程实施成效具有重要意义。体育课程支撑管理系统具体包括下列内容。

第一，优化管理机制。建立合理的学校体育管理组织机构，制定机构的运行机制和学校的体育课程管理制度。

第二，优化教学条件。对学校的体育教学资源进行优化，尽可能满足课内外体育活动开展的需要，满足学生参与校园体育活动的需求，提升学生的运动兴趣、参与积极性和参与效果。

第三，做好课程评估。定期检查体育课程目标的达成情况，从学校评估、教师评估、学生评估三个层次着手，将自评、互评和他评以及定性评价和定量评价等多种评价方式有机结合起来。

学校体育课程管理系统的三大分支相互关联、相互促进，充分反映了体育课程管理的系统性和整体性。学校在建设体育课程方面的投入程度如何，可以从上述三方面着手制定标准来进行评估。

2. 学校课外体育活动管理

在学校体育管理中,课外体育活动管理是非常重要的组成部分。课外体育活动的开展是促进学生体质增强和健康水平提高的重要路径。加强这方面的管理,有助于促进学生体育知识的丰富和知识体系的完善,促进学生体育兴趣的强化,培养学生良好的运动习惯,提升学生的自主锻炼能力和自我保健能力。

在学校课外体育管理中,要建立符合学校体育目标的组织管理体系,该组织体系一般由主管校长来领导,下设具体的职能部门,职能部门下面又包括具体的年级组织管理和班级组织管理,逐层开展课外体育管理工作。在学校课外体育活动的组织管理体系中,既有纵向层次之间的联系,也有横向各部门之间、各年级之间以及各班级之间的相互协调,把握好纵向与横向关系,有序开展管理工作,落实管理方针政策,将有利于促进学校课外体育活动的顺利开展,提升开展效率和水平。

(三)学校体育管理的方法

1. 行政管理法

学校体育管理机构行使行政权力,发布条例或指令,以口头形式或书面形式直接干预和管理学校体育活动,直接影响师生体育行为的管理手段就是行政管理。

2. 教育管理法

教育管理法是市场经济环境下学校体育管理中必不可少的一种方法,实施教育管理法要符合学校办学理念,符合学校体育现状,采取行之有效的教育手段来进行管理。

在学校体育管理中采用教育管理法时,要从客观事实出发,以理服人,加强教育。管理对象的不同决定了具体管理方法的不同,比较常用的管理方法有集体教育管理法、个人教育管理法、语言教育管理法以及书面教育管理法等。

3. 目标管理法

在学校体育管理中,目标管理法运用最为频繁,效果也最好。采用这种管理方法,要立足学校体育发展现状和未来趋势而提出学校体育发展目标，制订发展计划，鼓励学校体育工作者和学生为实现目标而共同努力。需要注意的是，学校体育发展目标应该准确清晰，难度应该是师生通过努力可以达成的，尽量确立能够量化的目标，以便于对照目标来评价达成效果。

4.制度管理法

学校体育工作的开展离不开规章制度的引导、规范和约束，采用制度管理法有助于在学校举行大型体育活动时维护秩序，规范行为。运用规章制度进行严格管理，并不意味着要一味地“管”“卡”“压”，而是要加强宣传教育，使师生自觉遵守制度条例，自觉约束行为，共同创建良好的校园体育环境。

在学校体育规章制度的制定中，要立足现实需求，并着眼未来，同时应遵守民主原则，鼓励师生共同参与，听取群众的声音，如此才能使师生更加认可规章制度，并自愿遵守。

四、高校健美操课程教学管理

学校体育管理包括体育课程管理，体育课程管理又包括健美操课程管理。在高校健美操课程教学管理中，要遵循学校体育管理尤其是体育课程管理的基本原则，有选择地采用体育课程管理方法，结合健美操教学的特点进行具有针对性的管理。下面具体分析如何在体育管理学理论支持下进行健美操课程教学组织管理和教学常规管理。

（一）教学组织管理

健美操教学尤其是实践课教学是在体育馆或户外运动场上进行的，这是体育课教学与其他学科教学的一个重要区别。学生在运动场上进行身体活动，没有像教室那样狭小空间的束缚，但也不是完全不受控的，这非常考验教师的组织能力，教师在健美操实践课中的组织管理能力直接影响教学活动的顺利开展，只有精心安排和组织教学，才能使学生即使在室外运动场上也会找到像在室内上课那样的感觉，这并不是要束缚学生，而是要让学生遵守纪律，注意言谈举止，将注意力集中到观察示范动作和练习上。

健美操教学组织形式还直接影响教学方法的运用效果，教师只有以合理的方式组织教学，才能提高教学效率，取得良好的教学效果。健美操教师的教学技能水平能够从其设计及运用教学组织形式的过程中体现出来。健美操实践课教学中教师通常采用的组织形式主要有以下几种。

1. 集体教学

集体教学的组织形式适用于新内容的教学中,采用集体教学的方式,能够统一传授新内容,并对学生学习中存在的普遍性问题集中进行解决。在集体教学中,队形的设计是非常关键的环节,教师要合理设计学生队形,还要为自己选择适宜的站位。

健美操集体教学中教师可设计与运用如下几种队形。

(1)横队队形

横队队形是非常常见的一种队形。教师将学生分为几列横队,队形整齐,给人带来很好的视觉体验,并为学生沟通交流提供了方便,这种队形也便于教师集中管理。但这种队形的不足在于后排学生观察教师的示范动作时容易被前排学生挡住视线,所以在示范时要注意调整队形,使每个学生都能看清楚示范。

(2)包围队形

学生围成一个大圆形,教师站在中央,学生之间保持一定的距离,以免练习时发生肢体碰撞,影响练习效果。教师也要与学生保持适宜的距离,确保示范动作时不受影响。

(3)准包围队形

学生围成一个不规则的圆形,教师依然站在中央。一般在以学生练习为主的教学中采用这种队形。教师站在中间作简单的讲解和简单的示范,然后由学生自由练习,所以学生的站位既要保证能清楚地观察教师的示范动作,又要保证在练习时互不影响。这种队形也便于在课的结束部分迅速集合,节约时间。

2. 分组教学

分组教学在体育教学中也是很常见的一种组织形式。分组教学的优势在于设计队形比较方便,也节省了集合时间,练习密度大,而且教学的针对性强,教师可以发现各组学生的问题,并进行针对性解决。分组教学是因材施教、个性化教学的主要表现形式,教师主要根据学生的身体素质水平和运动能力进行分组,不同组的学生可以相互交流和学习。

3. 个别指导

学生练习时，教师巡回观察与监督，发现错误时第一时间指出并帮助学生予以纠正，这就是个别指导。这种教学形式在高校体育教学中的运用非常普遍，它的优势在于教师可以了解每个学生的练习情况，发现学生的问题，引导学生及时改正错误动作，并帮助学生找到适合自己的学练方法，提高练习效率。

4. “小教员”辅导

“小教员”一般是班级里的体育委员或健美操学习速度快和运动水平高的学生，他们在健美操课上的学习热情很足，学习积极性很高，而且学习能力强，运动水平高，是健美操教师的最佳助手。这类学生在课堂上以“小教员”的身份辅导其他学生，在课下也帮助学生练习，有效减轻了教师的负担。

体育委员或尖子生辅导其他学生的同时也能巩固自己的健美操技术，锻炼语言表达能力、动作示范能力以及合作学习能力，同时也能培养集体主义精神和团结精神。

5. 教学比赛

选项课这种课程设置形式在高校已经越来越普遍，选项课的出现也增加了健美操单项的教学时间，而教学比赛这种教学组织形式在单项教学中是很常见的。在健美操教学中开展小型比赛，能够激发学生的参与热情，提高学生的学习积极性，也能对课堂教学效果进行检验，同时对培养学生的竞争意识、体育道德也是非常有帮助的。

6. 观摩表演

健美操课上教师经常会让一些掌握动作快、动作质量高的学生站出来给大家表演和示范，其他学生观察、欣赏与学习。这种教学组织形式具有以下几方面的优势。

（1）激励学生进步，增长学生的自信。

（2）促进同学之间互学互助，共同进步。

（3）及时发现学生的问题，并进行纠正与指导。

（4）调节课堂氛围，增加课堂教学的趣味。

在高校健美操教学中，对各种组织形式和教学手段的灵活运用非常重要，一般集体教学适用于新内容的教学中；分组教学和个别指导适用于旧内容的复习与巩固中；教学比赛适用于单项教学中，小教员辅导和观摩表演适合用来培养学生的综合素质。各种教学组织形式都有自己的优点和缺陷，因此要根据健美操教学需要将多种教学组织形式与教学手段综合起来运用。在健美操教学中，如果学生一整节课都不停地练习，难免会感到枯燥，学习兴趣会下降，学习效率也堪忧，对此，教师应在适当的时间采用动作点评、集体纠错、观摩表演、小游戏等教学手段来调节氛围，缓解学生的身心疲劳，使学生以良好的状态投入之后的练习中。

（二）教学常规管理

健美操课堂教学管理是健美操课堂教学的主要工作与任务之一，也是影响健美操课堂教学效率和质量的关键环节。为了保证健美操课堂教学的顺利开展，保证能够高效实施教学方案，按时完成教学任务，取得良好的教学效果，教师和学生都要严格遵守课堂教学常规，自觉规范言行，并相互监督，共同维护课堂秩序，共同创建理想的教学环境，共同为实现课堂教学目标而努力。

健美操教学常规包括教师上课常规和学生上课常规两个部分，因此要针对教师和学生分别对教师上课常规和学生上课常规进行制定并不断完善，这是管理人员督促检查健美操教学工作的重要依据，也是教师管理学生的重要依据，管理人员根据规定对教师的教学行为、学生的学习行为、课堂秩序予以规范和约束，保证教师与学生安全、顺利地完成教学任务和学习任务。一般来说，健美操教师的教学常规主要表现在教案、着装、时间、对场地器材的使用、管理学生、考核等方面；学生的上课常规主要表现在考勤、着装、课堂秩序、使用场地器材、请假等方面。在健美操教学常规管理中一定要重视课堂安全管理，谨记安全第一，在安全的环境下展开教学工作，切实保护学生的安全。

第三节　体育美学理论

一、体育美学概论

（一）体育美学的概念

体育美学是探讨人在体育领域内进行审美活动的一门学科，它是体育学的一个分支，也是美学的一个分支。体育美学用美学理论来研究体育现象，把美学视为揭开体育审美奥秘的钥匙，认为美学是判断、评估、解释和说明体育领域中美学问题的理论学科。[①]

（二）体育美的表现形式

体育美有多种表现形式，具体表现如下。

1. 整齐美

在体育美的多元表现形式中，最简单的就是整齐美，指的是动作整齐划一，协调一律。

2. 曲线美

曲线美是动态性、流动性的一种体现，波浪曲线与直线条相比能够给人带来一种优美感，而直线条给人带来的感觉往往是生硬、僵化。

3. 层次美

层次美体现的是阶段性、等级性，具体指的是事物按照大小、快慢、高低、远近等顺序有序变化，即低→高、快→慢、大→小、远→近。

4. 对称美

事物各部分之间的组合遵循一条非常普遍的规律，即对称，包括上下对称、左右对称以及事物各部分之间相互适应。

① 卢愉，涂运玉．体育美学视域下体育舞蹈的美学特征分析[J]．体育世界(学术版)，2020（2）：75+77.

5. 对比美

一件事物具有美的属性，这件事物中所有蕴含着美的因素相互结合，能够互相衬托对方的美，也能将自己的特征彰显出来。对比是发现差异和突出特色的主要手段。

6. 节奏美

一般来说，一定的速度和节拍中实际时值（动作、声音）与单位时值量的关系就是所谓的节奏。在体育美的众多表现形式中，节奏美非常突出，不同节奏给人带来不同的美感，这主要与节奏速度的变化有关。

二、健美操的审美内容

健美操的审美内容丰富多彩，下面具体分析一些主要审美内容。

（一）健康美

健康美是身体美的一种基础表现，男子的壮美、女子的优美都是健康美的表现。生存于大自然中的人其最自然、最根本的特征是从本身的健康状态中反映出来的，因此身体美必须建立在健康美的基础之上。健美操运动发展中一个最基本的目标就是使人通过跳健美操达到健康美的效果。

健美操的健康美包括身体健康美和精神健康美。

1. 身体健康美

健美操运动教学的身体健康美是指学生身体结构的健康满足状态，也就是学生从健美操运动中获得健康的身体形态、身体机能与运动素质。

2. 精神健康美

健美操精神健康美主要表现在人性健康美和气质美两方面，见表2-1。

表 2-1　精神健康美[①]

精神健康美	主要表现
人性的健康美	1. 丰富的情感 2. 基本的道德 3. 高度的理性 4. 坚强的意志
气质美	1. 形体健康挺拔 2. 修养和心态良好 3. 言谈举止礼貌得体

（二）运动美

健美操的运动美是非常独特的，具体表现为动作美、技巧美和表现美三个方面。

1. 动作美

健美操运动的动作美主要体现为运动者在跳操时的刚健美、柔软美、用力美、放松美、爆发美、速度美、轻快美以及优雅美等。

2. 技巧美

健美操运动中含有一定的技巧，也就是技术的巧妙，从这一点来看，技巧美指的就是技术的巧妙美，具体包括造型美、准确美、变化美、韵律美以及和谐美等。

3. 表现美

健美操运动的表现美是指在运动过程中体现出来的姿势美、结构美、情感美以及精神美等。

表现美在健美操比赛中展现得淋漓尽致，运动者在比赛中用美好的身体动作最大化地表达情感，整个比赛中表现出来的动作姿态是遵循美的规律而创作的成果，具有程式美、规范美和风格美，将审美情趣深深融入其中。

健美操的表现美从更直观的角度来看，是通过一定空间形式中的构图、舞蹈画面以及音乐律动而呈现出来的。

① 张冰姝. 高校健美操课的教学优化研究[M]. 北京：中国纺织出版社，2020：79.

表2-2是对上述健美操运动美的各种表现的直观呈现，使人一目了然。

表2-2 健美操运动美的主要表现

健美操运动美	美的表现
动作美	刚健美 柔软美 用力美 放松美 优雅美 速度美 爆发美 轻快美 ……
技巧美	造型美 准确美 变化美 韵律美 和谐美 ……
表现美	姿势美 结构美 情感美 精神美 ……

（三）音乐美

健美操的音乐包含多种常见的音乐风格和节拍形式。作为健美操的灵魂，音乐是健美操审美的根本因素，没有音乐，健美操就没有审美可言。健美操项目较多，不同的项目搭配不同风格、旋律的音乐。人们在音乐中跳操、起舞，动作与音乐节奏一致，将音乐的情感、健美操的意境都通过肢体动作传达出来，充分彰显健美操的艺术感染力。

健美操的音乐是表达情感的重要手段，是吸引和感染观众的重要方式，动作与音乐的浑然一体能够将观众带入神奇的微妙情感和审美境界中。健美操的音乐还具有对健美操动作的控制作用。在健美操比赛中，参赛者节奏同步，动作如行云流水一般，这不仅是对参赛者单纯运动技能的考验，而且还是对参赛者根据音乐引导控制动作的能力的考验，只有跟随音乐的指挥，才能使肢体动作与音乐旋律完美协调，给观众带来和谐的表演作品和美好的视觉盛宴。

鉴于健美操运动的审美特性，在高校健美操课程设置，尤其是项目设置中，要突出各类项目的审美文化内涵，并在动作教学中尽可能将各个审美内容与元素充分展现出来，并将审美教育融入健美操课程建设与教学中，有效培养与提升大学生的审美文化素养和健美操艺术表现力。

第三章 高校健美操课程资源开发与利用

健美操课程资源是健美操课程的基础,是健美操课程建设的基础物质保障,是实现健美操课程目标的基本前提。健美操课程的各种改革都离不开课程资源的广泛支持,因而在高校健美操课程建设中要特别重视对课程资源的深度开发与科学利用,从而为顺利实施健美操课程教学、提高健美操课程质量奠定基础。本章主要对高校健美操课程资源开发与利用进行研究,主要内容包括体育课程资源的基本认知,高校健美操课程资源的基础理论、开发利用原则、筛选与组织以及开发利用模式。

第一节 体育课程资源的基本认知

一、体育课程资源的概念

在体育课程建设中所利用的所有人力资源、物力资源、财力资源及其他类型的资源的总和就是体育课程资源。具体来说,所有有助于体育课程建设的因素,如师生、教学方法手段、场地器材、教育经费、时空环境等都属于体育课程资源的范畴。

二、体育课程资源的主要内容

体育课程资源主要包括以下内容。

(一)体育设施资源

学校的运动场馆、体育器材、体育设备等都属于体育设施资源,它们是看得见、摸得着的有形资源。学校配置体育设施资源,要遵守国家规定,满足教学需要和学生需求,尽可能配置种类齐全、数量充足、质量达标的体育设施。

在体育经费有限的情况下，学校应根据实际情况进行简易器材的制作，对现有场地器材资源进行改进和完善，将所有能够利用的设施资源充分利用起来，开发潜在资源，提高资源利用率。

（二）体育课程内容资源

体育课程教学内容是体育课程内容资源的主要组成部分。在体育课程教学中，体育基础知识、锻炼方法和各类项目的理论知识和技术方法等是主要的内容资源。开发丰富的体育课程内容，能够丰富体育课堂教学内容，形成富有特色的体育课程内容体系。体育课程内容资源具有以下几个方面的基本特征。

1. 健身性

身体锻炼方法、各类运动项目的技术方法是体育课程内容资源的主要组成部分，学生学习这些内容的过程也是进行身体练习的过程。学生在身体练习中必然会有对运动负荷的承受。承受适宜的运动负荷能够达到一定的健身效果，有助于促进体质健康。

2. 运动性

体育课程内容与身体练习活动密切关联，这是体育课程内容与其他课程内容的本质区别。毛振明指出，体育课程内容“是以有关身体运动的学习和身体运动的技能形成为主要培养目标的内容；是以运动为媒介、以大肌肉群的活动状态进行教育的内容”[①]。

学生在体育课程学习中，不仅有思维活动，还有身体活动，不仅解决“不知”与“不懂”的问题，也解决“不会”的问题，其中涉及身体健康问题和运动技能问题。学生通过重复性的身体练习而掌握运动技能，增进健康，提升运动能力。

3. 娱乐性

体育运动项目是体育课程内容资源的主要来源，从竞技性、娱乐性身体游戏演变而来的体育运动项目充满娱乐性、趣味性，学生参与这些运动项目能够达到娱乐放松的效果。

① 毛振明. 简明体育课程教学论[M]. 北京：北京师范大学出版社，2009：65.

4. 非阶梯性

一般学科的课程内容结构具有明显的阶梯性，按照从易到难、从简到繁、从基础到提高的逻辑规律排列。体育课程内容没有像一般学科课程内容这样清晰的阶梯结构，很多课程内容如身体练习、运动项目等都是平行结构，在内容的安排上相对自由一些。

（三）人力资源

体育教师、体育教练、社会体育指导员、学生、运动员、队医、体育骨干等都属于体育人力资源的范畴。体育课程建设离不开这些人员的支持与参与，我们应调动各方面人员的积极参与性，尤其要尊重学生的参与权，使体育课程满足学生的多元需要。

（四）体育信息资源

学生获取体育信息主要是在体育课堂上，但一节体育课时间有限，学生获得的信息也是有限的，因此要寻求其他信息来源，将各种承载与传播信息的媒介充分利用起来去获取广泛的、最新的信息，如利用广播、书刊杂志、电视、网络等资源获取丰富的体育信息。

（五）课外和校外体育资源

课外体育资源主要是指体育课堂外的体育资源，如课外体育活动、课余体育训练、体育比赛等。校外体育资源是指发生在校园外的体育活动，如社区体育活动、家庭体育活动、地方体育活动、体育俱乐部活动等。将课外体育资源和校外体育资源充分利用起来，构建课内外、校内外一体化的课程资源体系，有助于提升学生的体育参与度，使学生形成健康阳光的生活方式和良好的运动习惯。

总之，体育课程资源种类多样、内容丰富，加强对各类资源的开发利用，对推进体育课程建设与提升体育课程质量具有重要意义。

三、体育课程资源的开发与利用

（一）体育课程资源开发与利用的意义

体育课程资源开发与利用的意义主要表现在以下几方面。

1. 发挥课程资源的优势

所有可以为课程建设、课程实施、课程学习提供有利条件的资源都称作课程资源。我们要研究的是哪些资源能够提供有利条件。传统体育课程建设中，在学科中心主义指导思想下设置体育课程内容，对学科的逻辑性、运动技能的完整性过分强调，因而课程内容体系不符合素质教育理念，体育的育人作用也难以得到充分发挥。随着课程理念的更新，所有对体育学习有利的体育课程资源都将得到充分开发与利用，体育课程资源的教育优势和育人作用将得到充分发挥。

2. 提高体育课程的适应性

对体育课程资源进行充分开发与利用，能够使学校中对体育学习有利的所有设施资源在体育教学中充分发挥功能作用，如利用校园的林荫大道组织健身跑活动，在空旷场地开展健身操活动等。校园内平坦空旷的场地都可以利用起来，学生可以根据自己的需要参与一些简便易操作的体育活动，同时也可以利用学校的图书馆、计算机教室等获取自己需要的信息资源，这有效拓展了学生的体育学习空间。

校外的体育课程资源也可以为学生所用，这样学生的体育学习时间和空间便进一步拓展，有助于更好地增进健康，培养良好的运动习惯。鼓励学生利用课外课程资源和校外课程资源也能够弥补体育课堂教学的不足，扩大体育教学效果。

总之，对各类体育课程资源的全方位开发与灵活运用能够促进体育课程适应性的增加。

3. 充实体育课程内容

传统体育课程建设中，竞技运动项目在课程内容资源中占绝对比例，这主要是受传统教育观念（竞技体育教学思想、体质教育思想等）影响的结果。以竞技运动项目为主的体育课程内容过于单一，学生学习也比较枯燥，而开发利用各种体育课程资源将能完善体育课程内容体系，使体育课程内容更加丰富多彩。充实而完善的体育课程内容体系中不仅应包括竞技运动项目，还应包括民族民间运动项目、时尚流行运动项目以及经过改造后竞技性被弱化的竞技运动项目。丰富多彩的体育课程内容将使学生在选择学习内容时有更大的空间。

4. 提高体育课程质量

科学开发体育课程资源,并加以高效利用,将对体育课程质量的提升具有重要促进意义。开发各种有教育意义的体育课程资源,学生学习时便会有更多的选择,从而提升学生的学习兴趣和积极性,促进学习效果的改善。丰富的体育课程资源也为体育教师进行创造性教学提供了广阔的空间,从而有利于改善体育教学效果和提升教学质量。

5. 规范体育课程资源市场

传统教育比较随意,提出的规范要求较少,但在现代教育背景下,教育成为各国综合国力竞争的焦点,教育的国际化进程加快,通过教育培养的人才的质量成为衡量教育水平的重要标志,因此有必要在教育中提出一些规范要求,不能随意解决教育发展中的问题,否则就是不负责任。

开发利用体育课程资源,广泛积累课程资源素材,科学加工、优化整理,将其充实到体育课程建设中,促进体育课程资源市场的不断完善,将有利于为进一步规范体育课程建设和提升课程质量奠定物质基础。

(二)体育课程资源开发与利用的基本途径

对体育课程资源的开发与利用可参考课程资源开发利用的基本途径,具体如下。

(1)展开社会调查,了解社会需要,动态追踪社会需要的变化与发展特征,预测发展方向与趋势,充分把握社会机遇,从而有针对性地确定体育知识和技能内容。

(2)从学生的日常生活和学习中挖掘对学生成长和发展有利的各种课程资源,开发利用各种课程素材,并创造条件在课程中落实。课程素材的来源主要包括知识与技能、教学方法手段、情感态度与价值观、生活经验与教学经验等。

(3)对学生的知识结构、学习基础、学习经验进行调查分析,了解他们已经具备的知识、技能与素质,清楚有哪些应该具备的知识、技能与素质是学生目前尚不具备的,重点开发这些资源,为课程建设提供参考。

(4)对课外、校外课程资源加以鉴别和利用,利用这些知识财富为学生开辟广阔的学习空间。

（5）加强课程资源管理，建立数据库，将校内外课程资源纳入数据库，为学生查阅、分享提供便利。

第二节　高校健美操课程资源基础理论的构建

一、高校健美操课程资源的概念

高校健美操课程资源是指可能进入高校健美操课程，直接成为健美操教学内容或支持健美操课程实施的物质和非物质资源，是高校健美操课程设计、编排、实施、评价等整个过程中可利用的一切人力资源、物力资源以及自然资源的总和。①

二、高校健美操课程资源的分类

对健美操课程资源进行分类，是以健美操课程资源的性质为依据，将具有相同或相近性质的资源归属为一类，然后再以各种课程资源的特点为依据来区分不同的课程资源。划分健美操课程资源的类型时，标准是不统一的，也就是说可以参考不同的标准，具体要根据实际需要决定参考什么标准进行分类，通过参考不同标准进行分类，要有助于分析和解决实际问题。采用不同的标准进行分类时，不同类别的课程资源相互交叉与重叠的现象也时常出现，这是难免的。

高校健美操课程资源主要有以下几种分类方式。

（一）按照课程资源功能特点的分类

按照健美操课程资源功能特点的不同，可以将健美操课程资源划分为素材性课程资源和条件性课程资源两种类型。

1. 素材性课程资源

在健美操课程实施中，能够直接成为该课程的素材或形成该课程素材来源，从而对该课程的实施起到一定作用的课程资源被称为素材性健美操课程资源。这类课程资源比较典型的有健美操知识、健美操技

① 王美英．北京体育大学体育教育专业健美操课程资源开发利用的研究［D］．北京体育大学，2008：87．

能、健美操活动方法方式、健美操经验、健美操教师的价值观和情感态度等。

2. 条件性课程资源

条件性课程资源不能直接成为健美操课程的素材,也不能作为健美操课程素材来源,但它依然可以对健美操课程起到作用,对课程实施水平和范围具有一定的决定性影响。常见的条件性健美操课程资源主要有健美操场地设施等物质条件、健美操时间和空间资源、健美操人力资源等,这些对健美操课程的实施范围具有直接影响。

(二)按照课程资源存在方式的分类

按照健美操课程资源存在形式的不同,可以将健美操课程资源划分为显性课程资源和隐性课程资源两种类型。

1. 显性课程资源

看得见、摸得着的,能够在健美操教学活动中直接应用的健美操课程资源就是显性课程资源。比如,健美操场地器材、网络健美操信息、健美操教材内容等都属于显性课程资源。这类课程资源是实实在在存在的,在健美操教学中能够直接作为教学内容、教学手段或教学参考而采用,相对而言开发利用这类课程资源是比较容易的。

2. 隐性课程资源

以潜在方式作用于健美操教学活动的健美操课程资源即为隐性课程资源。健美操教学中比较具有代表性的隐性课程资源有在健美操活动中表现出来的神态、美感、表现力,以及团队的凝聚力、集体精神、人际关系等。隐性健美操课程资源是隐蔽的,对健美操教学的影响是间接性的。在健美操教学内容体系中,这类课程资源不能直接构成其中一部分,但是它们潜移默化地影响着健美操教学质量。开发健美操隐性课程资源的难度相对大一些,需要健美操教学工作者付出更多的努力。

(三)按照课程资源空间分布的分类

按照课程资源空间分布的不同,可以将健美操课程资源划分为校内课程资源和校外课程资源两种类型。

1. 校内课程资源

校内课程资源指的是高校内部的健美操课程资源，如高校健美操场地设施、健美操教材、健美操教师等。校内课程资源往往可以直接开发利用，但资源相对有限，需要不断挖掘现有资源的价值，并开发利用一些隐性资源来丰富校内课程资源体系。

2. 校外课程资源

校外课程资源指的是高校外部的健美操课程资源，如能够给健美操课程创编教学带来灵感的时尚健美操项目、能够给学校健美操教学带来启发的俱乐部健美操课程等。开发校外课程资源相对而言难度较大，开发空间广，资金投入多，对高校经济条件和开发人员的综合素质提出了较高的要求。

三、健美操课程资源观

一般情况下，将人们对健美操课程资源的一些认识、看法和态度称为健美操课程资源观。对健美操课程资源的开发利用应该是开发主体有意识的、积极主动的、充分发挥能动性的活动过程，人的意识活动在这个过程中所发挥的作用非常关键。课程资源的隐性价值如果脱离人的意识活动是不可能被大家认识的，这样一来，这类课程资源就更不可能得到开发利用，从而造成课程资源的浪费与损失。

现阶段，我国一些高校的健美操教师对健美操课程资源的识别能力不足，对资源的潜藏价值认识不到位，缺乏意识活动，开发利用课程资源的能力也较弱，从而导致健美操课程资源的开发程度和利用效果造成严重制约。所以，当下要解决的主要问题是，使健美操教师尽快形成正确的课程资源观，这是开发与利用健美操课程资源的关键。健美操教师课程资源观的形成需要从以下两方面努力。

第一，对健美操课程资源的基础理论知识进行系统学习，予以充分掌握。

第二，勇于实践，在实践中不断总结经验，完善课程资源观，提高开发利用课程资源的实践能力和创新能力。

第三节　高校健美操课程资源开发利用的原则

对高校健美操课程资源的开发利用要贯彻以下几项基本原则。

一、自主性原则

高校健美操课程最终是由健美操教师实施的，在健美操课程实施中，教师作为实施主体始终都是非常重要的一环。同样，开发健美操课程资源离不开健美操教师的直接参与，所以健美操教师在健美操课程资源开发方面具有充分的自主权。高校健美操教师可以从学校健美操教学情况和教学对象的实际需要出发，对健美操课程资源进行具有针对性的开发，立足实际而设计健美操课程与教学方案，并在课程实施中对各类课程资源进行加工、调整和完善，充分发挥各类资源的价值与功能，从而提高高校健美操课程的质量，使课程实施效果达到理想目标。

二、开放性原则

开发利用高校健美操课程资源还应该贯彻开放性原则，具体要从三个方面体现开放性：第一是开发课程资源类型的开放性；第二是开发利用课程资源空间的开放性；第三是开发利用课程资源途径的开放性。高校健美操教师应从这三个方面的开放性出发，对丰富多样的，能够满足教学需要及为课程目标服务的课程资源进行多元化开发和充分利用。

三、优先性原则

健美操课程资源本身类型多样，内容复杂，要同时开发利用各类课程资源是不现实的，开发主体要对在开发利用范围内的课程资源进行细致分析和对比研究，对具备条件的、符合大学生兴趣爱好以及对大学生健康发展有益的课程资源优先开发，只有先调动学生的兴趣，使学生认识到该课程对自己有益，才能逐步提高健美操教学效果。

四、适应性原则

开发利用高校健美操课程资源要贯彻适应性原则，具体是指既要对健美操学科发展规律加以遵循，将健美操发展的进展和成果反映出来，又要对大学生的身心特点、认知特点、学习规律等加以考虑，同时高校的实际教学条件、健美操教师的职业教学素养等也是必须考虑的要素，从而使开发出来的课程资源符合学校实际，适应师生特征，满足学生需求。如果脱离现状，忽视了课程资源开发与课程实施环境的适应性，将容易造成课程资源的浪费，这样课程资源的开发利用也将以失败告终。

五、安全性原则

高校健美操教学中，增强学生体质，促进学生健康发展是最重要的目标，在以人为本、健康第一的教学思想下，开发利用健美操课程资源必须秉持安全与健康理念，贯彻安全原则。只有先确保大学生在健美操课程学习中健康与安全，才能进一步塑造朝气蓬勃、精神焕发的大学生形象，才能鼓励大学生追求时尚、追求美、追求全面发展。

高校体育教学环境相对来说是比较开放的，健美操教学作为体育教学的一部分，其教学环境的开放性也是显而易见的。教学环境越开放，影响教学过程和教学结果的显性因素与隐性因素就越多且越复杂，如果师生难以应对错综复杂的开放性教学环境因素，那么发生意外事件的可能性就比较大。鉴于此，在健美操课程资源开发中必须时刻考虑安全问题，开发主体的安全意识要高，要具备安全教育能力，使健美操课程在安全的环境下顺利实施，使各类课程资源在良好的教学环境中充分发挥作用。

六、本土性原则

开发利用高校健美操课程资源时，本土性原则也是必须遵守的原则之一。在本土性原则下开发的高校健美操课程资源应该既丰富又独特，要能够体现出地方特色。地方特色鲜明的健美操课程资源对大学生而言更有吸引力。

七、经济性原则

开发利用课程资源,既要投入资金,又要投入时间,还要投入精力去学习,这就涉及开发资金、开发时间和开发学习过程的经济性。课程资源开发的经济性特点要求我们开发与利用高校健美操课程资源必须贯彻经济性原则,也就是要考虑开发成本。一般情况下,开发成本过高的健美操课程在普及推广时难度比较大,而且学生的学习成本也会随之增加,这样的经济代价是很大的,对高校而言是比较沉重的负担。鉴于此,今后开发利用高校健美操课程资源必须考虑各方面的经济性,降低成本,提高效率。

八、目标导向性原则

不同课程资源的特点不同,功能与作用有差异,最终服务的教学目标也不同。也就是说,不同健美操课程资源对不同健美操教学目标所起的作用是有差异的。这就要求在高校健美操课程资源的开发中坚持目标导向性原则,先明确课程目标,然后依据目标开发课程资源,提高资源开发的针对性与目的性,最终开发的课程资源在利用之后要能够有助于课程目标的实现,真正为顺利实现课程目标而服务。

九、共享性原则

对高校健美操课程资源的开发利用不仅仅是开发主体自己的职责与任务,单靠个人的努力是不够的,而需要有关方面共同努力、相互协作。在具体开发利用过程中,要争取社会力量的支持,适应社会发展对健美操的需求,使高校健美操教学与社会经济、社会文化、社会生活方式以及社会教育资源共享、协调发展。如此才能将所开发的课程资源的价值更加充分地发挥出来。资源共享不仅是指有形的显性课程资源的共享,还包括开发思路、开发理念、开发经验等无形资源的共享。

在高校健美操课程资源开发利用中贯彻共享性原则,关键是要体现一种思想,提供一种思路,而不是简单地提供劳动成果。

第四节　高校健美操课程资源的筛选与组织

一、高校健美操课程资源的筛选

（一）高校健美操课程资源的选择要点

并不是所有的健美操课程资源都适合被开发为高校健美操课程内容，也并不是所有的健美操课程资源都能被加以开发和利用。在高校健美操课程资源开发利用中，既要结合健美操自身内容资源丰富且变化快，横向涉及面广，对场地设施等条件资源要求不太高等特点进行开发，又要根据健美操资源对课程形成的影响力度来选择开发对象。同时，在开发利用过程中还要考虑课程资源的科学性、有效性、安全性，以及对学生、对课程、对社会的现实意义和价值取向。

概括而言，在高校健美操课程资源开发利用中，在筛选环节要注意以下几点。

1. 基础性

选择高校健美操课程资源既要包括必备的健美操基础知识与基本技能，也要包括学生后续学习所需要的技能和能力，因此，教材的基础性是要考虑的必然因素，而且所选的基础性教材也要有助于为学生以后的学习、发展奠定文化素质和技能基础。

2. 适应性

健美操课程资源开发者最终所选和所开发出来的课程资源是为教师教学和学生学习所用的。因此，筛选健美操课程资源时要注意大学生的身心特点、兴趣爱好、学习能力以及健美操教师的教学能力，这有助于健美操教师更好地驾驭课程资源，也有助于大学生掌握健美操基础知识、运动技能，形成良好的学习习惯。

3. 综合性

高校健美操教学目标的实现需要多种课程资源的组合，因此在课程资源筛选环节应综合考虑各方面因素，如学校教学环境、教师因素、学生因素、政策因素等。

（二）高校健美操课程资源的筛选机制

究竟哪些健美操课程资源有开发利用价值，这必须依据教育理论、学习理论多重筛选的同时作用后才能确定。从这一方面来看，可构建如下健美操课程资源筛选机制。

健美操课程资源

↓过滤

有利于健美操教学指导思想的实现

↓过滤

符合大学生身心发展规律，满足其兴趣爱好，适应社会发展需求

↓过滤

与教师教学水平相适应

↓根据原则加工

形成课程

从上述机制来看，筛选有开发利用价值的健美操课程资源，首先要从众多健美操课程资源中筛选能够体现健美操教学指导思想并能够使其实现的课程资源，然后再从筛选的这些课程资源中选择与大学生身心发展规律相符、能够满足大学生兴趣爱好以及适应社会发展需要的课程资源，最后根据开发利用的基本原则进行最后的筛选，形成课程。

二、高校健美操课程资源的组织

对健美操课程资源加以筛选后，为了使学生的学习产生较好的累积效应，需要对所选的课程资源加以有效组织。健美操课程资源的组织主要有纵向与横向两种方式。

（一）纵向组织

纵向组织又称为“序列组织”，即参照某些准则按先后顺序对课程资源进行排列，一般强调学习内容从已知到未知，从具体到抽象。在高校健美操课程资源组织中，需从实际出发，由易到难，由简到繁地组织课程资源，并结合教学过程的动态发展和学生不同学习阶段的实际情况从内部进行调节，从而提高课程资源组织的适切性和实效性。

（二）横向组织

课程资源的横向组织要求打破学科的界限和传统知识体系，从而使学生更好地探索和解决问题。对健美操课程资源进行横向组织，就是要使健美操校内课程资源与社会课程资源有机联系起来，提高学生健美操知识的广度与实际应用能力。横向识别对健美操教师的课程资源组织能力提出了较高的要求，健美操教师要熟悉多学科内容，善于构建横向贯通的健美操课程资源体系，丰富健美操课程资源。

在高校健美操课程资源组织中，无论是纵向组织还是横向组织，都要遵循课程指导思想，为达到课程目标服务。

第五节　高校健美操课程资源开发利用的模式

一、健美操课程资源开发利用模式的构建

（一）构建健美操课程资源开发模式的基础

社会健美操课程资源（校外课程资源）与高校健美操课程资源之间的差异性为健美操课程资源的开发提供了广阔的空间，在高校健美操资源发展较慢的情况下，可以充分利用这种差异性推动高校健美操课程资源的有效开发与利用。

社会健美操课程资源与高校健美操课程资源既有差异性，也有互补性，因此要加强双方互动，弥补校内课程资源的不足，同时还要通过制度建设保证校内外健美操课程资源的有效转换。

（二）充分利用社会健美操课程资源

健美操课程资源是影响健美操课程建设的主要影响因素之一。目前，高校学生尤其是女生对健美操课程的学习兴趣较高，高校应顺势而上，充分开发和利用丰富的社会健美操课程资源，弥补校内健美操教材老套与教学内容单一的缺陷。

（三）加快高校健美操教学改革步伐

健美操课程资源开发利用要与实践教学有机结合起来，深化健美操

教学改革,充分发挥各类课程资源的重要作用。

第一,完善健美操课程设置,丰富课程内容,满足学生需要。

第二,改进健美操课程教学方法,激发学生学习的积极性,提高学生开发与利用新课程资源的积极性。

第三,改革健美操教学考评体系,注重过程评价,多鼓励学生。

(四)加快高校健美操人力资源开发

1. 师资开发

高校健美操课程资源开发利用效果直接受健美操教师开发组织能力和教学实施能力的影响,不断提高健美操教师的综合能力和专业素养有助于优化健美操课程资源开发利用的效果。而且作为健美操课程资源中重要人力资源之一的健美操教师,其本身的开发也直接关系着健美操课程资源的总体开发效果。因此,必须挖掘健美操教师的潜力,建立教师培训机制,提高师资资源开发利用的效率和质量。

2. 学生人力资源开发

在高校健美操人力资源开发中,除了要开发重要的师资资源,还要开发学生人力资源。学生已有的学习经验和能动性,为学生人力资源开发提供了更多的可能性。

二、构建"校企合作"高校健美操课程资源共享模式

"校企合作"在高校体育发展中具有重要作用,构建"校企合作"高校课程资源开发利用模式是近年来高校教育改革的一个趋势。顺应这一潮流,在校企合作背景下构建高校健美操课程资源共享模式,对提高健美操课程资源的开发利用效率及培养大学生具有重要意义。构建该模式主要从培训、课程和活动三个方面着手(图 3–1)。

(一)培训

培训是提高健美操教师教学能力的重要途径,是丰富健美操教学内容的重要手段。在职培训相当于继续教育,面向高校健美操教师进行定期、系统且有针对性的培训具有重要意义。在校企合作背景下,可以利用知名体育企业的优势资源以及俱乐部的特色课程,为高校健美操教师提供专业培训,从而提高高校健美操课程师资水平。

（二）健美操课程

高校健美操课程内容比较丰富，社会上比较流行的健美操项目不断被引进高校健美操课堂中，而且健美操教学内容也不断拓展与延伸，逐渐开设了瑜伽课、有氧舞蹈课等，这些课程时尚新颖，与大学生追求美和时尚的心理需求适应，能够吸引大学生积极上课，为课堂教学增添活力。如果能够将体育企业内一些已开发的较为完善的健美操项目或其他课程资源引进高校健美操课程体系中，将对激发大学生的学习热情具有现实意义。

（三）课外活动

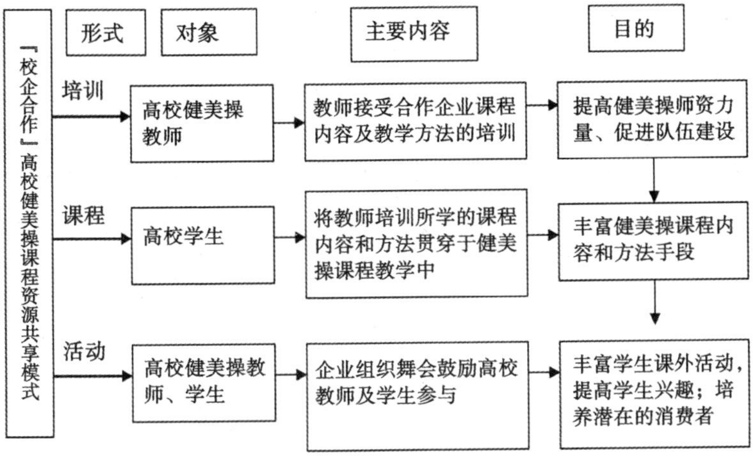

图 3-1 "校企合作"健美操课程资源共享模式[①]

举办课外活动是培养大学生终身体育思想和习惯形成的重要途径。广义上的课外活动包括校外活动。高校与企业合作举办运动会、健美操比赛、舞会等与健美操有关的课外活动，为学生参与健美操运动提供丰富的资源、广阔的空间、成熟的平台以及科学的指导，能够培养学生对健美操运动的兴趣，并促进大学生社会交往能力的提升，这也是高校健美操教学中课内外一体化教学思想的体现。

① 卓志伟. 普通高校健美操课程资源开发与利用的模式研究[J]. 体育科技，2015,36(3): 166-168.

第四章　高校健美操课程建设的实践

2020年教育部提出要全面推进高校课程思政的建设，为高校各学科课程思政建设理清了思路。将课程思政理念融入高校健美操教学中，加强健美操课程思政建设，对培养大学生的良好道德修养和健美操综合素养具有举足轻重的意义。高校除了要加快健美操课程思政建设的脚步外，还要注重健美操精品课程建设。健美操精品课程是高校健美操课程体系的重要组成部分之一，具有质量高、特色突出、示范性强、影响力大等特征，它是衡量高校健美操教学水平的一个重要标志。加强精品课程建设，有助于推动高校健美操教学水平与质量的提升，提升健美操在高校的影响力。本章主要从健美操课程思政建设和精品课程建设两个方面着手研究高校健美操思政建设的实践。

第一节　高校健美操课程思政建设

一、课程思政与体育课程思政的内涵

课程思政是指以构建全员、全程、全课程育人格局的形式将各类课程与思想政治理论课相结合，形成协同效应，把“立德树人”作为教育的根本任务的一种综合教育理念。“课程思政”的价值在于将各类课程中所含有的思政元素充分挖掘出来，将其嵌入课程教学中，以潜移默化的方式融入教学过程的各个环节中，从而使非思政课程的育人价值得以强化和实现，最终在传递知识的同时达到育人的功效和目的。

体育课程思政指的是以体育课程为载体，将思政教育元素融入课程教学中，构建融体育知识传递、体育能力培养和思政教育于一体的体

育教育实践活动。体育课程思政要求在体育教学的全过程中都贯穿思政教育，在向学生传播体育知识、培养学生运动能力的同时引导学生树立正确的世界观、人生观和价值观，潜移默化地立德树人，对思政价值观的引领作用予以强调，在教学过程中渗透社会主义核心价值观，达到体育教育和思政教育的双重效果，实现促进学生全方位发展和提升的目标。

体育课程思政在发挥思政教育价值方面主要是通过显性教育和隐性教育两种方式实现的，其中显性教育作为主要教育方式发挥了巨大的作用，隐性教育作为辅助方式也发挥了一定的作用，这两种教育方式相辅相成，都是不可或缺的。在体育课程思政的显性教育中，体育教学作为主要载体形式，以比较简单、直接的手段对学生进行思政教育，对学生正确的社会主义核心价值观进行培养。

体育教学的任务不仅是将体育知识与技能传授给学生，培养学生的终身体育锻炼习惯，促进学生体质的增强，而且还要对学生的意志品质、思想道德品质、体育精神进行培养，促进学生人格的健全和各方面素质的全面发展。将体育课程与思政课程融于一体的体育思政课程既有体育教育的内容，也有思政教育的内容，结合两方面的优势教学内容构建体育思政育人体系，有利于促进高校体育教学过程的创新，包括教学内容、教学方法与模式、教学评价等多方面的创新，从而进一步深化体育教学改革，提升高校体育课程质量。

二、课程思政理念融入高校健美操课程建设的必要性

（一）课程思政具有深刻的教育内涵

课程思政是对传统教学理念的一种颠覆，它提供了一种全新的教学思路。课程思政转变了传统的依赖专业的思政课程进行教学的思政教育模式，将思政教学的任务下发到每一个学科教师的手中，促进专业知识的显性教育和思政教育的隐性教育相结合，构建思想政治理论课、综合素养课、专业课三位一体的高校思想政治教育课程体系和思政课教师、专业教师、校内外专家协同联动的育人体系，促进从“思政课程”主渠道育人向“课程思政”立体化育人的创造性转化。

课程思政这一教学理念的提出，不仅能够有效解决传统思政课程教育效果不佳的问题，更是对我国的体育教学体系进行了一次有力的冲

击，为我国体育教学模式的发展提供了全新思路，有利于促进高校体育教学新模式的形成，进而为高校健美操课程教学提供指导。

（二）课程思政具有重要价值

课程思政是对我国教学模式的一次重要突破，弥补了我国传统教学模式在思政教育上的不足。传统教学模式中，各个学科和思政教育之间是相互独立的关系，这种关系导致在很长一段时间内，教育的“教书”和“育人”两个功能难以同时实现。而课程思政则实现了专业课教学和思政教育之间的联合，在专业课教学中有针对性地加入思政教育的内容，一方面丰富了专业课的内容；另一方面也借助专业课课堂达到了思政教育的目的，真正发挥了教育的“教书育人”功能。同时，这种通过串联的方式实现双重目的、提升教学效果的新颖教学模式的成功，为我国接下来的教学模式改革提供了灵感，有助于促进我国的教学模式向着更加科学、高效的方向发展。

课程思政的重要价值是我们将其融入高校健美操课程建设的原因之一，下面我们将从学校层面、教师层面和课程层面对课程思政的重要价值进行具体解读。

1. 学校层面

学校是对青少年进行教育的最主要的场所，高等教育是学校教育的重要环节。当前，在社会快速发展变化的背景下，高校面临着各种思潮和文化的相互碰撞，对高等教育来说，这既是一种机遇，同时也是一种挑战，关键在于高校自身的抉择和做法。而课程思政的提出无疑为高校指明了思想教育的发展方向，从顶层设计上实现了道德教育和知识教育的统一，使得高校在思潮变化的风口之下坚持了自己“教书育人”的使命。

2. 教师层面

从教师层面来说，课程思政对他们提出了“三真”要求——真学、真做、真信。“真学”是指教师的学习不应该只集中在专业知识上面，而应该实现跨学科学习，同时提高对社会现实的关注，在精通本专业知识的基础上促进自身全面发展。“真做”是指本着“以人为本”的教学理念，对学生负责，不断提高自己的教学水平，钻研课程思政的有效教学方法，坚持进行创新突破，将思政教育无声地融合于专业课堂上，对学生产生潜移默化的影响。“真信”指的是教师本人应该具备高尚的思想道德，严格要求自身，时刻注意自己的言行，通过言传身教实现对学生的教育。

“三真”对教师提出了学习、行动和思想上的要求，对提升高校健美操师资队伍的专业素质和教育能力具有非常重要的价值。

3. 课程方面

从课程层面上看，课程思政并不是将专业课课程和思政课简单相加，而是根据专业课的特点，一方面从其中挖掘思政教学的资源；另一方面根据专业课的特点将思政课程的内容有机地融入专业课中。这样做的目的是将思政教育全过程、全方位地融入课堂中，使学生在学习专业知识的同时又得到思想上的“洗礼”。课程思政不仅实现了课程教育中“智育”和“德育”的结合，还开创性地实现了不同学科之间的融合，为我国教育模式的创新发展提供了全新的灵感。将课程思政理念融入高校健美操课程建设与教学中，既能培养学生的健美操知识与技能素养，又能培养学生的良好道德素养，使课程内容更丰富，课程价值更突出。

（三）将课程思政融入健美操教学具有重要意义

1. 摆脱思政教育孤掌难鸣的困境

传统的思政教育主要依赖思想政治教育理论课和团日活动进行，存在教学途径单一、教学效果不佳的问题。从思政课堂上来说，教学形式单一、教学内容枯燥、教学课时集中，很难吸引学生的兴趣，大部分学生是抱着“混学分”，应付教师的心理来上课的，自然达不到理想的教学效果。从团日活动上说，一般党委和辅导员将举办任务下发给班级学生干部，而学生干部经验不足，对活动意义认识不深刻，导致学生不愿意配合，团日活动流于表面，大部分班级是为了完成教师交代的任务开展活动，不仅达不到教育效果，还无形中浪费了学生的时间、增加了学生的负担。而将思政教育融入健美操课程教学中，一方面能够拓宽思政教育的教学途径，改变传统的单一教学模式；另一方面也能发挥学生在健美操课堂上的主体作用，激发学生的能动性和积极性，提升思政教学和健美操教学的效果。

2. 弘扬和传承健美操文化

将思政教育融入健美操课程建设与教学之中,实际上是在原有的注重健美操技能教育的基础上增加对学生思想上的教育和引导,为学生感悟健美操文化的魅力、传承健美操文化创造了有利的条件。在健美操课程建设中树立思政教育理念,能够通过思想政治和体育精神与健美操文化之间的共通性,促进学生思想政治觉悟的提高,促进体育精神和健美操文化的弘扬和传承。

3. 改善健美操教学效果

课程思政教学从教育本身的角度上来说对于改善健美操教学效果具有重要的意义。健美操课程思政教学是将健美操专业教学和思政教育结合在一起,一方面发掘健美操课程中的思政教学资源;另一方面引导学生将思政课程的内容融入健美操学习中。教师在上课过程中带领学生不断进行知识之间的切换和融合,引导学生发现知识之间的联系,这样不仅能够锻炼学生的思维转换能力,还能锻炼学生的知识运用能力,加深学生对健美操文化知识、技术技能的理解和掌握,提升学生的思想觉悟,最终实现提升健美操课和思政课双课堂教学效果的目标。

三、高校健美操课程思政建设的思考

(一)更新健美操教育理念,注重德育

教育理念是开展教学活动的依据,能够体现教学实践的风格和特点。将课程思政融入高校健美操课程教学中,首先应该更新教育理念,注重德育。在树立教学理念的过程中要充分肯定课程思政的重要价值,将课程思政融入学生培养方案之中,从教学目标、课程设置、教学方法、考核评价等各个环节,从行政到教学、从教师到学生、从活动到课堂等各个方面提高对课程思政的重视程度。课程思政的目标是对学生进行思想政治教育,培养学生的高尚品格,健全学生的人格,因此在健美操教育理念中要突出“德育”的重要性。高校健美操教学中要响应政府号召,根据教育部门关于课程思政的要求,积极更新教育理念,重视德育和健美操教育的融合,发挥高校为国家培养全面发展的优秀人才的作用。

（二）改革健美操教学模式，创新教学方法

课程思政进入高校健美操课程建设与教学需要转变传统教学模式，改变传统教学方式。从教学模式上说，传统健美操课程教学注重对学生技能的培养，很少对学生进行思想政治教育，而课程思政要求将思想政治教育融入各个专业课的课堂教学中，挖掘专业课程的思政元素，并根据专业课的特点有选择地融入思政教育的内容。鉴于此，高校健美操教师要转变传统教学模式，在运动技能教学中加入思政教育内容，实现健美操教学与思政教育的有机融合。从教学方法上来说，思政教育进入高校健美操课堂对教师来说是一个全新的挑战，健美操教师需要认真钻研教学方法，设计丰富的教学形式，巧妙地将两者结合，激发学生的学习兴趣，使学生在健美操课堂上不仅能领悟健美操文化，掌握健美操技术，还能接受思想和价值观念的正确引导，提升思想觉悟。

（三）建设健美操课程思政评价机制

在高校健美操教学评价中，传统评价机制常常受到惯性逻辑思维的限制，导致评价方式单一，而在课程思政视域下，要对学生的健美操学习成果进行多维度评价，包括知识、技能、道德品质等多方面的评价，从而判断健美操课程全面育人目标的实现程度。此外，对健美操教师的评价也要优化升级，这就有必要建设健美操课程思政评价机制。

第一，建立科学的学生评价机制，除了评价学生的健美操知识素养、运动技能水平外，还要对其思想品质、社会意识、集体主义精神等素养进行综合评价和考量。

第二，建立科学的教师评价机制，除了评价健美操教师的基本教学能力和专业素质外，还要评价其思政教育能力、将思政元素融入健美操教学过程的课程设计能力以及全方位育人能力。

第三，建立健全师生综合评价机制，在内容方面体现责任、修养、情感、适应度等，真正实现从知识、技能向人文核心素养的延伸，最后内化为师生的综合素质。

（四）提升健美操教师的综合素质，增强德育能力

教师是课程思政改革中非常重要的一个影响因素，教师自身的思想道德素质和教师实行思政教育的能力都会在很大程度上影响教学效果，教师直接关系到课程思政的教学目标能否实现。因此，在健美操课程思

政建设过程中一定要非常重视健美操教师的培养与发展，提升教师的综合素质，增强教师的德育能力。

首先，健美操教师对学生起到榜样的作用，教师的言行举止会在潜移默化中对学生产生影响，所以健美操教师一定要自觉提高自己的思政水平，提升自我人格魅力，使学生形成对教师的敬佩感和信服感。学校要加强师德、师风建设，提倡教师在课余时间参加思政教育，也可以组织相关的活动和设置培训课程，将教师集中起来进行思想教育培训。

其次，健美操教师要提高思想觉悟，认识到对学生进行思政教育是一项艰巨且光荣的使命，主动承担起德育的责任，引导学生树立正确的思想价值观念。健美操教师要积极探索推进思政教育进入健美操课堂的有效办法，结合思政教育的要求不断创新健美操教学方法，促进思政教育和健美操教学的深度融合，不断提高健美操教学质量，实现知识、技能、情感态度与价值观等多层次的健美操教学目标。

第二节　高校健美操精品课程建设

开发精品课程是近年来高校课程改革的一个趋势，通过开发精品课程，能够形成学校特色，提升学校形象和影响力，并能集中资源更好地培养学生。当前，为促进健美操课程教学改革的深化，促进健美操教学创新，使健美操教学质量得到全面提高，高校积极开展健美操示范性课程建设工作，即精品课程建设，将健美操精品课程打造成为精品课程的品牌，使其成为高校高水平体育教学的一个标志。精品课程最大的特点是“高水平”，无论是教学内容、教学方法、教学管理，还是教材和教师队伍，都体现了这一点。本节首先阐述高校体育精品课程建设的基本理论与策略，从而为高校健美操精品课程建设提供科学指导，然后分析高校健美操精品课程建设的必要性和建议。

一、高校体育精品课程建设的科学指导

(一)高校体育精品课程建设的原则

建设高水平的体育精品课程,需要贯彻以下几项基本原则。

1. 针对性原则

高校开发体育精品课程,必须从高校体育教育的特点和现状出发,将基础教育内容、专业教育内容纳入课程体系中,使高校体育教育的问题得到有效解决,教学质量得到有效提升。

2. 实用性原则

一般来说,学生的学习动机与所学内容的使用价值是成正比的,所以必须结合大学生的实际需要去开发体育精品课程,使之与学生的学习需求、学习动机相符,体现出精品课程内容对学生的实用性价值,尽可能使学生获益终身。

3. 创新性原则

随着科技的发展尤其是现代教育技术的不断发展,高等教育理念、教育手段也不断推陈出新。作为体验新科技的主力军,当代大学生以社会时尚群体的角色引领时代潮流,将现代科技融入自己的生活和学习中。在这一背景下,高校也应依托现代科技打造体育精品课程,实现课程升级,满足学生追求新知识、新技术的需要。

4. 高绩效原则

开发体育精品课程,将精品课程付诸实践,开展精品课程课堂教学,要强调课堂教学效果的高绩效、高质量,以提高教学绩效为准则而完善精品课程教学体系,建立体育精品课程有效教学的实施方案。

(二)高校体育精品课程设计的策略

1. 精准聚焦,明确目标

体育精品课程的设计有利于促进体育课程教学绩效的提升。在课程改革视域下设计体育精品课程,要明确课程目标,做到精准聚焦,包括对学员和任务的聚焦。

（1）聚焦学员

新时代背景下的高校体育教学既要培养学生的知识获取能力，又要培养他们的专业技能，高校要结合新时代对学生的新要求有针对性地开展体育教育工作，使学生拥有活跃的思维和良好的创意，将游戏化思维、互联网思维等运用到学习和未来工作中，鼓励学生主动介入课程建设和课堂教学，提高其参与的主动性。

（2）聚焦任务

体育课程的任务主要是通过实施课堂教学而完成的，在体育精品课程课堂教学中，要重视学生的参与和体验，设计能够给学生带来良好体验的场景化学习环境，促进学生课堂参与感的提升。此外，将课堂教学与课后指导结合起来，促进知识技能的有效迁移，促进学生将课堂所学转化到课后实践中，达到学以致用的效果。

2. 整合方案，注重实效

对体育精品课程建设方案加以整合与优化，能够使精品课程更加实用，课程绩效进一步提升。

（1）提炼整合方法

体育精品课程建设方案可通过两种渠道来提炼和萃取，一种是横向渠道，另一种是纵向渠道。

横向渠道指的是横向借鉴，即借鉴其他学科精品课程建设的经验，打开思维，加强跨学科融合和跨界创新。纵向渠道是指纵向贯通，即对体育专家、优秀体育教师及其他体育工作者的先进知识经验进行萃取和整合，促进专业智慧上下融会贯通和经验共享，从而提升高校体育精品课程建设的科学性和实用性。

（2）搭建流程结构

设计体育精品课程要遵循基本的流程，合理安排课程结构，基本要求是核心标题数量不宜过多，关键内容适当多一些，知识点不能有重复，要能够让学生通过课程结构而快速将自己需要的知识成功检索。课程结构的设计流程有两种常见方式，一种是单向流程，一种是循环流程，二者应该并存，并加以整合、优化，突出课程内容在结构上的循序渐进性。

3.精选教法，引导实践

在高校体育精品课程的建设中，精选教法是核心环节，也是有效实施体育课程教学的关键。体育精品课程经过设计与优化后，付诸实践要从下列三个方面着手。

（1）课前体验

课前体验的目的是使学生产生学习兴趣和动机。课前创设游戏化情境，触发学生学习的动机。例如，设计技能游戏各种关卡，使学生主动学习技术动作，像“打怪兽”一样升级自己的技能，最终达到“王者”地位。

（2）课中应用

课中应用的目的是满足学生的参与需求，通过设计“开放参与节点”和“多元互动方式”提升学生的课堂参与感，采取场景化教学形式进行互动，使学生真正成为课堂的主体。

（3）课后转化

课后转化的目的是确保学生“学有所得、学以致用”。现代教育技术的发展打破了传统课堂教学的局限，体育教学除了应采取“线下”课堂教学的形式外，还应进行“线上”互动，增进师生交流，如通过“在线微课教学”，使学生随时随地得到指导；通过“智能化测试系统”，为进行师生考核提供便利。立体化教学有效推进了知识与技能的迁移。

二、高校健美操精品课程建设的必要性

（一）顺应新课改的趋势

健美操精品课程是顺应我国高等学校在确立面向新世纪教学内容和课程体系改革计划实施的初始阶段所标明的课程建设的范式，是教学改革的新增长点。然而，在高校体育教育中，教学资源是相当有限的，体育教师的教学能力也是存在差异的。高校体育教学中优秀的学科领导者、课程建设的积淀以及传统教学模式等一系列有利或不利的因素，使高校的体育教学改革和教学质量的全面提高在短期内无法顺利实现，面对改革的种种困难，要想取得突破，就要建设不同于传统体育课程的新型课程，而精品课程就是能够提高健美操教学质量的高水平课程之一。

（二）传播价值理念的需要

健美操精品课程是高校健美操的品牌代表，表明我国高校贯彻《普通高校体育课程教学指导纲要》后在课程建设方面取得了新的发展与进步。在高校中建设健美操精品课程能够对科学的价值理念进行传播与弘扬，这些价值理念主要表现为：质量是维持课程生命活力的根本要素；形成由健美操名师和稳定的健美操教学骨干所组成的优秀教学团队；建成影响广泛深远且具有代表性的健美操课程；通过健美操课程改革带动其他项目课程的创新，促进高校体育教学整体质量的提高；营造良好的教学氛围，促进健美操教师及其他项目授课教师创新能力及综合职业素养的提高。

（三）发挥独特功能的需要

健美操精品课程是高校体育教学中高水平与优秀课程的典型代表，通过建设这一课程，健美操运动的魅力能够进一步彰显，并给学校其他学科精品课程建设带来启示。健美操精品课程面向的实施对象是高校学生，能够对学生产生积极的影响，可以将健美操的育人价值充分发挥出来，其他任何学科的课程都不能代替这一优秀的课程。在高校所有体育重点课程中，健美操精品课程的地位及其产生的影响力是不可小觑的。高校健美操教学中，教学工作者以创设精品课程为傲。

（四）受外部促成因素的影响

（1）高校在扩大招生规模后，办学资源不足，且资源质量较低，面对这一窘境，要想促进健美操教学质量的提高，就需要对精品课程进行建设，并发挥其示范作用。

（2）高校的办学理念与思想在不断变化与更新，所以对健美操教学质量进行衡量的指标与方法也在相应地变化，建设健美操精品课程可以为教学质量的衡量提供一个可靠的方法。

（3）高校体育教学改革过程中，不可能在短期内实现对教学内容、方法及模式的改革，而且改革的效果在短期内也不明显。鉴于此，可以将建设健美操精品课程作为一个实验，发挥其导向作用。

（4）高校大学生的价值观在不断变化，要想促进高校体育教学目标的顺利实现，就需要让大学生对“健康第一”的理念与思想有一个正确的认知，而建设健美操精品课程对吸引大学生的注意力，帮助其充分理解“健康第一”的价值理念具有积极意义。

三、高校健美操精品课程建设的建议

（一）合理安排健美操教学内容

安排健美操精品课程的教学内容，要以精品课程教学目标和学校实施精品课程的具体条件为依据，所安排的教学内容要满足科学、新颖、信息量大等基本要求，并及时掌握前沿的健美操教学理论与创新的健美操教学方法，将健美操专业的发展成果纳入教学内容体系中，对基础性教学内容和先进性教学内容予以兼顾，并将传统与现代的关系调节好。

健美操教学内容大体可分为理论教学内容和实践教学内容，理论方面的教学内容应以健美操常识、健美操音乐、健美操术语、健美操创编等为主，实践部分要打好大众健美操的基础，然后重点强化时尚健身健美操和竞技健美操的技能教学。理论与实践两个层面的健美操教学内容必须有机结合，并明确理论课和实践课各自的教学目标，顺应教学目标调整各类教学内容和所用课时，促进学生健美操理论素养和技能水平的提升。①

（二）采用高效的健美操教学方法与手段

在高校健美操精品课程建设中，还需要从教学对象的实际情况出发，在了解学情的基础上，对科学有效的教学方法与手段加以设计和选用，以最大化地发挥各类教学方法的功能价值，最大程度上提升教学效益。在健美操教学方法与手段的设计、选择、运用中，教育工作者重在研究和探索，并将多媒体领域的先进技术手段运用到健美操教学中。

比如，在健美操理论教学中，采用多媒体手段制作 PPT，概括总结主要教学内容，教师也可鼓励学生自己采用多媒体技术制作学习方案。在实践教学中，设计微课教学法、翻转课堂教学法，提高学生学习的积极性。在健美操实践教学中还应该组织教学比赛或创造能够使学生外出实践操作的机会，提高学生的健美操技能水平。另外，在健美操教学考核方法的设计中，需将过程评价、结果评价结合起来，在学生学习成果考核评价中，可将临场创编能力作为考核内容之一，提升学生的健美操创编技能水平和临场发挥能力。总之，在健美操精品课程教学中要采用

① 颜敏．我国体育院校健美操精品课程建设研究[D]．成都体育学院，2019：32．

先进的方法与手段来提高教学效果,实现教学目标。

(三)建立健美操精品课程管理机制

1. 明确课程建设目标

健美操精品课程建设要体现课程的“精”,就需要在开展课程建设工作之前将课程建设目标明确下来,并树立先进的课程理念,坚持以人为本原则,尽可能建设能够实现传授专业知识与技能,培养理论与实践能力,提升自主学习能力等目标的精品课程,以多层次目标为导向开展详细的课程建设工作。

2. 完善课程管理、运行机制

建设健美操精品课程是一个完整的系统,具体包括课程申请、课程评审、课程立项、课程开发设计、课程质量认证、课程评价验收、课程推广应用等一系列工作环节,从系统论视角出发对健美操精品课程建设进行统一规划,建立健全健美操精品课程管理机制,能够为健美操精品课程建设提供科学的理论依据和步骤参考。在健美操精品课程建设中不断加强整体调控和各环节的具体管理,能够对课程的整个开发过程加以规范,最终提升课程建设的效率和质量。

3. 建立激励机制,引导课程更新

健美操精品课程建设离不开健美操教师的参与,为调动教师建设精品课程的积极性,应将课程建设成果与教师的职称评定、薪酬奖金挂钩,从而对教师产生激励作用,提高广大教师参与课程建设的热情与主动性。课程建设方案应根据实际情况而灵活调整与更新,促进课程创新,这也需要通过激励机制来鼓励教师与时俱进,不断创新。

4. 建立评价体系,保证课程质量

在健美精品课程建设的管理中,应该建立一套科学合理、成熟且行之有效的课程质量评价机制,该机制的建立应以课程建设目标为依据,通过评价与管理实现课程建设目标。

管理者应该全方位对健美操精品课程的质量进行评价,评价主体也应该是多元化的,除了要进行领导评价外,专家评价、同行评价以及学生评价也是不可缺少的。在多元的质量评价中,不断发现问题,及时改进与解决，促进健美操精品课程质量的优化与提升。

建立精品课程质量评价体系，要不断健全评价指标体系，指标体系中应该包含课程建设不同阶段的评价指标，如课程立项阶段的入选指标，课程中期建设的检查指标，课程验收阶段的指标和复审阶段的指标。在实施各项指标的评价中，要公平、公正和公开，提高评价的透明度，使相关利益主体心服口服。

（四）加强网络平台模块建设，促进资源共享

高校健美操精品课程建设还离不开对互联网技术的应用，课程建设者要不断提升健美操精品课程的网络开发水平，促进高品质资源的真正分享，提升课程的利用效率。

首先，检测网站各种类型的浏览器和不同版本的兼容性，在网页设计上采用通俗易懂的语言，不要依赖插件。

其次，程序开发者对网页进行反复试验，确保网络通畅，排查死链接，不断更新课程资源，达到真正的共享。

最后，完善校园网络服务体系，解决网速较慢、登录访问卡顿等难题，成立虚拟交流社区，微信公众号、微博等交流媒体均可为师生所用。①

（五）建设优秀的健美操精品课程建设团队

1.优化团队结构

年龄结构、学历结构、职称结构能反映出健美操师资团队水平的高低。各年龄、学历、职称的教师在课程开发、教学、科研方面要相互学习、共同进步。在课程建设与教学实施中既要有明确的分工，又要形成一个团结的队伍，做到有分工、有帮辅、有带动。合理安排不同教师的教学活动和课程设计角色，使每位教师的优势得到充分发挥。

2.提高教师的教学能力

要想在高校普及、发展健美操，实现健美操精品课程建设目标，必须通过具体的教学活动来实现，教师是组织开展教学活动的主导因素，健美操教学质量的好坏依赖于健美操教师教学能力的高低。因此健美操

① 董高峰.对我国体育院校健美操精品课程建设的对比研究[D].山东体育学院，2012：47.

教师要不断加强对课程标准的理解，不断进行教学设计创新，注重对课堂教学的组织管理，从而提高教学效果。教师之间要多进行交流，学习、总结、积累教学经验，提高教学水平。

3. 提高教师的训练能力

较强的运动训练能力是健美操教师进行实践教学的基础，教师拥有突出的专业水平、丰富的训练比赛经验，才能更好地教学、带队。高水平的健美操教师在教学、训练中的示范动作更加准确、标准，能使学生更好地建立动作表象，提高学习效果。

4. 提高教师的科研能力

增强健美操教师的科研能力也是优化健美操师资队伍的重要方面。科研是很多术科教师的不足之处，健美操项目也是如此，所以要鼓励健美操教师在日常教学工作中加强学术研究，完善知识结构，引进前沿学术成果。健美操教师还要多参加学习、培训、交流等活动，不断充实与完善自己，提升自己的专业教学能力，从而在健美操精品课程建设与教学过程中更好地发挥自己的价值，做出贡献。

第五章　高校健美操课程教学体系建设

高校健美操课程能否被大学生接受，能否引起大学生的学习兴趣，这直接影响到最终的课程实施效果，也就是教学效果。为促进健美操课程的顺利实施，提高学生对健美操课程学习的积极性，需要对健美操课程教学体系进行构建，并根据实际情况不断优化与完善该体系，改革体系中各教学要素，加大创新力度，提高健美操教学质量。本章主要对高校健美操课程教学体系建设展开研究，主要内容包括健美操课程教学目标的确立、教学内容的设置、教学方法的设计、教学环境的创设以及教学效果的评价。

第一节　健美操课程教学目标的确立

根据高校健美操课程的开展形式，可以将健美操课程划分为选修课程、必修课程和专业课程三种类型，不同类型的健美操课程其教学目标有所区别，本节主要从认识维度、技能维度和情感维度三个维度分析不同类型健美操课程的教学目标。

一、健美操必修课程的教学目标

开展健美操必修课程，要增加学生对健美操的认识与了解，使学生对健美操运动的了解实现从不认识到认识，从不熟悉到熟悉的转变。在健美操必修课教学中，要让学生对健美操运动的乐趣予以体会，培养其终身参与健美操运动的意识，奠定良好的基础。为了达到更好的教学效果，除了要完成每节课的教学任务外，还要开展特色化的课间健美操活动和健美操比赛活动，使学生通过参与各式各样的健美操活动而增强体质、提高技能水平、塑造审美素养。

下面具体分析健美操必修课程的三维教学目标。

（一）认识目标

通过必修课教学，使学生对健美操运动的基本概念、特征、发展情况、作用及其他相关知识有所了解，并明确健美操运动对个体发展的重要意义。

（二）技能目标

对健美操基本动作予以掌握，基本步伐和操化动作是需要重点掌握的内容，通过健美操练习而增强体能，尤其要增强力量、协调素质，同时也要培养良好的音乐感知和欣赏能力。

（三）情感目标

使学生对健美操运动产生浓厚的兴趣，使学生积极参与健美操课堂教学和课后活动，在健美操学习与锻炼中提升自信，磨练意志，与同学建立深厚的友谊，并养成科学参与健美操锻炼的好习惯。

二、健美操选修课程的教学目标

开设健美操选修课程，对选修这门课程的学生要重点培养其兴趣，使学生先对健美操教学的意义和价值有进一步的认识，并积极参与健美操运动，丰富校园生活，全面锻炼身心，塑造良好体型，提高审美能力和创造能力，并在长期坚持不懈的健美操学练中塑造拼搏进取的品质，养成科学运动的好习惯。

下面具体分析健美操选修课程的三维教学目标。

（一）认识目标

使学生对健美操运动的项目特征、开展意义有更深入的认识与理解，掌握健美操相关学科知识、健美操基本知识和技能，掌握健美操锻炼知识和方法，提高学生主动参与健美操活动的意识和积极性。

（二）技能目标

在对健美操基本动作予以掌握的基础上进一步学习技巧动作组合，

学习动作之间的连接方式,学习基本的健美操创编知识和方法,使学生在健美操学练中改善身体形态,提高身体机能水平,增强运动素质,进一步提升学生的音乐素养。

（三）情感目标

使学生通过参与健美操运动对自身的情绪进行调节,将自身心理调整到积极乐观的状态,学会团结协作,树立集体意识,提升社会使用能力,将健美操运动发展成自己的体育兴趣和运动习惯。

三、健美操专业课程的教学目标

开设健美操专业课程,在教学目标设置方面要突出特长的专业性和技能的高标准性,充分发挥健美操课程教学对推动高校体育教学发展的重要作用。引导学生将掌握的健美操理论知识运用到健美操学练和比赛实践中,实现理论与实践的完美结合。培养学生的健美操参赛能力,提升学生的运动心理品质,培养健美操专业人才,输送优秀的健美操运动员。

下面具体分析健美操专业课程的三维教学目标。

（一）认识目标

对健美操专业知识有所了解,将健美操竞赛规则熟练掌握,并在实践中自觉遵守规则,理解健美操文化内涵,提升健美操专业知识素养。

（二）技能目标

提升竞技健美操的技能水平,提升健美操专项体能素质,对健美操基本难度动作有所掌握,促进健美操综合素养的提升,进一步培养学生的乐感。

（三）情感目标

培养学生努力拼搏、坚持不懈的体育精神,提升学生的自信心,强化学生的集体主义精神,促进学生社会适应能力、人际沟通能力的进一步提升,使学生在健美操学练中形成自己的特长和特色,为其在健美操专业领域的进一步发展奠定良好的基础。

第二节 健美操课程教学内容的设置

设置高校健美操课程教学内容，要考虑高校健美操运动的发展需要和健美操课程教学目标，同时要将健美操运动的健身性、时代性、实用性充分彰显出来，使学生通过学习健美操有效锻炼身体，塑造良好身体形态，提高心理健康水平和社会适应能力。

一、健美操课程教学内容的科学编排

（一）从已知到未知进行编排

在健美操课程教学内容的编排中，如果新的教学内容比学生已掌握的教学内容的概括程度高，新旧内容之间不是从属关系，就要贯彻从简单到复杂、从容易到困难、从浅到深的编排准则，使教学内容体系有层次性，使不同教学内容之间的关联更清晰，使前面所教的内容为后面新内容的教学奠定基础，使学生通过学习某一内容而形成"认知固定点"，并为学习后面的新内容做好铺垫。健美操课程教学内容结构有一定的序列性，对某个结构的掌握是学习另一个结构的基础，如果不具备前面的条件，就难以顺利进入新的学习阶段，就会增加后面学习的难度。

（二）由一般到个别进行编排

在以掌握原理为目的的教学内容的编排中，居于中心地位的应该是基本的概念、原则和原理。从这点出发，应该先对最具有一般性和概括性的健美操教学内容加以陈述，然后进一步分化具体教学内容和特殊教学内容。因为如果是首次接触熟悉度不高的知识领域时，只有将该领域教学内容的理论思想阐释清楚，才能在科学理论思想的指导下对特定领域的教学内容进行分类和系统化整理。一般比较容易和常规的做法是从整体中分化出细节，通过若干细节将整体串联起来。如果可以从最一般和最具概括性的概念与原理入手来编排教学内容，就能使学生形成比较稳定的基本认知结构，从而在其他类属教学内容的学习情境中比较容易地掌握新内容。

（三）注意不同教学内容的横向联系

在健美操课程教学内容的编排中，不仅要注意不同教学阶段教学内容的纵向联系，也就是教学内容的连贯性，还要注意不同教学内容之间的横向联系，具体表现为不同单元教学内容的联系和不同教学内容之间在知识原理、运动技能与情感上的协调与衔接，关注教学内容的横向联系，并有序安排丰富多彩的健美操教学内容，有助于学生在健美操课程学习中达到融会贯通的效果。如果在教学内容编排中不重视横向联系，就无法使学生在学习新内容时与原来熟悉的内容作对比，这会导致学生在新内容的学习中出现含糊不清、理解不深的问题，也容易使学生遗忘这些内容，同时对学习效果的正迁移也有不良影响。

二、健美操课程教学内容选择的新要求

随着高校体育课程的不断改革与创新发展，选择健美操课程教学内容时要满足以下几方面的新要求。

（一）技术性要求

健美操课程教学内容主要包括健美操理论知识和健美操运动技能，这些教学内容应含有知识含量与技术含量，具体表现为具有知识性、技术性，同时要有挑战性和趣味性。这是因为学生探索未知事物以及通过学习愉悦身心是他们学习体育的初始动机，没有知识含量和技术含量的教学内容难以将学生的内部学习动机激发出来，也难以满足学生的心理需求，所以要精心选择有知识含量和技术水平的健美操教学内容。

（二）拓展性要求

在选择健美操教学内容的过程中，教师要将自身的主导性充分发挥出来，对能够使学生实际需要得到满足且有助于学生综合素质培养的丰富教学内容进行拓展性开发与延伸性选择，而不应拘泥于教材和传统教学资源。拓展性教学内容丰富且变化多样，具有开放性和创新性，将拓展类教学内容纳入健美操教学内容体系中，打破传统教学内容的结构限制，有助于激发学生学习的热情，活跃课堂氛围，有助于学生的协作能力、探索能力及自主创造力的培养。适合引进高校健美操课程教学内

容体系中的拓展性内容主要有街舞、瑜伽、肚皮舞、普拉提等健身健美运动。

(三)校本化要求

选择健美操课程教学内容也要满足校本化要求,这是高校体育课程改革的新尝试,目的是提高课程的适应性与灵活性,促进体育课程教学的多元化发展。要满足校本化要求,就要使健美操教学内容符合学校实际和地方实际,体现地方特色,同时要能够体现出教师的个性化教学风格。

我国不同民族、地区具有地方特色鲜明、丰富多样的体育资源、舞蹈资源,可将这些资源纳入健美操教学内容的选择范围内,以传承民族体育文化,丰富健美操教学内容。不同高校教学条件和环境有差异,所选教学内容要适应学校实际,在教学内容的实施中使学校教学资源得到充分的利用,同时也要合理分配教学资源,为教学内容的实施提供便利。此外,对健美操教学内容的选择还要考虑教师的教学能力和专业素养,使教师的专业技能得到充分发挥。

总之,在满足上述条件与要求的基础上选编健美操课程教学内容,对高校健美操课程建设和校本课程资源开发利用非常有利。

三、健美操课程教学内容设置的注意事项

具体来说,在高校健美操课程教学内容设置中要注意以下几个要点。

(一)基础内容不变

健美操基本步伐、手臂与躯干动作、基本动作组合等是健美操运动的基本组成部分,也都是健美操课程最基本的教学内容,对这些基础性教学内容的学习与掌握能够为之后学习健美操成套动作奠定基础,因为健美操成套动作是以一个个基本动作为单位组合而成的,因此学习健美操基础性动作非常有必要。在健美操课程内容设置中要保留这部分内容不变,在此基础上加入更多丰富的对学生体能发展有益的内容。

(二)设置力量锻炼内容

人的基本身体姿态是展现气质的重要载体,而要形成与保持优美健康的身体姿态,就要有良好的力量素质,力量是非常重要的基础条件。

而且在人的体能组成中,力量素质是最基础的内容。健美操动作的力度、控制力和弹性等和其他运动项目有区别,这是健美操运动独特性的体现,这就要求在健美操教学中将力量素质的培养重视起来。使学生通过一般和专项力量训练,促进体型的改善、肌肉力量与弹性的增加,并能稳定完成健美操组合动作与成套动作,在完成过程中控制好身体姿态,使动作更优美、规范,这样就能将融健、力、美于一体的健美操动作内涵充分展现出来了。

在健美操课程教学内容中增设力量训练内容,组织学生进行徒手力量训练和轻器械力量训练,促进学生肌肉力量的增强,使学生形成挺拔的身体姿态,并能更有力度地完成健美操动作。

（三）设置形体训练内容

传统健美操教学中,健美操基础动作、成套动作是教学内容的主体,但长期进行这些单一的教学,难免会使学生感到枯燥,因此要突破传统模式,强调全面学习,拓展教学内容,增设形体训练类教学内容,这也是为了更好地锻炼学生的体能和身体形态。

形体训练既能培养学生的外在美,又能培养学生的审美情操与审美能力,使学生达到外在美与内在美的统一。形体训练教学内容也能满足学生追求自然美的心理需要,使学生通过形体训练塑造优美形体。形体训练可以徒手进行,也可以采用轻器械进行,长期坚持练习,身体形态能够向健康又优美的方向转变,也能使身体更灵活,更有力量感,也更有表现力,同时能够凸显气质。

形体训练对学生学习健美操也有帮助,主要表现为更好地控制动作,动作更有力、更协调、更优美,提高动作的准确性、规范性和艺术表现力,整体提高动作质量,提高学练效果,提高学生健康水平。

（四）融入时尚教学内容

作为一项时尚新兴体育运动项目,健美操运动发展迅速,有强烈的时代感。在基础健美操的基础上,啦啦操、拉丁健美操、街舞健美操等风格各异的时尚健美操项目逐渐衍生而成。学校健美操教学要与时代接轨,要将时尚新鲜的元素融入健美操教学系统中,增设时尚类健美操内容,将其与健美操基础内容结合起来进行教学,并不断丰富教学组织形式和教学方法,培养学生的参与兴趣,使学生通过学习这些时尚新颖、动作热情有力、节奏感鲜明且感染力极强的健美操项目，将自身朝气蓬勃、健康向上的一面充分展现出来。

第三节 健美操课程教学方法的设计

一、健美操课堂教学过程中教学方法的设计与应用

健美操课程教学中会用到各种各样的教学方法，健美操教师要根据健美操课堂教学的结构来选择适宜的教学方法。完整的健美操课堂教学过程包括准备部分、基本部分和结束部分三个环节，在各个部分采取的教学方法是有差异的。下面具体分析不同部分对教学方法的设计与应用。

（一）准备部分的教学方法

准备部分是健美操课堂教学的开始部分，也是热身环节，在这一环节学生要做必要的身体练习，以做好身心准备，快速进入状态，预防运动损伤。适用于准备部分的主要教学方法有以下几种。

1. 语言法

在健美操教学的准备部分，语言法的运用非常普遍，教师运用口令、术语等语言将教学信息传达给学生，起到立竿见影的效果。教师用生动形象的语言进行讲解和提示，使学生将关键信息存储在大脑中，刺激大脑兴奋，快速进入状态，产生学习兴趣，为基本部分的教学奠定良好的基础。

2. 带领法

健美操教师带领学生做基本的热身练习，这就是带领法。教师除了要用语言讲解热身练习的基本动作要领外，还要亲自示范，这种方法更为直观，学生一目了然，模仿教师进行练习，提高了这一部分的教学效率。学生自由做热身练习容易偷懒，而且队形松散，效率较差，教师带领学生一起做更能激发学生的表现欲，使学生积极完成热身练习。

（二）基本部分的教学方法

在健美操教学中，每节课的主体环节是准备部分之后的基本部分，这也是一节课的核心部分。这一部分占据的时间最长，一节课的教学内容、教学重难点都是在这个部分传授给学生的，在这个部分师生也会有很多的互动。健美操教师要在这个核心环节采用适宜的教学方法而完成课堂教学任务，实现良好的教学目标。适合在健美操课堂教学基本部分采用的教学方法如下。

1. 示范法

健美操教师给学生教新的健美操动作时，要自己先面向所有学生做准确、规范、优美的示范，帮助学生完成对完整动作表象的建立，将学生的学练热情调动起来。所以，在健美操基本部分的教学中，示范法是必不可少的一种教学方法。健美操教师的完整示范能够使学生获得对新动作的完整认识，教师从不同角度进行多次示范，对示范点、面进行调整，能够使学生越来越熟悉新内容，快速进入状态进行练习。健美操教师进行示范时，可将上下肢动作分开示范，先示范下肢动作，再示范上肢动作，然后做完整的示范，使学生清楚动作的方向、路线、力度和节拍，建立完整动作概念，通过不断的练习而快速掌握新的教学内容。

健美操教师运用示范法时，为了提高运用效果，要先面向学生进行示范，然后背对学生、侧对学生进行示范，使学生从不同角度了解动作，使各个位置的学生都能清楚地看到教师的示范。教师不能只考虑前排学生是否能清楚观察到示范动作，还要考虑后排学生，要灵活调整学生的站位，或将学生围成一个圈，教师站在圆圈中心进行示范，总之要确保每个学生都清楚地看到了示范。

2. 重复法

重复法是健美操课中一种常用的方法。通过成套动作或单个动作的反复练习，达到强化记忆动作的一种最有效的方法。学生可以通过音乐、节奏、口令等进行反复的动作练习，从而熟练掌握动作。

3. 提示法

为了提高学生练习的准确性，健美操教师要做必要的提示，这是健美操教师的必备教学技巧和教学艺术素养。常见的提示包括下面几种类型。

（1）口头提示。

（2）面部表情提示。

（3）视线提示。

（4）简单肢体语言提示等。

通过提示，使学生对动作要领有正确的理解，连贯完成成套动作，巩固记忆，促进动作质量的提高。

（三）结束部分的教学方法

结束部分是健美操课堂教学的最后一部分，也是放松环节，这个环节常常被忽视，但其实它和准备部分、基本部分一样都很重要，是健美操课上必不可少的重要组成部分。抓好结束部分的教学工作，可以调整学生的身心状态，缓解疲劳，为下节课打好基础。健美操结束部分教学中适合采用的教学方法有以下两种。

1. 音乐伴奏法

健美操不能没有音乐，音乐是它的灵魂，音乐伴奏是健美操实践中不可缺少的重要元素。

在结束部分的练习中，选择适宜的音乐作品来培养学生的节奏感、韵律感，提升学生的审美素养，塑造学生的良好气质，这对于提高健美操教学效果，实现健美操教学境界的升华具有重要意义。

2. 情绪感染法

健美操课堂结束部分采用的音乐伴奏应该是轻松舒缓的，同时也是柔美的，要有利于调节学生的身心状态，感染学生的情绪，缓解学生的疲劳，培养学生的美感，提升学生的综合素质。

结束部分的音乐主要起到放松的作用，而学生放松练习的时间长短取决于基本部分安排的运动负荷的大小，如果基本部分的练习负荷大，那么放松练习的时间稍长，音乐对学生情绪的感染程度也就越大，如果基本部分的练习负荷较小，那么放松环节的时间稍短，音乐对情绪的调整和感染程度也相应较小。

健美操教师要合理安排放松部分的时间，要在这个部分用适宜的音乐积极感染学生的运动情绪，活跃课堂氛围，使学生身心机能达到更好的恢复效果。

需要注意的是，在健美操课程教学的各个部分采用什么教学方法并不是绝对的，要根据具体教学需要而灵活调整。而且在各个教学部分采用单一教学方法的情况比较少见，将多种教学方法结合起来运用的情况比较多见。如果长时间采用单一教学方法，容易使课堂教学变得枯燥乏味，影响学生的积极性，最终影响课堂教学效果。而根据实际需要灵活整合多个教学方法，能够渲染课堂气氛，活跃课堂氛围，提高学生学练及配合的积极性，最终提高课堂教学效率和教学效果。在健美操课程教学中综合运用多种教学方法的模式如图 5-1 所示。

二、创新视角下健美操课程教学新方法的设计

（一）微课教学方法

1. 微课教学方法的概念与特点

微课教学是指以视频为主要载体，在短时间内集中围绕一个知识点展开教学，解决问题，最终以视频的形式呈现学习内容的教学方法。微课教学视频是非常重要的学习资源，为学生在线学习提供了很大的方便。

微课教学方法具有以下几个鲜明的特点。

（1）教学时间短、教学内容少。

（2）虽然时间短，但也是一个完整的教学过程。

（3）教学形式灵活，为教师和学生获取教学资源提供了方便。

2. 健美操微课教学方法设计与应用原则

在健美操教学中应用微课教学法应贯彻以下几项原则。

（1）清晰简明

一个人保持最佳状态的持续时间是 5-10 分钟，在最佳状态下注意力最为集中，学习效率最快，而微课教学本身就是短时间的教学，利用这个特征设计与运用健美操微课教学法，要注意在有限时间内简明扼要地呈现教学内容，直击重点，清晰表达，并将文字与图片有机结合起来，以提高视频的美观性，吸引学生的注意力，使学生快速掌握教学内容。

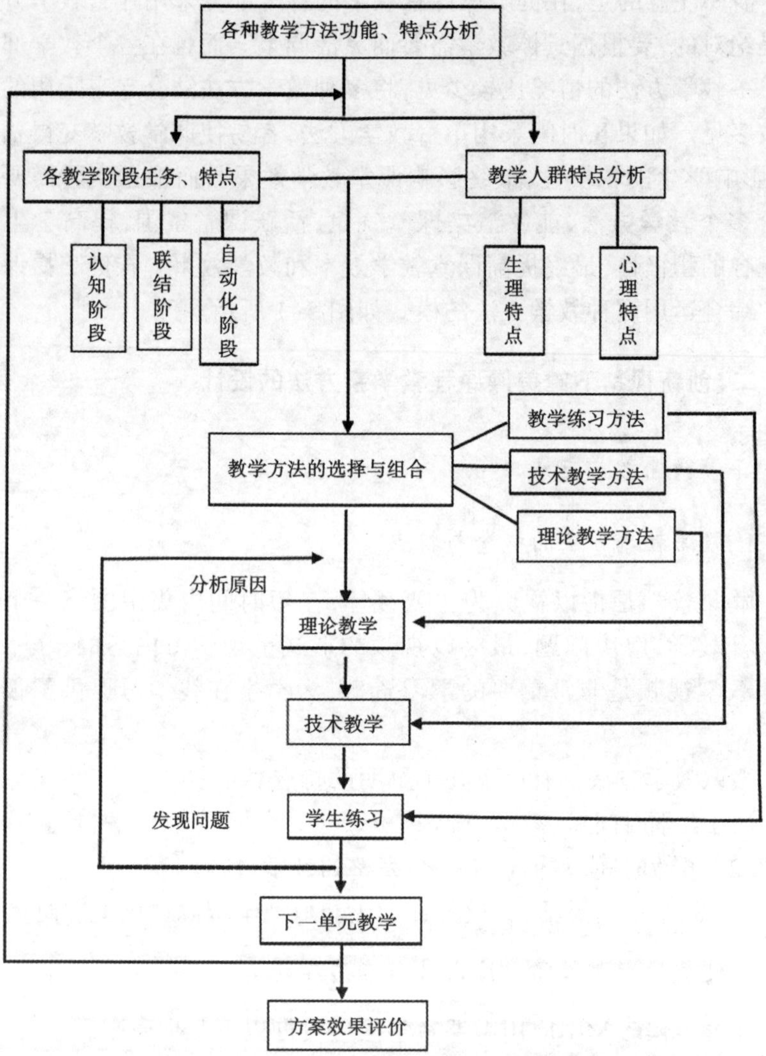

图 5-1　多种教学方法的综合运用模式[①]

（2）突出针对性

因为微课教学本身时间就短，在短时间内不可能完成很多内容的教学，所以必须结合学生情况和教学重难点来选取量大小适宜的知识点，在教学中围绕这个知识点说明相关问题，使学生学习起来更有针对性，

① 张建龙，王炜．体育教学方法优化组合的依据、原则与程序[J]．新西部（下半月），2009（5）：241+238.

效率更高。

（3）适时分解

微课教学短小精悍，时间少，内容也少，但这丝毫不影响教学的整体性与过程的完整性。鉴于微课教学的这些特征，在健美操微课教学设计中要善于适时分解教学内容，如将组合动作分解为若干单个动作，将成套动作分解为若干组动作，然后重点讲解，为学生课后学习提供便利。

3. 健美操微课教学方法应用设计

（1）教学程序设计

在健美操微课教学方法设计中，教学程序设计也就是方法实施过程的设计，在这方面应从三个阶段进行安排，包括课前准备、课中教学与课后安排。一般在课前、课后安排学生对微课教学视频的自主学习。课前对微课视频进行制作并及时上传，为课中学习提供资源和工具，学生反复观看视频，总结自己的问题，课中提出问题并获得老师的解答与帮助，教师耐心指导学生，解决学生提出的问题，这样课中教学效率就会大大提高。课后学生复习和预习功课也可以将微课视频利用起来，以巩固所学知识，并为学习新内容做好充分准备。

①课前准备

课前准备主要是制作与上传健美操微课教学视频，并在线解答学生的问题。健美操教师在正式上课前几天将微课教学视频制作好，并向微信、微博等相关平台上传，以学生的学习情况为依据对学习任务进行安排，要求学生在课前利用教材和视频资源进行自主学习，并根据视频中的指导来练习健美操技术，将闲散时间利用起来随时随地学习与练习，为上课做好充分的准备，提高自己的健美操运动能力。课前师生可以利用多媒体平台探讨问题，互动交流，对于学生提出的普遍性和个别性问题，教师要做好整理，以便在课中集中解答，学生课前学习结束后也要注意反思与评价自己的学习成果，正视自己的问题，及时向教师反馈与咨询，而且自身也要不断自觉练习以巩固运动技能。

②课中设计

课中教学是健美操微课教学方法实施程序的核心环节，在这方面要以健美操教学进度为依据来设计每节健美操课的教学方案。学生经过课前预习后做好了充分的学习准备，对教学内容有了比较多的了解，而且有的知识与技能已经掌握好了，所以在课中主要是检验学生的预习情况,解决学生在预习中的问题,然后剩余时间可以安排新知识的教学或让学生自由练习。

微课教学设计中之所以安排课前预习这个环节,主要是为了提高课中教学的效率,节约课堂时间,从而使学生在课堂上的自主练习时间更多一点,这样有助于教师观察学生并发现问题,及时帮助学生纠正错误动作,同时还能使学生有时间掌握更多的知识与技能,使学生知识面更广,运动能力更强,学习兴趣更高。

健美操微课教学程序中,课中教学阶段一般安排下面几个教学环节。

环节一:

教师讲解、示范本节课重难点动作,让学生对所教动作进行直观学习与掌握。

环节二:

教师解答学生在线上提出的问题,解答问题时要善于启发学生一起探索问题的答案,共同答疑,使学生对答疑方式和最终答案印象更深刻。如果教学对象的健美操学习能力较差,教师在分解示范上应花的时间多一些,然后再让学生自主思考与练习。

环节三:

教师对学生进行分组,各组学生听安排练习,教师观察指导,在这个过程中要对学生的自主创新提出一些要求。

环节四:

利用课堂时间进行知识拓展学习,播放精彩的健美操比赛视频,使学生学习健美操竞赛规则。同时还要安排身体素质练习,为学生技能的提高奠定基础。

环节五:

教师点评学生的学习成果,指出问题和需要改进的地方,这样学生在课后练习时就更有针对性。

③课后反馈

教师进行教学反思,对教学设计方案予以完善,并制作新的微课视频,为下次课做准备。

课后学生认真完成教师布置的作业,反复观看微课视频,自觉练习,巩固技能,同时也要与同学展开关于学习经验的分享与交流,取长补短,共同进步。

健美操微课教学方法实施过程的设计如图 5-2 所示。

（2）教学资源设计

微课教学资源的设计流程如图 5-3 所示。

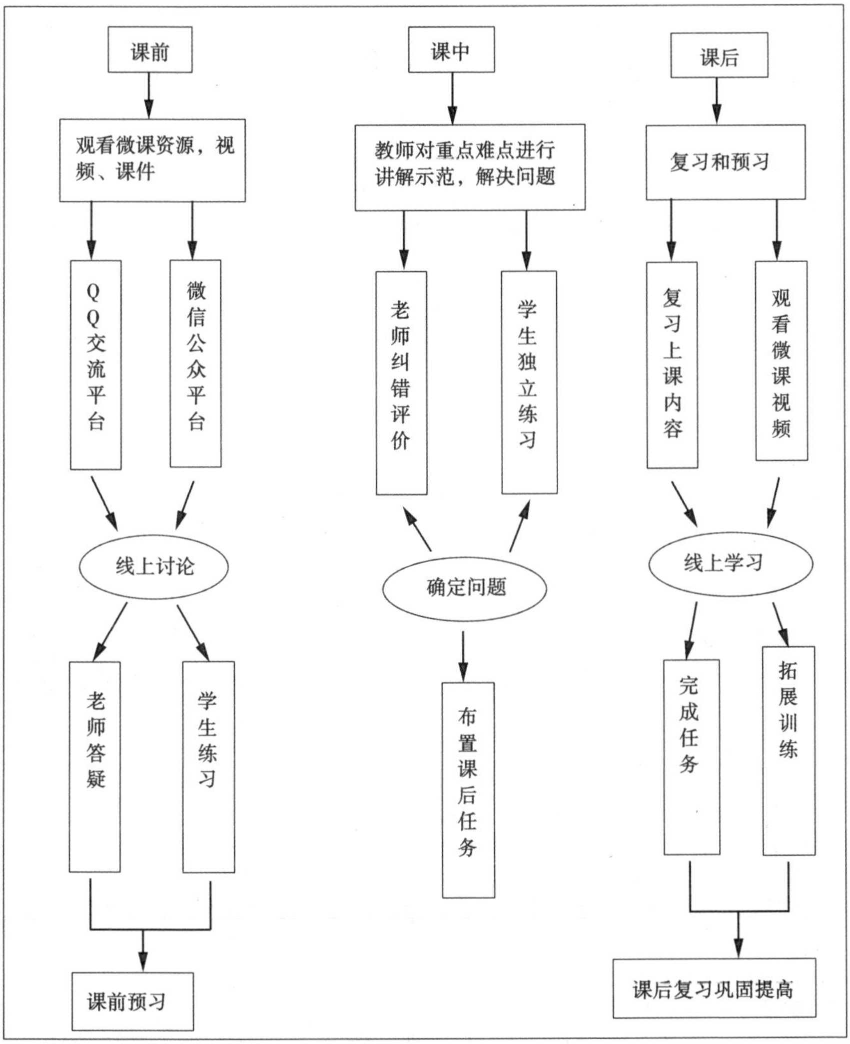

图 5-2 健美操微课教学过程实施程序①

① 陈启琴. 微课技术在高校健美操专项教学中的应用研究[D]. 陕西师范大学，2017：44.

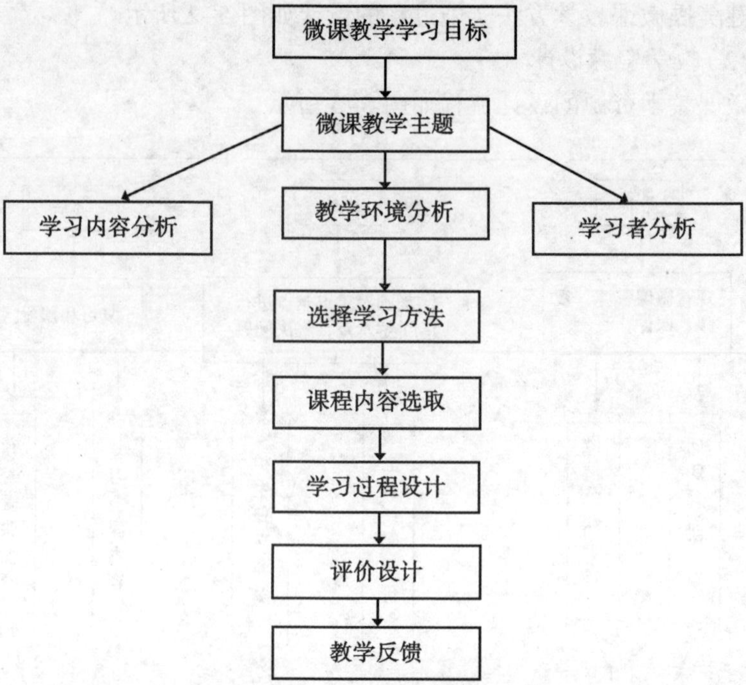

图 5-3 微课教学设计流程图①

①确定教学目标

首先将健美操微课教学目标确定下来，再依据此将学习目标确定下来，然后依据教学目标和学习目标展开后面的设计工作。

②确定主题

根据健美操课程教学目标与任务确定微课主题。

③分析教学内容

教师认真分析教材和教学内容，充分把握重难点内容和学生容易出现错误的内容。

④分析学习资源

支持学生学习的物质条件就是所谓的学习资源，对学习资源的分析与选用直接关系到学生的学习成果。在这一环节要将健美操教学特点和微课教学特点结合起来，对丰富适宜的学习资源进行选择。

① 陈启琴．微课技术在高校健美操专项教学中的应用研究[D]．陕西师范大学，2017：45.

⑤分析学习者

对学习者的兴趣爱好、健美操基础运动能力、身体素质进行分析，针对不同层次的学生设计与选用不同的教学资源。

⑥选择学习方法

贯彻因材施教原则，根据对学习者的分析结果对适合不同学生的学习方法进行设计与选用。

⑦选取课程内容

根据教学目标将课程内容确定下来，课程内容要满足学生的兴趣爱好，有助于促进学生全面发展。

⑧设计学习过程

微课学习过程较为复杂，因此要设计好每个环节，各环节之间紧密联系，相互影响，教师在学生的学习过程中发挥重要的引领作用，同时要注意培养学生的自主学习能力。

⑨设计教学评价

微课教学效果是否达到预期目标，这是终结性评价，微课教学过程中学生是否积极学习，这是过程性评价。

⑩教学反馈

微课教学结束后教师认真反思自己的教学行为，并总结学生提出的问题和建议，以完善设计方案。

（二）“三段式任务驱动教学法”

1.“三段式任务驱动教学法”的阐释

三段式任务驱动教学法将教学过程分为动态的自主学习、相互协助学习、任务的驱动三个教学部分，这三个部分既相互独立，又相互联系，环环相扣，呈递进式，由被动变主动激发学生的学习积极性与创造性，培养学生的自学能力，提高学习效率。其中自主学习强调提高学生的自主学习能力，为学生找到合适的学习方法，这个阶段的学习主要解决基础性问题；协作学习阶段以学生的探究为基础，学生之间相互学习，相互沟通共同达到目标；任务驱动阶段，教师根据学生的学习情况布置任务，引导学生在探索中完成任务，然后再总结学习过程和成果。

2.健美操“三段式任务驱动教学法”的应用流程设计

在健美操教学中采用三段式任务驱动教学法，应按如下步骤设计教学过程。

（1）提出教学目标

教师制定教学目标时在课前做好充分准备，深入研究教材内容和课程标准，了解学生特点，制定出可操作性强的具体的教学目标。

（2）设计教学任务

教师根据不同学生的特点对任务进行分类，由简到难，由上到下，可在课前先制定一个大任务，再细化成具体的任务，也就是分解成二级甚至三级子任务来逐步完成。教学任务要有趣味性、开放性、操作性、针对性。根据学生学习情况循序渐进地布置任务，难度逐渐提升。

（3）教师指导学生学习

自主学习阶段，让学生了解健美操的基本知识及基本动作技能，有效引导学生积极学习，激发学生兴趣。

协作学习阶段，注重互动学习，以学生为主体相互帮助学习基本动作技能，教师及时纠正学生的错误，尽可能充分解决好学生学习中出现的问题、错误动作和教学难点。

任务驱动阶段，总结学生的学习结果，认真反馈、梳理，布置更高层次的任务，使学生保持良好的自主学习态度及课堂参与程度。

（4）学生自主学习

正确引导学生自主学习健美操课程，当学生了解健美操基础知识及基本动作技能后，要设置一些简单的问题使学生自主解决，并让学生利用已学知识进行拓展学习。

（5）检验学习效果

对学生的自主学习情况进行检验，根据学生的学习情况开启下一阶段的教学工作。

（6）教师纠正

教师作为主要引导者要不断纠正学生的错误动作，提高学生健美操动作技能的规范性。

（7）任务驱动

学生基本了解并体验健美操运动技能后，引导学生归纳、总结并了解健美操动作的联系，使学生对健美操知识的掌握达到结构化和系统化，以便于学生理解和记忆。在学生能够运用所学知识与技能后，设计较高层次的应用任务，使学生对健美操知识与技能的掌握及运用达到较高层次。

（8）课后总结

检验课堂教学成果，教师和学生都要进行总结评价，评价时指出学生自学存在的疑难问题，并给出解答。

第四节　健美操课程教学环境的创设

教学环境是否健康、和谐，直接关系着教学活动能否顺利进行和教学效果的好坏。教学环境如果是健康与和谐的，那么在教学中就能向学生传递大量的正能量，从而积极促进教学活动的顺利开展，提高教学质量和效果。如果教学环境是恶劣的，那么就会对教学活动的开展及最终的教学效果造成严重的制约。所以，创设高校健美操教学环境，要先了解教学环境可能给教学效果带来的正面积极影响和负面消极影响，要对教学环境和教学效果的关系有正确的认识和把握，从而积极创造和谐健康的健美操教学环境，并不断优化与完善教学环境，以提高健美操教学效果。健美操运动包含很多美的因素，包括运动美、健康美、音乐美、形体美等，因此在健美操教学中要融入各方面的艺术元素和美的元素来创建和谐健康的教学环境，优化美好的教学环境，给学生营造良好的教学氛围，使学生获得美好的感官享受及精神享受，使学生在健美操课堂教学中获得轻松和愉悦。

一、健美操课程教学环境创设方法与建议

（一）完善基础设施建设，创建良好的物质教学环境

创设健美操教学环境，要把物质教学环境放在第一位，创造良好的物质条件，这是开展健美操教学工作的基础条件。健美操物质教学条件中，开展健美操教学活动的场所，即运动场馆这一硬件设施是最重要的，其在健美操物质教学环境中居于第一位。除了运动场地外，还要有基本的教学设备，这同样是健美操教学中必不可少的基础条件，健美操教学任务的完成和教学目标的实现都离不开重要的教学设备。此外，健美操实践课如果是在户外操场开展，那么空气、阳光、气候等自然条件

也很重要,我们不能忽视自然条件对健美操教学环境建设及对健美操教学活动开展的重要影响。因此,创建健美操物质教学环境,要从以下几方面来努力。

第一,建设与完善基础教学设施,兴建健美操运动场馆,完善场馆功能,拓展活动空间,完善配套设施,备齐教学器材设施、教学设备及基本教学手段,加大这些方面的资金投入力度,从根本上解决健美操教学的场地设施问题。

第二,定期检查运动场馆设施,及时发现安全隐患,第一时间加紧维修,延长运动场馆及设施的使用寿命,预防因基础教学设施的安全问题而造成学生的运动损伤。

第三,美化学校周边环境,净化空气,种植花草,使自然环境与教学环境相互协调,创建和谐的生态教学环境,给学生带来美好的学习体验。

(二)尊重学生的主体地位,培养学生的学习兴趣

素质教育是现代体育教学的基本指导思想和重要教学理念,这一教学理念对尊重学生的主体性和主体地位做了重要强调,要求体育教师采用的教学方法和教学模式要能够满足居于主体地位的学生的基本学习需求,以学生为本而创建教学环境,营造课堂氛围,全面培养与提升学生的综合素质。创设健美操教学环境,要努力营造良好的教学氛围,优化教学环境也可以从优化教学氛围方面寻找突破口,教学氛围在教学环境中发挥重要的作用,是一个不可忽视的变量因素,是创建教学环境的重要内容之一。一些学校的健美操教学环境不乐观,与缺乏良好的教学氛围有很大的关系,传统课堂教学中教师树立了很高的威信,不允许学生挑战威信,课堂上完全是教师说了算,学生没有自主权,没有决策权,这种教学现象打击了学生的学习兴趣,也造成了学生自主意识的弱化与丧失。压抑的教学氛围使得教学环境也不容乐观,影响了教学质量。而要优化教学环境,就要打破传统的课堂教学氛围,尊重学生的主体性,发挥学生的主体地位,让学生有自主发言权,给学生提供行使权利的机会,唤醒学生的自主意识,激发学生的学习热情,使学生在兴趣的驱动下积极参与学习,在轻松、和谐的课堂教学氛围中学习健美操知识和技能,提高学习效果,最终提高健美操教学效果。可见,营造活跃的课堂氛围对优化教学环境及改善教学效果具有重要意义。

（三）改善师生关系，促进师生互动与情感交流

健美操教学中，健美操教师和学生是两大行为主体，教师与学生的关系、学生之间的关系是健美操教学人际关系的重要内容，人际关系的好坏影响课堂教学氛围，也影响教学效果。良好的人际关系有助于营造和谐的课堂氛围，提高课堂教学效果，如果人际关系恶劣，课堂氛围压抑，会影响教学活动的顺利进行。因此，健美操教师和学生之间应该多沟通、多交流、多互动，建立和谐的师生关系，增加相互之间的情感，彼此尊重、信任，互相体谅、理解，以畅通教学信息的传播渠道，提高教学信息的传递效率，使课堂教学氛围更加融洽，课堂教学效率进一步提高。

（四）开展丰富多彩的健美操活动，营造良好的健美操文化氛围

健美操课程的教学时数有限，一些喜欢健美操运动的学生认为课堂教学内容远远不能满足他们的学习需求，不能满足其兴趣爱好，也不能给其提供良好的表现舞台。对此，要在健美操课堂教学的基础上不断拓展和延续，利用课余时间和节假日开展丰富多彩的健美操活动，以满足学生的需要，巩固学生的知识和技能，为学生提供展现自身能力的机会和平台。举办各种各样的课外健美操活动还有助于营造良好的校园健美操文化氛围，吸引广大学生参与活动，进一步普及与推广健美操运动，扩大校园健美操人口规模，促进健美操在学校的进一步发展。开展课外健美操活动也是在拓展健美操教学环境，在更广阔的活动空间和活动环境中能够对健美操教学资源进行深入的挖掘和开发，充实健美操教学内容，创造更先进的健美操教学方法和手段，建设健美操精品课程，进一步提高对学生健美操素养的培养效果。

二、健美操课程多媒体教学环境的创设

在信息化时代，多媒体教学资源在高校健美操课程教学中的运用越来越普遍，多媒体教学资源发挥着越来越重要的作用，在新时代创设多媒体教学环境，对提高健美操教学效率和取得更好的教学效果具有重要意义。

（一）熟知多媒体特性

多媒体教学资源有很多类型和各种不同的表现形式，使用多媒体技

术并不是简单地将一些多媒体资源叠加运用到课堂中，而是要从学生实际情况和教学需要出发有选择地综合运用一些多媒体教学资源。选用多媒体资源，首先要对常见多媒体教学资源的特征、优势及缺陷有所了解，充分利用优势资源发挥其积极作用，综合运用不同的多媒体资源以实现优势互补，弥补不足，切忌毫无逻辑地盲目使用多媒体教学资源，否则看似使用了多媒体教学手段，其实并没有达到应有的效果，有时反而会带来麻烦，使教学程序更加烦琐了。

健美操教师要先了解各类多媒体的性能和优劣势，达到一定的熟悉程度后再进行多媒体教学设计，按照健美操教学规律、教学目标而将多媒体教学手段运用到课堂上，发挥多媒体的辅助功能。需要注意的是，多媒体教学手段是辅助教学手段，而非主要手段，不能主次不分，混淆使用，否则容易忽视教学主题，达不到教学目标。健美操教师还要基于对学生接受能力及兴趣爱好的考虑而选择多媒体教学手段，通过多媒体方式来呈现教学重难点，使学生快速接收关键信息，更好地理解教学内容，掌握好复杂的健美操动作，这能够真正体现多媒体教学手段的重要价值。

（二）创设体验情境，强化学习动机

健美操教学不仅要进行实践教学，还要进行理论教学，对很多学生来说，理论课很枯燥，教师照着课本讲解，索然无味，不能集中注意力听讲，也不容易理解理论内容和记忆所学知识，使得课堂教学效果大打折扣。对此，在课前可将学生分为若干学习小组，给各组安排学习任务，使小组成员采用多媒体学习手段共同查找资料，完成任务，并指定学习小组制作 PPT，在课堂上给全体学生讲解知识，提高学生的学习热情、自主学习能力以及实践能力。

负责讲课的学习小组在利用互联网手段查找资料的过程中，能够更好地了解教学内容，而且为了讲好课，学生也会找相关的图片、动画等有趣的教学手段插入PPT课件中，这样理论课也会变得更加精彩、有趣，能够吸引学生的注意力，提高课堂教学效果。

（三）解疑导入，探究学习

创设健美操多媒体教学环境，要更加突出和强调学生的主体性，将丰富的多媒体资源融入课堂中，促进学习主体与多媒体手段的交互作

用，提高学习主体在多媒体教学环境下自主学习的积极性，使学生学会利用多媒体资源自主探究，独立解决问题，增强学生的探究意识和实践能力。

健美操教学长期以来形成了一套固有的模式，即教师讲解、示范→学生练习→教师观察、指导和纠正错误→学生反复练习、解决问题。在这个模式下，学生被动学习和练习，没有自主探究的意识，而采用多媒体教学手段导入主题，创设问题情境，能够激发学生自主探究和主动学习的兴趣。

（四）多媒体展示，规范动作

在健美操教学中要注重培养学生的学习兴趣，提升学生的运动能力。健美操教师要依据运动生理学、运动心理学、运动生物力学等相关学科基础而安排健美操练习强度，设计不同身体部位的健美操动作，使学生循序渐进掌握健美操基本动作和套路，全面锻炼身体各个关节、肌肉，达到全面促进身心健康的目标，这是健美操教学的重要目标之一。

在健美操教学中，教师先给学生示范健美操动作，但是因为观察视角的不同和示范面、示范点的变化，学生对健美操动作容易产生理解上的偏差，这样在练习中也容易出现错误，甚至会形成错误的动作习惯。要避免这一现象或解决这一问题，除了教师要多做正确的示范，多观察和指导外，还要学会借助多媒体教学手段来播放健美操视频，尤其是难度动作的视频，放慢速度反复播放，学生反复观看视频，边练习边看视频，以强化正确的动作概念，形成规范的动作习惯。同时也可以利用多媒体手段演示正确动作和错误动作，形成明显的对比反差，使学生对自己的问题有更清晰的认识，发现自己的动作和规范的动作有哪些不同，及时改正，加强动作表象，提高记忆能力，最终将动作完成得准确、熟练、规范、标准，提高动作技能。

健美操教师展示多媒体课件的过程中，要边播放边讲解，明确提出教学重难点和易出错的地方，提示细节动作，提醒动作之间衔接的连贯性和流畅性，使学生明白在练习中要特别注意哪些地方应该反复练习。对于表现好的学生，录制视频给全体学生播放，以鼓励学生继续努力，促进学生之间相互学习。也可以划分小组进行小组练习，录制小组视频，增强学生的团队意识和为集体荣誉争光的积极性。

第五节 健美操课程教学效果的评价

一、对学生学习效果的评价

（一）学习态度与情意表现评价

评价学习态度与情意表现是指根据一定的标准对学生在教学中思想、行动和个性等方面的变化进行评价。评价方法主要有自评、互评和他评，一般将不同评价方法结合起来运用，评价内容见表 5-1。

表 5-1 学习态度与情意表现评价[①]

	评价内容
学习态度	出勤情况 课堂表现 课后自主练习情况
情意表现	情绪调控能力 自信心和意志表现等

（二）理论知识掌握情况评价

理论知识评定的目的是通过考核以了解学生对健美操理论知识的掌握情况。评定方法主要有笔试和作业评定两种。

（三）技术掌握情况评价

技能掌握评价的主要内容包括动作的熟练与规范、力量与柔韧素质、节奏感与表现力等。

（四）其他内容评价

健美操教学中对学生评价的内容很多，在不同教学层面上有不同的评价内容。例如，教学起始状态的评定，主要分析学生学习健美操前的基础情况；运动技能的评定可以通过竞技健美操等级规定动作的考核

① 《健美操运动教程》编写组．健美操运动教程［M］．北京：北京体育大学出版社，2014：67.

进行评定，达到一定水平还可参加比赛；对体育院校学生还要进行裁判能力的评定。

二、对教师专业素质及教学效果的评价

（一）专业素质评价

健美操教师的专业素质主要包括师德、教学能力与科研能力。师德的评价内容主要包括教师的职业态度；教学能力的评价内容主要包括教师对健美操课程目标、内容的认识与理解，对教学方法的掌握与运用等；科研能力评价内容主要包括独立钻研课题，创作出有价值的科研论文等。

（二）课堂教学评价

课堂教学评价是对教师的教学过程与教学效果进行评价，目的不是简单地通过教学结果来评定教师的优劣，而是通过发展性评价来不断改进教学工作。对健美操教师教学质量的评价方法比较丰富，通常采用由一定指标体系构成的评分表进行评价。

第六章　高校健身健美操教学指南

健身健美操是典型的有氧健身运动，也是塑形健美的运动项目之一，它将体操、音乐、舞蹈融为一体，具有健、力、美的内涵与特征。大学生科学参与健身健美操运动，对增强体质、塑形美体、陶冶情操、提高审美素养具有重要意义。本章主要对健身健美操运动教学与练习进行研究，主要内容包括健身健美操基本知识教学、健身健美操基本动作教学以及健身健美操套路教学。

第一节　健身健美操基本知识教学

一、健身性健美操的概念

健身性健美操是健美操最基础的形式，是一种同时具备娱乐和健身功能的健美操形式，动作一般比较简单，适合大部分人群，因此也被称为“群众性健美操”。健身健美操的概念为：健身健美操是以身体锻炼为基本手段，跟随着音乐的伴奏进行的一种增进身体健康、愉悦身心的体育健身运动项目。

二、健身健美操的分类

健身健美操的分类主要可以归纳为徒手健美操、器械健美操和特殊场地健美操三种类型。

（一）徒手健美操

徒手健美操是最为常见的健美操类型，这类健身健美操基本没有对场地和器械方面的要求，具有简单易学、可操作性强、安全系数高等特点,受众范围广大。徒手健美操作为一种有氧运动,能够很好地锻炼人们的心肺能力和有氧代谢能力。现在,徒手健美操还演变出了很多不同的形式,比如有氧健美操、拉丁健美操、搏击健美操、健身街舞、有氧舞蹈等,多种形式的徒手健美操满足了人们的个性化需求。

(二)器械健美操

器械健美操是一种发展迅速、正在被越来越多人接受的健美操类型。这种健美操通过利用轻器械来完成,可以达到更为精准有效的肌肉锻炼效果,非常适合有增强力量需求的人。要锻炼上肢力量的人可以选择常见的哑铃健美操,锻炼下肢力量的人则可以选择踏板健美操。器械健美操迎合了现代健身理念中"增肌"的概念,所以能够在众多形式的健美操中脱颖而出。

(三)特殊场地健美操

特殊场地健美操是一种新流行起来的健身健美操类型,其最大的特点就是运动环境特殊,比较常见的是水中健美操,就是在水环境中进行的,不同于在陆地环境进行的健美操。目前,水中健美操在国外比较流行,多用于肥胖人群减肥和运动不便人群的康复训练中。特殊场地健美操因为场地受限的原因,短时间内大范围流行起来的可能性较小。

健身健美操的分类
- 徒手健美操
- 器械健美操
- 特殊场地健美操

图 6-1　健身健美操的分类

三、健身健美操的特点

现代健身健美操运动在长期的发展与演进中形成了自身的独特性,下面简单分析健身健美操的几个基本特点。

(一)广泛的适用性

健身健美操是健身美体的重要运动项目之一,它与现代人追求身心健康和追求美的需要是相符的。健身健美操音乐风格激昂,振奋人心,在音乐伴奏下进行健身健美操锻炼,能够疏通筋骨,愉悦身心,体验欢快奔放的热烈情感。此外,健身健美操对场地没有太高的要求,负荷强度可大可小,有专门针对不同年龄群体和职业群体创编的健身健美操套路,练习形式多样,因而以其广泛的适用性受到了大众的青睐。

(二)时代感和律动性

健身健美操运动作为一项时尚流行的健身健美运动,是体操、舞蹈和音乐的有机统一体,特色非常鲜明。健身健美操创编者在创编过程中多将时代感强的时尚体操、现代舞蹈、现代音乐(摇滚、爵士等)作为素材,具有十足的律动性和强烈的时代感。

(三)艺术性

健身健美操追求“健”与“美”,同时属于“健身体育”和“健美体育”的范畴。从健美体育的角度来看,健身健美操作为代表项目之一具有鲜明的艺术性。人们参与健身健美操运动,不但能够强身健体,而且能陶冶情操,提升艺术修养和审美素养。

(四)实效性

健身健美操是典型的健身健美运动,健身健美操动作的编排是以多学科理论为基础的,包括人体解剖学、运动生理学、运动心理学以及体育美学等,基于多学科理论而创编的健身健美操动作具有一定的弹性和力度,参与者要在不断的走、跑、跳等活动中完成健美操动作,从而能够促进肌肉力量的增强、身体协调能力的提升,也能消除脂肪,塑造健美形体。这些都反映了健身健美操运动具有健身美体的实效性。

四、健身健美操的作用

(一)塑造健美体形

长期坚持参加健身健美操运动,有利于正确身体姿态习惯的养成,能够提升肌肉的弹性,拥有矫健的体态,使体形更加匀称,肢体更加协调,在身体练习中动作更加优美,总体上使身体各部位向健美的方向变化发展。

进行健身健美操锻炼时,身体姿态要标准,要满足挺拔、端庄的基本要求，而且要表现出饱满的情绪和愉悦的精神状态，使内外整体协调统一，优美和谐，同时塑造内在美和外形美，培养高雅气质。

（二）提升身体协调性和节奏感

健身健美操运动本身就具有鲜明的节奏感和高度的协调性，因此对参与者的节奏感、身体协调性要求很高。

健身健美操套路练习中，手臂和步伐动作复杂多变，各种新颖的变化是通过对动作方位、动作路线、动作幅度、动作节奏以及动作频率等因素做出调整而实现的，参与者在完成变化多端的各种健美操动作的过程中，身体协调性能够得到有效提高，而良好的身体协调性又能够为更好地完成健身健美操套路奠定基础。

健身健美操的音乐节奏和其他音乐节奏相比，其独特性在于对健美操的动作节奏、动作速度以及动作力度有控制作用，甚至对运动负荷也有直接影响，节奏感好的人才能真正跟着音乐跳操，将身体动作与音乐完全融合在一起，所以说参与健身健美操运动能够培养人的节奏感。

（三）培养自信心

健身健美操运动是具有艺术性的健身健美运动项目，长期坚持参与健美操运动，能够塑造形体美、心理美、精神美，提高审美情趣，使体力更充沛、精力更旺盛、身心发展更协调，从而调动生活、学习和工作的热情，主动展现自我，提高学习和工作效率，提升生活质量，提升对自身的满意度，由内而外地散发自信。

（四）培养创新能力

健身健美操运动的发展离不开创新，健美操创编者要具备良好的创新素养，在健身健美操动作设计、音乐选编等方面都要勇于探索，敢于创新，大胆突破，推陈出新，创造出更新更好的作品。健美操参与者作为业余创编主体，同样要具备这方面的能力。

参与健美操运动的过程也是不断思考和思维创新的过程，只有主动思考，大胆想象，敢于突破传统套路模式，发挥能动性和创造性，才能在健身健美操运动实践中充分展示人体美，展示自信，实现自我价值，满足更高层次的需求。

第二节　健身健美操基本动作教学

一、健身健美操基本动作方法教学指导

（一）基本手型

在健身健美操运动中，手型的变化具有重要的作用和意义，能够使手臂动作更加丰富多彩，生动活泼，表现出美感；也有助于加强动作的力量性。健美操常见手型动作教学指导如下。

1. 掌

（1）并掌

大拇指指关节弯曲内扣，其余四指并拢伸直。手腕伸直，使手臂成一条直线。指关节与掌指关节适度紧张（图 6-2 ①）。

（2）开掌

五指用力分开，并伸直（图 6-2 ②）。

（3）立掌

手腕向上直立，五指并拢伸直（图 6-2 ③）。

（4）花掌

五指用力，小指、无名指内收，中指、食指开掌，大拇指外张（图 6-2 ④）。

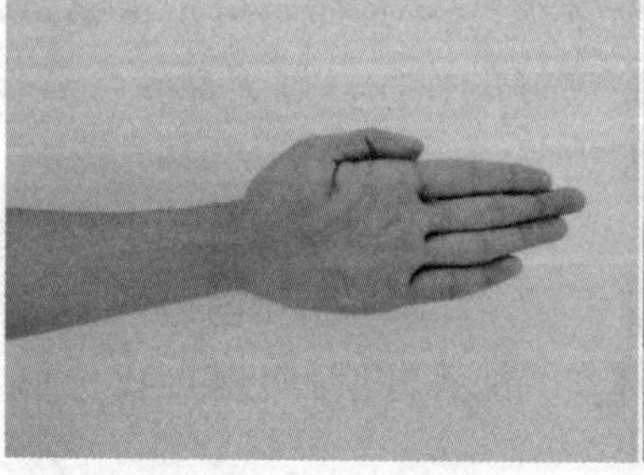

①

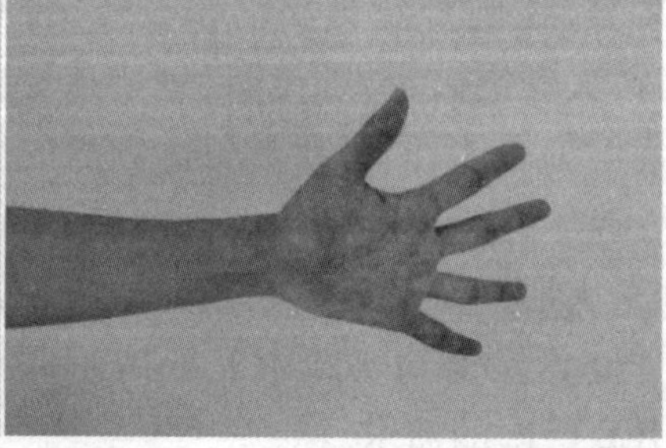

②

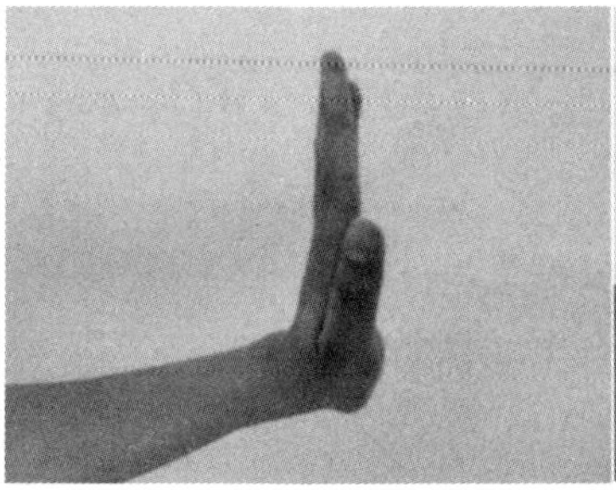

③

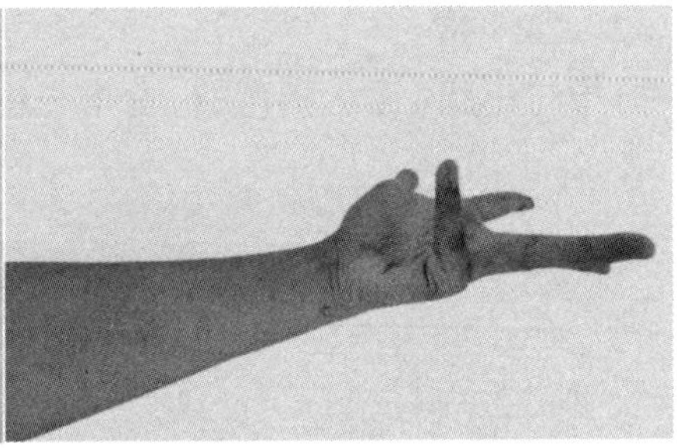

④

图 6-2　掌

2. 拳

拇指握住四指，中间无空隙（图 6-3）。

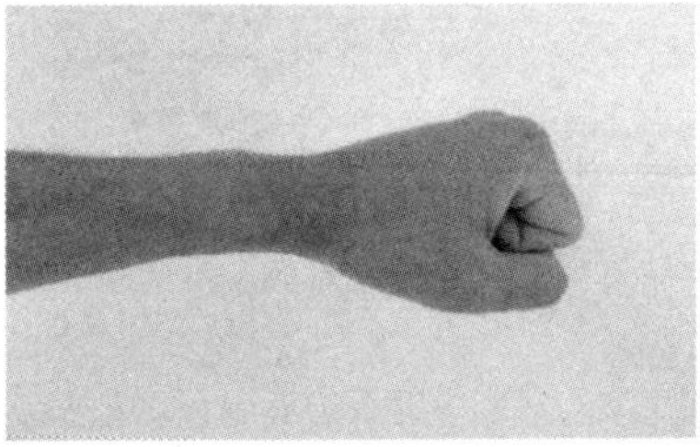

图 6-3　拳

3. 其他手型

除了掌和拳，还有以下常用的手型。

（1）剑指

食指和中指并拢伸直，拇指、无名指小指内收（图 6-4）。

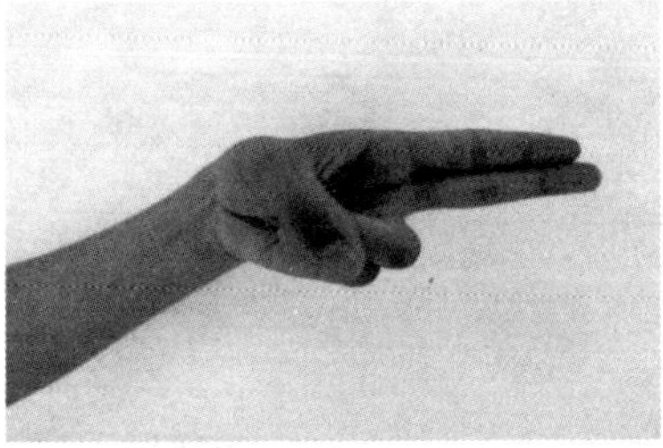

图 6-4　剑指

（2）“V”指

拇指与小指、无名指弯曲，食指与中指伸直并尽力分开（图 6-5）。

图 6-5 “V”指

（3）响指

无名指与小指屈握，拇指与中指、食指摩擦后，中指击打大鱼际处产生响声（图 6-6）。

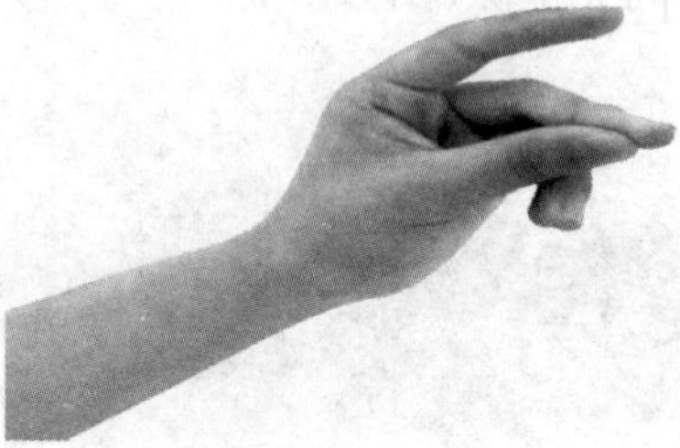

图 6-6 响指

（4）舞蹈手型

女舞蹈手型：拇指略微内扣，中指下压，其余三指自然分开，成兰花手型。

男舞蹈手型：拇指略微张开，其余四指自然伸直。

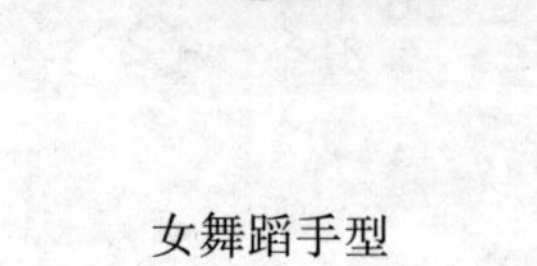

女舞蹈手型

男舞蹈手型

图 6-7 舞蹈手型

（二）头颈部动作

1. 屈

头部向前、后、左、右 4 个方向分别做颈部关节弯曲的运动，包括前屈、后屈、左侧屈、右侧屈（图 6-8）。练习时身体正直，动作缓慢，充分伸展颈部肌肉。

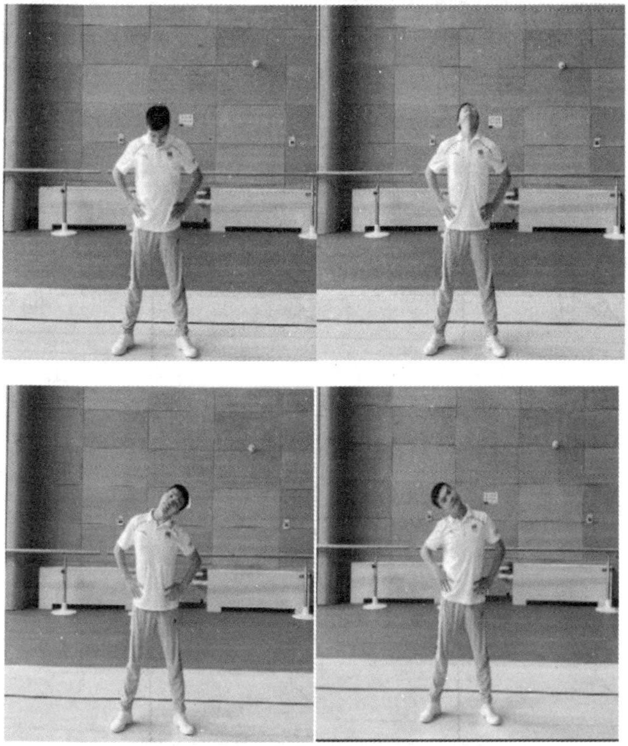

6-8　屈

2. 转

头正直，头颈部沿身体垂直轴向左、右转动 90°。要求下颌平稳地左右转动。动作包括左转、右转（图 6-9）。

图 6-9　转

3. 环绕

头正直,头颈部沿身体垂直轴向左或右转动 360°,包括左环绕和右环绕(图 6-10)。要求头部匀速缓慢转动,动作要到位,向后转时头要后仰。

图 6-10　环绕

(三)肩部动作

1. 提肩

两脚开立,身体正直,肩部沿身体垂直轴向上提起。动作包括单提肩、双提肩(图 6-11)。要求肩部尽可能向上提起,身体不能摆动。

图 6–11　提肩

2. 沉肩

两脚开立，身体正直，肩部沿身体垂直轴向下沉落（图 6–12）。注意身体不能摆动，头尽量向上伸展。

图 6–12　沉肩

3. 绕肩

两脚开立，身体正直，肩部沿身体前、后、上、下四个方向绕动。动作变化包括单肩环绕、双肩环绕（图 6–13）。绕肩时身体不要摆动，动作尽量舒展。

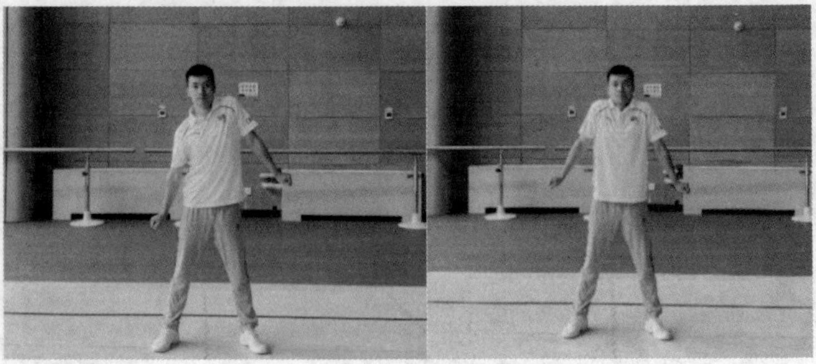

图 6-13　绕肩

（四）上肢动作

1. 举

手臂以肩关节为中心而活动，包括前平举、斜下举、侧平举、上举等形式（图 6-14）。注意动作到位，有力度。

图 6-14　举

2. 屈

肘关节由弯曲到伸直或由伸直到弯曲的动作。动作变化有胸前平屈、肩平屈、上屈、下屈、垂直屈、头后屈（抱头）等（图 6–15）。注意关节屈伸要有弹性。

图 6–15　上肢屈

3. 绕、绕环

两臂或单臂以肩为轴做弧线运动。动作变化主要有两臂或单臂向内、外、前、后绕或环绕等（图 6–16）。注意路线清晰，起始和结束动作位置明确。

图 6-16 绕、环绕

（五）躯干动作

1. 胸部动作

（1）含胸、挺胸

含胸时，低头收腹，收肩，形成背弓，呼气；挺胸时，抬头挺胸，展肩，吸气。动作变化包括手臂胸前平屈含胸、手臂侧平举展胸。注意含胸时身体放松，但不松懈；挺胸时身体紧张但不僵硬（图 6-17）。

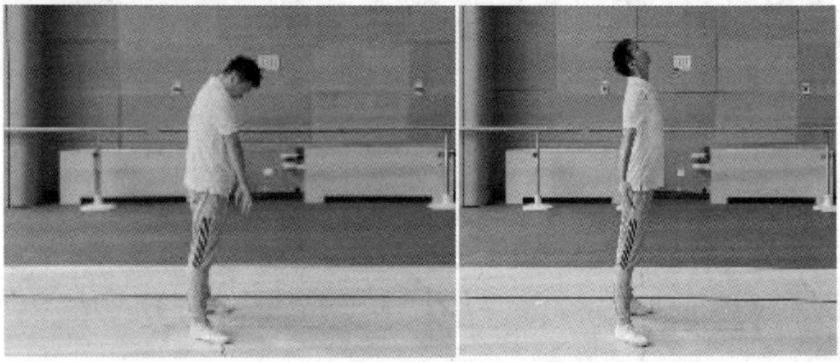

图 6-17 含胸、挺胸

（2）移胸

髋部位置固定，腰腹带动胸部左右移动；动作幅度尽量大。

2. 腰部动作

（1）屈

腰部向前或向侧做拉伸运动。动作变化有前屈、后屈、侧屈三种形式。要求充分伸展，运动速度适中（图 6-18）。

图 6-18　腰屈

（2）转

腰部带动身体沿垂直轴左右转动。身体保持适度紧张，转动要灵活（图 6-19）。

图 6-19　腰转

（3）绕和环绕

腰部做弧线或圆周运动。动作变化有与手臂动作相结合进行腰部绕和环绕。注意路线清晰、动作圆滑。

3. 髋部动作

（1）顶髋

两腿开立，一腿支撑并伸直、另一腿屈膝内扣，双手叉腰，上体正直，用力顶髋。动作变化有左顶髋、右顶髋、前顶髋、后顶髋。注意动作用力且有节奏感（图 6–20）。

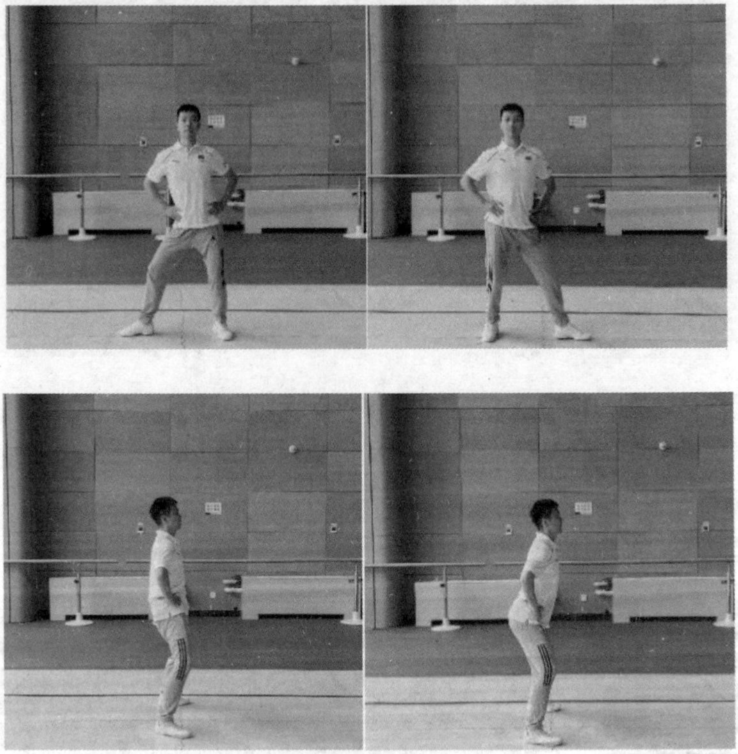

图 6–20　顶髋

（2）提髋

髋向上提。动作变化包括左提、右提。注意髋与腿部协调向上活动。

（3）绕和环绕

髋做弧线或圆周运动。动作变化包括左、右方向绕和环绕动作。注意运动轨迹要圆滑（图 6–21）。

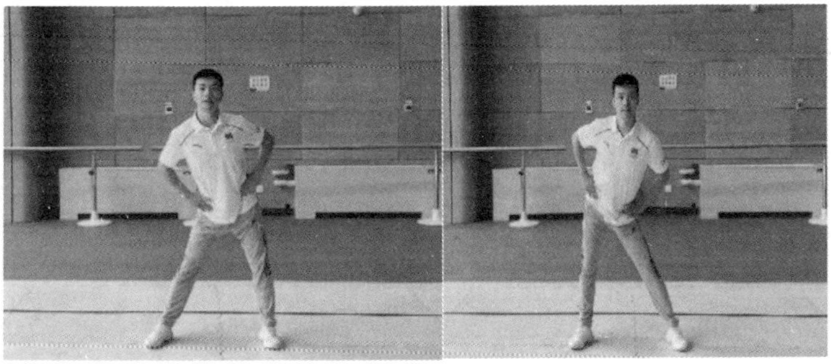

图 6-21　髋环绕

（六）下肢动作

1. 立

（1）直立、开立

直立时，身体正直，两腿并拢，两脚脚跟相抵，双手叉腰，挺胸抬头。开立时，在此基础上两腿打开，脚间距约同肩宽（图 6-22）。

图 6-22　直立与开立

（2）点立

先直立，一侧腿伸出做点立或双腿提起做提踵立。动作变化包括侧点立、前点立、后点立、提踵立。注意动作要舒展。

2. 弓步

先直立，然后一腿大步迈出，做屈的动作。图 6-23 所示的是左侧弓步和侧面左弓步。

图 6-23　弓步

3. 踢

两腿交替踢腿。动作变化有前踢、侧踢、后踢(图 6-24)。注意动作干净利落。

图 6-24　踢

4. 弹

双腿进行弹动动作。动作变化有正弹腿、侧弹腿,图 6-25 所示的是直腿正弹踢,注意动作要有弹性。

5. 跳

双手叉腰,身体直立,做各种姿势的跳。动作变化有并腿跳、开并腿跳、吸腿跳等多种形式。图 6-26 所示的是吸腿跳的动作。注意动作要有力度和弹性。

图 6-25　直腿正弹踢

图 6-26　吸腿跳

二、健身健美操基本动作练习要点

（一）手型练习

拳、掌是健身健美操的基本手型，此外还包括剑指、“V” 指、响指等其他手型，如果缺乏专门的手型训练，就会导致基础不扎实，做成套动作时手的动作不规范，如并掌时虎口大开、握拳时大拇指不由得伸出来等，从而影响动作的准确性和美感，因此手型训练很重要。

健身健美操手型练习一般安排在准备活动之后，教师先讲解示范，然后学生听口令进行练习。可采用简化口令：拳—并（掌）—开（掌）—花（掌）—剑（指）—响（指）……口令速度逐渐加快，或者将顺序打乱，学生可以原地练习各种手型，也可以在移动中练习，反复训练，熟练掌握各种规范的手型动作。

（二）手臂动作练习

手臂动作训练安排在手型训练之后，熟练各种手型是学习手臂动作的基础。手臂训练很重要，缺乏训练则往往很难一气呵成地完成手臂动作，或者做手臂动作时因为控制力较弱而做不规范。

手臂动作训练同样可以采用口令练习法。学生自然站立，听口令练习，如按“侧下—水平—侧上—上举” 的口令顺序练习，训练时播放音乐伴奏，增加手臂动作的节奏感。

在手臂动作训练中，可以伴随基本手型的各种变化，熟练后也可以结合步伐动作进行训练，如踏步中听口令完成手臂动作，行进中听口令练习等，这样也能巩固手型动作，增加练习的趣味性。

（三）基本步伐练习

健美操基本步伐是健身健美操基本动作训练的重点内容之一，通过这方面的训练，能够促进学生节奏感的提升和身体协调性的增强。按照人体活动时对地面的冲击力的大小，可以将健身健美操基本步伐分为下列三种类型，不同类型的步伐有不同的训练要求。

1. 无冲击步伐练习

完成动作时两脚触地的动作即为无冲击步伐，这类基本步伐动作相对简单，经过教师示范后，学生基本可以掌握。关键是要多练习踝关节的弹动动作。可以不专门训练此类动作，当结合音乐练习时将此作为找点动作或在替换动作过程中将此作为过渡动作，都能达到练习效果。

2. 低冲击步伐练习

一脚着地，一脚离地的动作为低冲击步伐。一般采用叠加法进行训练，每次课专门训练一类低冲击步伐动作，逐个安排，但新的一节课开始要先复习前一节课练习的步伐，然后学新的步伐。

3. 高冲击步伐练习

做动作时两脚都离地的动作就是高冲击步伐，简称跳类动作。在掌握低冲击步伐动作的基础上，同样可以采用叠加练习的方法来进行专门的训练，达到巩固提高的效果。

（四）选择有效练习方法

在健身健美操基本动作训练中，要根据不同训练内容和训练对象的特点灵活选择与它们相适应的训练方法。下面主要分析健身健美操基本动作训练的三种有效方法。

1. 单个动作重复训练法

学生反复多次练习各类单个动作，强化本体感受和正确动力定型，熟练掌握动作的规格，达到标准化要求。但要注意不能像机器一样简单重复练习，而要边练习边思考要注意什么，哪些地方容易出错，如何避免出错，如何在重复练习中增添趣味等问题。

2. 组合动作循环训练法

学生将一定数量的单个动作组合起来，或将成套动作中的组合动作连接起来，然后重复练习一定数量的组合动作。这种练习方法要求以较快的节奏完成训练，所以比较难。采用这种训练方法时，要根据具体情况来确定组合的数量和循环练习的次数，通过训练促进速度素质的提升、节奏感的增强以及对动作控制力的改善。

3. 组合动作间歇训练法

在组合动作训练中，组与组之间有间歇时间，经过缓冲与休息，心率恢复到一定水平后再开始进行下一组练习，这就是间歇训练法。每次间歇后，下一组的练习内容要比上一组的多，在新的一组练习中，可以添加单个动作，也可以添加组合动作，遵循衡量递增的原则即可。练习强度也可以逐渐递增，直至达到成套动作的强度。

学生采用这种训练法时，随着训练时间、训练组数的增加，不仅能够强化动作的本体感觉，快速形成正确的动力定型，而且能够促进心脏机能的提升，促进抗疲劳能力的增强。

（五）与套路结合进行练习

进行健身健美操基本动作训练，最终是为了高质量完成成套动作，提升成套动作水平。在高校健身健美操比赛中，裁判员评分和排名是以成套动作的完成质量为评判标准的，而学生对各类基本动作的掌握情况直接影响成套动作的质量，因此说健身健美操基本动作训练是提升成套动作质量的基础环节，而且在基本动作训练中必须与成套动作相结合，从而使各类基本动作更好地为完成套路动作而服务。

要将基本动作与套路结合起来进行训练，就要将动作衔接规律掌握好，按照此规律进行基本动作与套路动作的连接练习。健美操成套动作中的若干基本动作是按照动作顺劲的要求连贯衔接的，掌握动作衔接规律便于对成套动作的理解与记忆，从而保证成套动作更加自然、连贯、流畅。

基于动作衔接规律的训练方法，以主要的基本动作为主体，把各类动作与动作的衔接归纳成序，然后根据套路内容选择适当的基本或组合动作进行衔接性练习。常见形式有三种，即动作 A—动作 B；动作 B—动作 C；动作 A—动作 B—动作 C（A、B、C 是基本动作或组合动作）。

第三节 健身健美操套路教学

一、健身健美操套路动作教学示例

（一）组合一（4×8拍）

1. 第一个八拍

1 右脚向前后踢腿跑，两臂侧平向上屈臂（握拳）。

2 左脚向前后踢腿跑，两臂头顶击掌。

3–4、5–6、7–8 同 1–2。

2. 第二个八拍

1–2 右脚向右侧并步，重心侧移至右脚，左臂伸直贴紧左腿外侧（并掌），右臂屈臂（握拳）由胸前绕至斜上举（花掌）。

3–4 动作同 1–2，方向相反。

5 右脚向前后踢腿跑，两臂头顶击掌。

6 左脚向前后踢腿跑，两臂头顶击掌。

7–8 同 5–6。

3. 第三个八拍

1 右腿前弹踢跳，双手叉腰。

2 右腿右侧弹踢跳，双手叉腰。

3 左腿在前弓步跳，双手叉腰。

4 并腿跳，双手叉腰。

5–6 左腿向前迈步顶髋，重心前移，右腿拖地向前并腿，双臂直臂由下往上环绕一周（并掌）。

7 右腿向后迈步，重心后移，双臂由胸前侧平屈（响指）。

8 左腿拖地向后并腿，双臂向前伸直（响指）。

4. 第四个八拍

1–3 右腿向右迈腿，左腿向右后交叉，右腿向右迈腿，左手叉腰，右臂直臂由前平举向右摆动至侧平举。

4 左腿向右迈腿成并步站立，两臂右上方击掌。

5–8 同 1–4，动作相同，方向相反。

（二）组合二（4×8 拍）

1. 第一个八拍

1–3 左脚向前跑跳步，手臂自然前后摆动。

4 吸右腿，两臂向上举，手心朝下。

5 右脚向右一步，同时两臂侧下举。

6 左脚向右后方一步，屈膝，两臂屈肘由内向外绕环，打响指，低头。

7 抬头。

8 保持不动。

2. 第二个八拍

1 左脚向左一步，两臂向上举。

2 右脚向左后方一步，与左脚交叉，两臂落下，手心向外。

3 与 1 拍相同。

4 右脚收回，脚尖点地，两臂落下，手心向外。

5 右脚右后退步，左脚尖侧点地，右肩经前向后绕环。

6 左脚向右脚并拢，左脚尖点地。

7 左脚后退步，右脚尖侧点地，左臂经前向后绕环。

8 右脚向左脚并拢，右脚尖点地，左臂绕到身体左侧。

3. 第三个八拍

1 右脚退步，两臂置于体侧。

2 左脚退步；胸前击掌。

3 右脚退步，双手握住向上举。

4 左脚退步，两臂下落。

5–6 右脚向左漫步，左腿屈膝后踢，右臂屈肘置于腹前，左臂屈肘置于腰后。

7–8 右脚向右侧弓步，右臂在体侧上举，左臂在体侧下举。

4. 第四个八拍

1–2 左脚向右漫步，右腿屈膝向后踢，双臂屈肘，手指触肩，经前向后绕环。

3–4 左脚向后漫步，双臂经前向后绕环。

5 左脚向左一步，左臂前平举立掌，右手叉腰。

6 上体左转 180° ；手臂经体前至侧平举。

7–8 左腿直立，右腿屈膝侧点地，两臂交叉于胸前。

（三）组合三（4×8 拍）

1. 第一个八拍

1–2 右脚向右迈步，两臂在体侧平举。

3 左脚在右脚前方点地，右臂平屈于胸前，左臂侧后举。

4 左腿后摆点地，左臂平屈位于胸前，右臂后下举。

5 180° 转体成左弓步，右手握拳向前伸出，左臂握拳放于腰间。

6 右腿向前弹踢腿，左拳前冲，右臂收回，右拳抱腰。

7 右脚退步。

8 左脚退步，两腿交叉屈膝，左臂经内向外绕环至下举。

2. 第二个八拍

1–2 向左恰恰步，右臂平屈放在胸前，左臂侧后举。

3–4 动作同 1–2，方向相反。

5–6 左脚向左迈步成左弓步，两臂经上举至体侧平举。

7–8 左脚收回，右手敬礼。

3. 第三个八拍

1–2 吸右腿，两臂屈肘放在胸前。

3–4 向左转身吸左腿，两臂侧平举。

5–6 右脚向前迈步，右臂体前上屈，拳朝上。

7 左腿向前上方踢，两臂落于体侧。

8 左腿收回，两脚开立。

4. 第四个八拍

1–2 右臂经体侧上举，开掌。

3-4 右臂下举。

5-6 上体左转，右手向左击掌。

7-8 右手握拳，左臂侧下举。

（四）组合四（4×8 拍）

1. 第一个八拍

1-2 左脚向左平转一周。

3-4 右脚侧点地，向左转体 90°，右臂平屈于胸前。

5-6 面向左侧，左腿微屈膝，右脚向后平伸，左臂向前平举，右臂后举，保持俯身平衡姿势。

7-8 右腿收回屈膝，右脚点地，两臂落在体前。

2. 第二个八拍

1-2 右手上举，右脚向右一步，左脚向右脚并拢，同时身体转动 180°，两腿屈膝，左脚点地，两臂由右到左依次绕成下举。

3 1 位手型，左腿迈向斜前方。

4-6 小猫跳，手臂经 1 位手至 3 位手。

7-8 右膝跪地，两臂经上向后绕到体前，手指着地，上体经抬头挺胸至低头含胸。

3. 第三个八拍

1-2 右膝跪地，左脚侧点地，左臂向上举，右臂在体侧平举。

3-4 左腿收回跪地，身体前屈，两肘弯曲撑地，低头。

5-6 身体向左翻转 180°，两腿依次打开，两手向左依次撑地。

7-8 左腿屈膝，左臀坐地，右腿屈膝点地，左臂屈肘撑地，右臂伸直置于右膝上。

4. 第四个八拍

1-2 右腿向左侧踢腿，左臂屈肘撑地，右臂在体前用手掌撑地。

3-4 直腿坐，双手在身体两侧稍偏后撑地。

5-6 身体向后转成左弓步，右臂伸直用手撑地。

7-8 还原为基本站立姿势。

(五)组合五(4×8 拍)

1. 第一个八拍

1–2 右脚向右一步,两腿屈膝,双手握拳,双臂平屈于胸前,屈肘2 次。

3 手掌平伸,左脚向左一步。

4 两臂高举在头顶击掌。

5 右脚向左前一步与左腿交叉。

6 转体一周。

7 右腿向右成右弓步,右臂侧平举。

8 右臂收回在肩上侧屈。

2. 第二个八拍

1–2 左脚向右漫步,右臂屈肘置于头后,左臂在腹前屈肘。

3 左脚退步,右脚向后踢,双臂平屈位于胸前。

4 右脚落地,左脚向后踢,双臂向外绕到体侧。

5 左脚向前迈步,两臂在体侧平举。

6 右脚向左脚并拢,两腿屈膝,手臂体前交叉。

7–8 屈腿跳,左臂在左侧平举,右臂向上举。

3. 第三个八拍

1–2 左腿向左迈步,两腿屈膝,双臂屈肘位于胸前,屈肘 2 次。

3 右脚向右迈步,同时身体转 180° ,两臂落于体侧。

4 左脚向右脚并拢,脚尖点地,两臂胸前平屈交叉。

5–6 两脚交替滚动步(右脚开始)。

7–8 左脚向前迈步,双手侧下举。

4. 第四个八拍

1–3 右脚向右后方退 3 步,右臂上举经体前绕至体侧。

4 左脚向右脚并拢,脚尖点地。

5 左腿向左迈步,身体左转,左臂在体前压掌。

6 左臂绕到体侧。

7 右臂向上举。

8 两腿屈膝，右腿向前，左腿向左，左臂落在体侧，右臂平屈于胸前。

（六）组合六（4×8 拍）

1. 第一个八拍

1 左脚向左迈步，左臂向上举。
2 右脚并向左脚，左手侧下举打响指。
3 同 1。
4 同 2。
5-6 向左前吸右腿。
7 右脚退步。
哒 左脚退步。
8 右脚向前成右弓步。

2. 第二个八拍

1 左脚向前迈步，右脚向左脚并拢，脚尖点地，双臂体侧上屈，手指触肩。

2 动作同 1，方向相反。

3 左脚向前迈步，右脚向左脚并拢，脚尖点地，两臂经上举至前举，手心向前。

4 右脚向前迈步，左脚向右脚并拢，脚尖点地，两臂落于体侧。

5-8 向左小马跳转体一周，左臂和右臂分别侧下举和侧上举。

3. 第三个八拍

1-2 左脚向左迈步，双臂从侧平举经体前交叉向上高举。
3-4 左脚向右后方退步，双手胸前平屈交叉，头向右偏。
5-6 右腿向右迈步，双臂从侧平举经上绕至体前交叉。
7-8 右脚向左后方退步，左臂侧平举，右臂上举。

4. 第四个八拍

1 右腿收回，两臂屈肘握拳交叉于胸前。
2 吸左腿，两臂侧下举。
3-4 动作同 1-2，方向相反。
5 两腿成交叉步（右腿在前），两臂在体侧平举。

6 向左转体一周，两臂落在体侧。

7-8 两脚起跳，落地后开立，向右顶髋，右手叉腰，左臂上举。

二、健身健美操套路练习方法

（一）分解练习

在健身健美操套路训练中，学生先进行分解动作练习，要求保持正确的身体姿态而准确完成每个分解动作，熟悉每个分解动作的动作方法，动作要娴熟、流畅，没有明显停顿。在分解练习中，反复练习不熟练或有难度的基本动作或组合动作，直至完全熟练，能够准确、流畅地完成，从而为表演健身健美操成套动作打好基础。

（二）完整练习

完整动作练习就是在音乐伴奏下完整练习一整套操，生动展现成套动作，在练习过程中注意肢体动作的弹动，要有意识地控制动作，将音乐与动作完全融合，提高表现力，完美呈现不同力度、幅度和速度的动作以及优美的造型、姿态。

（三）合作练习

将健美操成套动作熟练掌握后，学生可以与同伴自由组合进行小组合作练习，在合作中共同商讨对新队形、新动作的创新设计，思考能够将哪些新元素融入成套动作中，小组成员相互交流，积极参与讨论，发挥思维力和想象力，并共同解决练习难题，这有助于培养学生的合作能力、思考能力和交往能力，同时能强化学生分析和解决问题的能力。

在小组合作探究练习结束后，教师引导各小组相互点评，从而更好地提升学生练习的积极性和表演的自信心。

第七章 高校竞技健美操教学指南

竞技健美操运动是一项竞技体育运动，其以竞赛为目的，深受人们喜爱。竞技健美操运动和健身健美操都是高校健美操课程教学的重要内容，这类健美操热情、奔放，音乐伴奏充满激情，既能培养学生的外在美，又能提升学生的内在美，将其引进高校健美操课程中对培养大学生的健康体质、竞争精神、健美操技能、艺术审美能力具有重要意义，是现代教育理念下推动学生全面发展的重要教学内容。本章主要研究高校竞技健美操教学实践，包括竞技健美操基本知识教学与基本动作、成套动作以及表现力的教学与训练方法。

第一节 竞技健美操基本知识教学

一、竞技健美操的概念

竞技健美操起源于传统的有氧运动，是一项在音乐伴奏下以连续展示丰富多样的操化动作为基础的竞技运动。竞技健美操中的成套动作需展示高规格的操化动作、过渡连接动作、同伴协作和技术动作（难度、技巧）。

二、竞技健美操的项目特征

真、善、美是竞技健美操运动所追求的价值与崇尚的理念，竞技健美操运动的项目特征表现在以下几方面。

（一）“健”与“力”

最能体现竞技健美操项目特征的是“健”与“力”，“健”指的是竞技健美操运动员有健硕的身躯、健美的体态以及匀称的体型。“力”指的是竞技健美操运动员的体能尤其是力量素质强。

（二）“美”

竞技健美操成套动作充分展现了“美”的特征，竞技健美操的“美”是很多因素相互配合的结果，包括运动员的身体姿态、面部表情、技术水平及其动作与音乐节奏的配合等。

具体来说，竞技健美操之“美”体现在下面两个方面。

1. 成套动作的“美”

健美操成套动作具有高度的艺术性特征，艺术风格鲜明，因此动作本身就充满“美”的元素，在竞赛规则的引导下成套动作之美被展现得淋漓尽致，这说明竞技健美操创编者在编排成套动作时赋予了其艺术内涵，编排本身也具有了艺术层面的意义。

2. 动作完成的“美”

竞技健美操运动员完成具有艺术性的竞技健美操成套动作时，不管是身体姿态、动作速度、动作力度还是动作与音乐节奏的配合，都把握得非常准确、恰到好处，成套动作的整个完成过程非常优美。

竞技健美操成套动作的“美”侧重于艺术层面的美，动作完成的“美”侧重于技术层面的美，因此说竞技健美操的“美”是“艺术美”与“技术美”的结合，竞技健美操运动员只有同时提高自己的艺术水平和技术质量，才能在比赛中增加获胜的概率。

（三）“难”

竞技健美操成套动作中过渡动作、难度动作等有一定的难度，运动员在完成这些动作时体现出竞技健美操的“美”，这是观众和裁判都很期待的结果，所以运动员要不断提高自己的技术水平和表现力，准确而优美地完成难度动作，这样才不会辜负观众的审美期待。

具体来说，成套动作的“难”主要体现在以下三个方面。

1. 动作设计“难”

为了提升竞技健美操成套动作的竞赛价值，竞技健美操创编者要根据竞赛规则来设计与编排成套动作，要在规则范围内科学设计并不断创造新的过渡动作，以及根据每个周期的规则变化设计出新的难度连接，从而达到观众的审美期待，适应竞技健美操竞争越来越激烈的发展趋势。创编者应该从运动员的基本素质、专项能力出发设计难度动作。在集体项目的难度动作编排中，要对运动员之间的个体差异予以考虑，根据不同运动员的运动水平和身体素质来安排特殊的难度较大的表演性动作，使每个运动员都能发挥自己的特长，展现自己的优势与水平，相互协同配合来高质量地完成既有艺术性又有技术性的成套动作。

2. 动作完成“难”

竞技健美操成套动作得分包含完成、艺术以及难度分，其中完成分对整套动作的每一处细节都有着高质量要求，这就对运动员的能力以及做动作时的姿态控制意识提出了很高要求，因此，教练员与运动员对竞技健美操成套动作的理解与要求以及教与学的水平高低决定了成套动作完成质量，每一个高质量动作的完成，都需要竞技健美操教练员对运动员动作质量的严格把关，以及运动员对动作完美完成的自我要求，这个历练过程是漫长而艰辛的。此外，成套动作本身具有较高的复杂性与多样性，并且竞赛规则要求运动员在完成成套动作的过程中将难度动作与操化动作、过渡动作与同伴协作的连接关系处理好，使难度动作与这些部分的连接更自然、流畅，这样才可以使成套动作整体看起来更有艺术魅力和审美价值。

3. 动作创新“难”

竞技健美操运动是难美项群运动项目，这类体育运动要想持续发展，必然离不开创新，只有不断创造新的动作或对已有动作进行创新性的改变与调整，才能为项目本身的发展注入新鲜的血液，使项目发展更有生命力，体现出勃勃生机。但是创新不是轻而易举的事，要在竞争激烈的竞技健美操比赛中出类拔萃，必须将整套动作的主题、智慧与特色风格发挥出来，创新不仅是针对操化与过渡连接等具体动作，还要针对整个成套动作的音乐风格进行编排创新，在编排中融入新鲜的元素，彰显成套动作的独特艺术风格。

（四）“新”

竞技健美操的“新”指的是创新，主要从下面两个方面体现出来。

1. 动作编排之新

健美操成套动作的艺术观赏价值是由编排风格所决定的，在编排中要创新性地整合丰富的美学元素，并将其融入动作中，从而使成套动作别具一格。

2. 协作配合之新

集体项目的完整质量直接受团队配合的影响，因此在集体项目动作编排与完成中要合理变化队形，给观众带来新的视觉体验。

三、竞技健美操的分类

竞技健美操是以竞赛、取胜为主要目的，下面主要从竞赛的角度对竞技健美操进行分类。

（一）按比赛规模分类

按照比赛规模，竞技健美操比赛主要有下面两种类型。

1. 国际比赛

目前，健美操专项比赛包括世界健美操锦标赛、健美操世界杯系列赛等，综合性比赛包括世界运动会、世界大学生运动会等，这些都是国际上规模较大的竞技健美操比赛。

2. 国内比赛

全国健美操联赛、锦标赛、冠军赛、中国大学生健美操及艺术体操锦标赛、中国学生（青年）运动会等是目前我国规模较大的竞技性健美操比赛。

（二）按比赛项目分类

国际体操联合协会的健美操比赛项目包括竞技健美操项目和有氧项目，竞技健美操项目包括：男子单人操（IM）、女子单人操（IW）、混合双人操（MP）、三人操（TR）和五人操（GR）（不分性别）。有氧项目包括有氧舞蹈（AD）和有氧踏板（AS）。

（三）按参赛者年龄分类

按照参赛者的年龄，竞技健美操比赛有成年组、青年组、少年组、预备组四个组别。满 18 周岁的运动员可以参加成年组竞技健美操比赛。

第二节　竞技健美操基本动作教学

一、基本姿态

标准的基本姿态是高质量地完成竞技健美操专项动作的基本条件，高校学生要掌握标准的基本姿态，须经过长期训练。比赛中，优美标准的身体姿态不仅是评分因素之一，直接影响着比赛的运动成绩，而且也可以给裁判员留下美好的印象。因此，要对基本姿态的训练给予足够的重视。基本姿态方面，规则要求躯干、后背、骨盆稳定、腹肌收缩。全部动作必须表现正确的身体姿态，没有关节的过分伸展。

（一）站立姿态

竞技健美操站立姿态要正直挺拔，抬头挺胸，沉肩夹背，大腿、腹部、臀部内收，表现出气宇轩昂、富有朝气的良好气质和形态。站立姿态训练中，要通过直观教学，使学生对站立姿态的正确位置有一个清晰的动作表象。每次训练课必须安排 10 分钟左右的基本站立姿态训练的针对性训练。训练中教师应该及时纠正学生的错误动作。

1. 肩部练习

两肩垂直上耸，有酸痛感后用力下垂。反复练习。

2. 颈部练习

颈部挺直，下颌微收，目视前方，头正直。也可在头上放一本书，保持平衡，可在移动中练习。

3. 臀部练习

两脚并拢，躯干直立。脚掌下压，臀部和大腿肌肉收紧，髋略上提。反复练习。

4. 腹部练习

收紧臀部，腹部用力向内收紧，向上提气，使身体上提，保持片刻，放松，反复练习。

（二）头部姿态

头部姿态往往能表现出竞技健美操专项动作的韵味。准确优美的头部姿态，与身体各部位动作的协调统一，再配合眼神和面部表情达到神态美和形态美的有机结合，动作才会富有表现力。

1. 抬头

直立，两手叉腰。头颈后屈，还原。先慢后快，体会肌肉控制感觉。

2. 低头

直立，两手叉腰，挺胸，下颌紧贴锁骨窝，颈部伸长，还原。先慢后快，体会肌肉控制感觉。

3. 左转

直立，两手叉腰，向左转头，还原。先慢后快，体会肌肉控制感觉。

4. 右转

直立，两手叉腰，向右转头，还原。先慢后快，体会肌肉控制感觉。

5. 左侧屈

直立，两手叉腰，头向左侧屈，然后还原。

6. 右侧屈

直立，两手叉腰，头向右侧屈，然后还原。

（三）躯干姿态

躯干姿态主要包括胸、腰和臀部的动作形态，因而训练也主要针对相应的部位。竞技健美操专项动作要求躯干挺拔，在完成动作过程中腰腹收紧，不能松懈，背部、臀部夹紧内收。躯干姿态训练要集中于腹肌的力量训练和胸部的柔韧性训练上，同时注意提高动作的控制力。

1. 躯干稳定性

（1）负重腹肌两头起

仰卧，两手持实心球置于头顶，伸直，完成腹肌两头起，要求实心球触碰脚尖。可根据个人肌力水平选择不同重量的实心球，可逐步增加实心球重量。

（2）健身球俯卧撑

俯卧、两手撑地支撑身体，两脚背放在健身球上，含胸收腹，完成俯卧撑。可根据个人肌力水平调整两臂和健身球的距离，可逐步增加距离。

2. 躯干灵活性

先做肩关节运动，如左右依次提肩、同时提两肩，左右依次前后绕肩和同时绕双肩等，然后做髋关节运动，如顶髋、绕髋等。最后做躯干前后左右移动练习。

二、上肢动作

（一）直臂动作

1. 直臂举

（1）动作描述：两脚开立与肩同宽，立踵、收腹、夹臀、两臂侧下举；1-4 拍，前举—上举—侧平举—臂下垂；5-8 拍，前举—侧下举—侧上举—侧下举。

（2）动作要领：肩、躯干固定，手臂伸直，核心区收紧，发力过程快速、准确。

2. 前后振臂

（1）动作描述：两脚开立与肩同宽，立踵、收腹、夹臀、两臂侧平举，以肩关节为轴，以指尖带动两臂有节奏地前后振动。

（2）动作要领：肩、躯体固定，手臂伸直，核心区收紧。

3. 上下振臂

（1）动作描述：两脚开立与肩同宽，立踵、收腹、夹臀、两臂侧平举，以肩关节为轴，两臂同时上下或一上一下有节奏地振动。

（2）动作要领：三角肌收紧，沉肩，颈部拉长，小幅度振动。

4. 小绕臂

（1）动作描述：两脚开立与肩同宽，立踵、收腹、夹臀、两臂侧平举，以肩关节为轴，指尖带动两臂向前或向后小幅度画圆。

（2）动作要领：三角肌收紧，颈部拉长，画圆细腻。

5. 交叉摆臂

（1）动作描述：两手前举与地面平行，以肩关节为轴，手臂在胸前上、下交叉一次，两臂打开至侧平举，一拍一动，交替重复进行练习。

（2）动作要领：手臂伸直，节奏清晰，发力过程快速、准确。

6. 振动摆臂

（1）动作描述：以肩关节为轴，两臂一上一下振动两次，随后一臂上举，一臂下垂。

（2）动作要领：上举手臂应贴住耳朵，下垂手臂紧贴大腿。

7. 大臂绕环

（1）动作描述：两脚开立与肩同宽，立踵、收腹、夹臀、两臂侧举；1–2 拍两臂以肩节为轴，直臂经前下交叉向外大绕环至侧上举（并掌），完成一个八拍；第二个八拍与一个八拍动作相同，方向相反。

（2）动作要领：绕环动作完成时，两臂应快速到位，体现手臂发力的准确性与制动性。

（二）屈臂动作

1. 屈臂发力

（1）动作描述：两脚开立与肩同宽，立踵、收腹、夹臀、两臂侧下举；1–2 拍，胸前屈臂交叉（握拳）至侧上举（花掌）；3–4 拍，胸前屈臂交叉（握拳）至侧下举（花掌）；5–6 拍，胸前屈臂交叉（握拳）至上举（开掌）；7–8 拍，胸前屈臂交叉（握拳）至侧平举（开掌）。

（2）动作要领：每个动作都需清晰准确，双数拍节过程加速，动作到位后明显制动，侧上举肩关节要有明显向外半转肩的动作。

2. 小臂绕环

（1）动作描述：两脚开立与肩同宽，立踵、收腹、夹臀，两臂侧平举；第一个八拍，1-2 拍以肘关节为轴，两臂向内绕至上举（由拳变掌）；3-4 拍动作相同，方向相反。第二个八拍，1-2 拍小臂依次向内、向外绕动至一臂上举，一臂下垂（并掌）；3-4 拍动作相同，方向相反，以肘关节为圆心，向内或外绕动小臂。

（2）动作要领：绕动小臂时，大臂始终保持侧平举姿态。

三、下肢动作

（一）基本步伐

1. 踏步

（1）动作描述：大腿上抬，小腿自然下垂，屈膝缓冲，落地时从前脚掌过渡到全脚掌，身体保持直立固定，手臂弯曲前后摆动。

（2）动作要领：后背挺直，小腿与地面垂直。

2. 开合跳

（1）动作描述：起跳两腿分开落地，髋部、脚尖自然外开，膝关节与脚尖同方向弯曲，两脚蹬地起跳，向内发力夹腿，脚跟并拢、膝关节缓冲，上体保持直立固定。

（2）动作要领：夹腿时为发力点，同时头部向上顶立；在跳跃过程中，上体不能前后晃动。

3. 弓步跳

（1）动作描述：两脚起跳，一腿向前，屈膝落地，一腿向后，蹬直落地，前后成一条直线，保持上体直立，还原时两脚蹬地夹腿并拢。

（2）动作要领：分腿时先蹬直腿再弯膝关节，夹腿时为发力点，上体在跳跃过程中，不能前后晃动。

4. 后踢腿跑

（1）动作描述：摆动腿最大限度地屈向臀部，髋和膝在同一线上，两膝并拢，主力腿伸直，跑跳中膝和踝部充分缓冲。

（2）动作要领：脚尖发力踢到臀部，双膝并拢。

5. 吸腿跳

（1）动作描述：两腿起跳，一腿膝盖抬起、大腿高于腰际，小腿垂直于地面、绷直脚尖，主力腿蹬地起跳，摆动腿向下发力蹬腿，还原至并腿。

（2）动作要领：蹬腿时向下发力，落地时两脚并拢，主力腿膝关节不能弯曲。

6. 弹踢腿跳

（1）动作描述：摆动腿屈膝后摆，两膝之间并拢，往前弹腿时髋关节弯曲 30°–45°，绷直脚尖，膝关节、髋关节运动伸展要有控制，主力腿伸直。

（2）动作要领：后踢腿需踢到臀部，向前弹踢时发力，主力腿膝关节不能弯曲，双膝并拢。

7. 踢腿跳

（1）动作描述：一腿前踢，腿踢至过肩或更高，膝关节伸直，随后发力下压，还原到并腿，主力腿膝关节伸直，两腿交替进行。

（2）动作要领：主力腿膝关节蹬直，摆动腿的高度需过肩或更高，脚尖带动腿向上发力，随后发力下压。

（二）特殊步伐

1. 并步跳

（1）动作描述：向前迈步，蹬地起跳，两臂侧平举，后脚空中并前脚，两脚依次落地，落地时由脚尖过渡到脚跟。

（2）动作要领：始终保持上体直立，控制重心起伏变化，空中两腿膝关节伸直，缓冲落地。

2. 滑步

（1）动作描述：右腿向右前方迈步成弓步，左腿在地面拖行。

（2）动作要领：重心略微前倾，上体左右拧转。

3. 小跨跳

（1）动作描述：右腿迈步蹬地起跳，左腿向前、右腿向后，依次摆动至水平面以下，后膝伸直或弯曲，左腿缓冲落地，两腿交替进行练习。

（2）动作要领：空中两腿依次摆动至水平面以下，同时上体保持直立固定。

4. 反身小跨跳

（1）动作描述：左脚上步，身体拧转 360°，右腿蹬地起跳，左腿向前、右腿向后，依次摆动至水平面以下，后膝伸直或弯曲，左腿缓冲落地，两腿交替进行练习。

（2）动作要领：身体重心随身体迅速移动，动作有起伏。

5. 猫跳

（1）动作描述：左腿向前迈步蹬腿起跳，右腿屈膝向上摆动至腰部，随后左腿屈膝向上摆动至胸部，身体重心前移，两脚依次缓冲落地，可左右腿交替进行练习。

（2）动作要领：两膝盖依次抬起，空中两腿依次完成一次"踩单车"动作。

6. 抱腿跳

（1）动作描述：左腿向前迈步起跳，右腿侧踢至耳朵旁，同时右手抱住右小腿，左臂侧平举，左膝弯曲，右膝伸直，可左右腿交替进行练习。

（2）动作要领：上体直立，摆动腿紧贴身体。

7. 鹿跳

（1）动作描述：两脚蹬地起跳，向上带臂，一腿弯曲向前摆动至腰部，一腿伸直或弯曲向后摆至水平面以上，上体直立。

（2）动作要领：控制身体姿态，两腿同时发力。

8. 小分腿跳

（1）动作描述：垂直起跳，两腿向侧方成斜下 45° 分开，同时伸直或一腿伸直、一腿弯曲，脚尖绷直，落地并脚。

（2）动作要领：重心向上，落地时两腿内夹发力。

9. 钟摆跳

（1）动作描述：一腿向正侧方控制侧摆至斜下 45°，绷直脚尖，支撑腿伸直。两腿交替进行。

（2）动作要领：身体重心随身体迅速移动，控制摆腿高度，髋关节与膝盖同一直线脚尖外开，交换腿时两脚并拢。

10. 击足跳

（1）动作描述：左腿向前迈步蹬腿起跳，右腿向侧摆至斜下 45°，空中两脚击足，随后落地屈膝缓冲，摆动腿停留原位，两腿交替进行。

（2）动作要领：身体重心随身体迅速移动，控制摆腿高度，髋关节与膝关节在同一直线上。

第三节　竞技健美操成套动作教学

一、操化动作

竞技健美操是难美项群类项目，也是艺术类项目，这项运动的动作类型多样且较为复杂，表现形式非常丰富，包含多种形式的动作。健美操操化是指健美操步伐与手臂的动作组合，即在音乐的伴奏下连续完成一组具有创造性、节奏性、动感性、表演性的动作组合。在竞技健美操竞赛规则的评分标准中，操化内容是一个非常重要的指标，这充分说明在竞技健美操成套动作中，操化动作极其重要，运动员对这类动作的完成质量直接影响其比赛成绩。所以在竞技健美操教学与训练中，必须将操化动作充分重视起来。

（一）操化组合一

1. 动作描述

操化组合一为 1×8 拍完整操化组合，包括基本步伐、特殊步伐、屈臂发力、两拍三动等。

2. 动作要领

第 1 拍头向右，手臂发力快速到位；3–4 拍抬头亮相，两脚在空中交替，依次落地；第6拍抬头亮相，手臂发力快速到位；7–8拍手臂发力快速到位，空中夹腿发力。

3. 辅助练习

（1）手臂练习

①慢拍练习：两拍一动重复练习，要求练习者熟悉每一拍的手臂位置与动作要领。

②镜面练习：练习者面对镜子练习手臂操化，要求加强第1拍头部的面向以及第3、4、6、8拍头部的亮相。

③负重练习：手绑沙袋进行负重练习，两拍一动2遍、一拍一动2遍，要求手臂发力。速度、幅度、手臂定位与不绑沙袋一致。

（2）步伐练习

①后踢腿跑、弓步跳：每种步伐不间断连续练习2个八拍，两拍一动1遍，一拍一动1遍，中间不间断。

②滑步、猫跳：每种步伐行进间连续练习2–4遍。

③慢拍练习：完整步伐两拍一动2–4遍，一拍一动4遍。

④由他人进行录像，分析录像发现错误并纠正。

⑤行进间进行步伐的练习，可结合两拍一动练习，要求练习者清晰表达每个动作的面向以及步伐的准确性。

⑥负重练习：脚绑沙袋，针对练习第3–4拍、7–8拍的发力，每个步伐重复练习5遍，然后完整练习5–10遍，要求猫跳时膝关节达到水平面以上，手臂快速发力。

（3）完整练习

①慢拍练习。

②负重练习：手、脚同时绑上沙袋，重复练习操化动作。

③行进间练习a：练习者站成一纵排，向前行进间进行操化练习，要求每个人面向动作以及发力速度一致。

④行进间练习b：练习者站成一横排，行进间进行操化练习。

（4）集体项目一致性练习

①练习者围成圆圈，相互监督手臂操化是否达到一致。

②分离观察，三人、五人、有氧项目，分离出一人进行一致性观察，完成动作后，换下一人观察。

③录像观察，用摄像机录下操化动作，放慢观察练习者每一个动作

是否一致。

（二）操化组合二

1. 动作描述

操化组合二为 2×8 拍完整操化，要求练习者有较强的身体素质与操化基本功。

2. 动作要领

第一个八拍的第 1 拍手臂延伸发力，快速到位，抬头亮相；第 4 拍的手臂要延伸，重心下压，目光跟随手的方向；第 6 拍的步伐是交换锁步，重心需略微下降；第 7 至 8 拍，吸腿交换大踢腿，需注意发力的速度和幅度。第二个八拍的第 2 拍重心降低，手臂延伸，目视 1 点方向；第 5、6 拍，鹿跳，注意姿态，手臂延伸，亮相；第 7 拍，头看向左方；第 8 拍注意发力，手臂要快速到位，亮相。

3. 辅助练习

（1）手臂练习

①慢拍练习。

②镜面练习：练习者面对镜子练习手臂操化，要求第一个八拍第 1 拍、第 6 拍，第二个八拍 3–4 拍、第 6 拍抬头亮相。

③负重练习。

（2）步伐练习

①后踢腿跑、弓步跳、踢腿跳：每种步伐不间断连续练习 2 个八拍，两拍一动 1 遍，一拍一动 1 遍，中间不间断。

②并步跳、鹿跳、交叉步，每种步伐行进间连续练习 2–4 遍。

③慢拍练习。

④录像分析。

⑤行进间进行步伐的练习。

⑥负重练习：脚绑沙袋，针对第一个八拍 1–2 拍、3–4 拍、5–6 拍，以及第二个八拍 3–4 拍，每个步伐重复练习 5 遍，然后完整练习 5–10 遍，要求动作过程清晰，快速发力到位。

（3）完整练习

①慢拍练习。

②负重练习。

③行进间练习。

（4）集体项目一致性练习

①围成圆练习。

②分离观察。

③录像观察。

二、难度动作

国际体操联合协会《2022—2024周期竞技健美操评分规则》中，将健美操难度分为三组8类动作：

A组为地面难度，分为三个类别。类别1：动力性力量；类别2：静力性难度；类别3：旋腿类难度。

B组为空中难度，分为三个类别。类别4：动力性跳步；类别5：姿态跳步；类别6：纵劈腿跳／跃。

C组站立难度，分为两个类别。类别7：转体；类别8：柔韧。

由于竞技健美操难度动作涉及内容较多，因而下面只分析各难度组别中具有代表性的各类别难度动作。

（一）A组（地面难度）

1.动力性力量类动作教学

（1）提臀起成文森

①动作描述

前撑，俯卧撑推起后，空中提臀屈体，当手和脚同时接触地面时成文森俯卧撑。

②动作要领

上肢、腰腹及脚踝同时发力使身体向上腾起，空中屈髋使胸部贴近膝盖，下降时摆动腿快速侧踢落地成文森姿态。

③辅助练习

第一，连续俯卧撑：根据练习者能力，两手推，连续进行10–30次（图7–1）。

图 7-1　连续俯卧撑

第二，单腿发力练习：俯卧撑预备姿态，摆动腿连续侧踢（图 7-2）。

图 7-2　单腿发力练习

④保护帮助

保护者站在练习者侧面（成文森俯卧撑时支撑腿一侧）运用弹力带帮助练习者完成动作（图 7-3）。

图 7-3　保护帮助

（2）分切转体 180° 成俯撑

①动作描述

前撑，屈臂推地使身体腾空，分腿摆越转体 180°，夹腿落地成俯撑姿态。

②动作要领

上肢、腰腹及脚踝同时发力使身体向上腾起，空中主动完成分腿摆越，快速转体夹腿成俯撑姿态。

③辅助练习

第一，俯卧撑后前击掌，练习上肢爆发力（图 7–4）。

图 7–4　俯卧撑后前击掌

第二，俯卧撑推起，空中转体 90°，练习推手后转体（图 7–5）。

图 7–5　俯卧撑推起并转体

第三，俯卧撑腾起，空中分腿转体 90°，纵叉落地，练习腾空摆越发力（图 7–6）。

图 7–6　俯卧撑腾起、转体、纵叉落地

第四，垫上俯卧撑腾起，分切成仰卧。

④保护帮助

手扶练习者肩部，俯卧撑腾起并向 180° 方向转体时顺势拧转其肩部，帮助其完成动作（图 7–7）。

（3）高锐角腾起转体 180° 成俯撑

①动作描述

高锐角支撑，两腿向前上方打腿伸展，腾空过程中转体 180°，转体时躯干和双腿同时打开。落地以俯撑姿态结束。

②动作要领

上翻时蹬腿、顶肩同时进行；至锐角时屈髋使身体与地面保持平行，重心在肩；成俯撑时两腿向前上方打腿发力并快速展髋转体。

图 7–7　保护帮助

③辅助练习

第一，准备与手臂等高的垫子，两手撑地，腰部置于垫子上方成锐角支撑姿势，向前上方发力打腿伸展（图 7–8）。

图 7–8　辅助练习一

第二，由直角支撑开始，举腿至高直角，加强肱三头肌控制能力，可连续完成（图 7–9）。

图 7–9　辅助练习二

④保护帮助

一手扶腰（减轻受力），另一手扶肩（稳定重心），帮助其完成高锐角支撑；打腿发力时，适当给予助力，帮助其完成翻转。

2. 静力性力量类动作教学

（1）分腿支撑转体 360°

①动作描述

以分腿坐姿开始，两手放于体前支撑，只有手掌触及地面，转体 360°，以分腿支撑姿态结束。

②动作要领

支撑时收腹抬腿，屈髋分腿角度不小于 90°；转体时倒手次数不得超过 4 次，两腿与地面保持平行，转体前后保持分腿支撑姿态 2 秒。

③辅助练习

第一，分腿坐立，两手体前触地与肩同宽，上下举腿，可连续完成（图 7-10）。

图 7-10　辅助练习一

第二，分腿支撑，左右倒手（图 7-11）。

④保护帮助

保护者托住练习者两腿向上，以减轻练习者自身承重，帮助其完成动作（图 7-12）。

图 7-11　辅助练习二

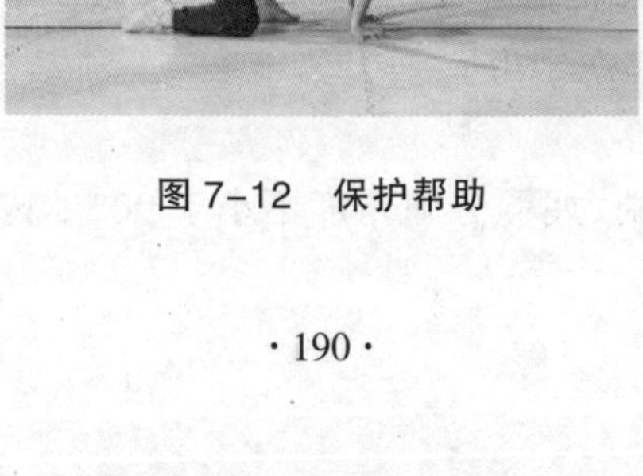

图 7-12　保护帮助

（2）锐角支撑

①动作描述

并腿坐立姿态开始，两手放于大腿两侧贴近髋部支撑，只允许手掌触地，屈髋，双腿并拢上举至垂直位置贴近于胸，保持高直角支撑姿态2秒。

②动作要领

两腿上举时，以两臂支撑，主动收腹发力；成锐角支撑时重心在肩，肱三头肌收紧，保持稳定。

③辅助练习

第一，准备与手臂等高的垫子，两手撑地，腰部置于垫子上方成锐角支撑姿势，保持肩部受力，静力控制（图 7–13）。

第二，由直角支撑开始，屈髋举腿至高直角支撑并还原，加强三头肌控制能力（图 7–14）。

图 7–13　辅助练习一

图 7–14　辅助练习二

④保护帮助

一手扶腰(减轻受力),另一手扶肩(稳定重心),帮助完成锐角支撑。

(3)分腿水平支撑成控文森回分腿水平支撑

①动作描述

以分腿水平支撑开始,保持 2 秒,屈臂,一腿向前侧方搭在同侧手臂肱三头肌上端成控文森,再回到分腿水平姿态,保持 2 秒。

②动作要领

整个动作过程中只允许手掌触及地面,水平支撑时肩部前倾、含胸收腹、两腿向最远处延伸;至控文森时,搭腿肘关节需清晰可见,两腿需同时回至分腿水平姿态,不能屈髋。

③辅助练习

第一,冲肩俯卧撑(图 7–15)。

图 7–15　冲肩俯卧撑

第二,分腿支撑提倒立(图 7–16)。

图 7–16　分腿支撑提倒立

第三,单人帮助练习者从倒立至水平位置(图 7–17)。

图 7–17　从倒立至水平

④保护帮助

手扶练习者膝关节，使练习者减轻自身承重，帮助其完成动作。

3. 旋腿类动作教学

（1）托马斯转体成文森

①动作描述

从起始姿势开始，摆腿至直臂支撑两腿腾空，完成托马斯全旋，以文森姿态结束。

②动作要领

撤步腿蹬地发力时，重心前移至支撑手臂，同时踢腿翻胯完成进腿；出腿时，踢腿、顶肩、翻胯协调发力，给转体留出足够空间，过程中两手倒换要快。

③辅助练习

第一，单臂侧控（图 7–18）。

第二，侧卧，侧踢腿至肩后（图 7–19）。

图 7–18　单臂侧控

图 7-19　侧踢腿至肩后

第三,俯卧撑左右倒手练习(图 7-20)。

图 7-20　俯卧撑左右倒手

第四,两脚触地快速移动,练习全旋动作(图 7-21)。

图 7-21　两脚移动全旋

第五，两腿并拢，仰撑姿态，分别向斜上方踢至同侧耳前（图 7–22）。

④保护帮助

双人保护，一人扶进腿脚，完成进腿动作后，由第二人扶出腿脚，帮助其完成动作（图 7–23）。

图 7–22　仰撑踢腿

图 7–23　保护帮助

（2）直升飞机成文森

①动作描述

从摆动腿启动与另一条腿交叉姿势开始，准备依次同向摆动绕环，单手扶地顺势侧倒成仰卧，两腿依次经面部环绕，至少完成 3/4 周转体后踢腿至文森俯卧撑姿态。结束方向必须与起始方向相同。

②动作要领

仰卧时依次摆腿画圆，顶肩打腿时上背部着地，利用摆腿惯性腾空转体至少 3/4 周。

③辅助练习

第一，两腿依次经面部左右方向绕腿练习（图 7–24）。

图 7-24 绕腿练习

第二，分腿仰卧，摆腿转体 3/4 周成俯撑。

④保护帮助

保护者在练习者侧面，当练习者完成旋腿动作准备打腿转体时，顺势给予腾空及转体助力，帮助其完成动作（图 7-25）。

图 7-25 保护帮助

（二）B 组（空中难度）

1. 动力性跳步动作教学

（1）直体跳转 720°

①动作描述

单腿伸直绷脚上步，两手一前一侧向上带臂，并脚预跳，两臂由上至下摆动的同时拧腰，两腿同时垂直起跳，完成转体 720°，手臂动作不限，两脚并拢同时落地。

②动作要领

起跳时蓄力拧腰，空中身体保持直立，定位清晰，迅速找到 180° 点位。

③辅助练习

第一，立踵练习：两脚并拢，身体直立，可以扶墙或把杆，立起脚尖后落下，可连续进行（图 7-26）。

图 7-26　立踵练习

第二，阻力带转腰练习：将阻力带一端固定，练习者两手抓住另一端，身体保持垂直，左右转腰（图 7-27）。

图 7-27　阻力带转腰练习

第三，点位寻找练习：垂直起跳，空中迅速找到 180° 点位，并腿落地。随动作熟练度增加，循序渐进寻找 540° 点位（图 7-28）。

图 7-28　点位寻找练习

第四，跳垫练习：将海绵垫放于身体正前方，原地屈膝下蹲跳上垫子。腾空过程中两腿伸直并拢，两脚绷直，结束后垂直落垫（图 7-29）。

图 7-29 跳垫练习

④保护帮助

练习者两脚并拢垂直起跳，配合带臂，保护者站在练习者正后方，两手扶其腰部，给予向上的助力，帮助练习者完成动作。

（2）自由倒地 360° 成俯撑

①动作描述

两脚并拢垂直起跳，腾空后倒并迅速转体 360°，手脚同时着地，以俯撑姿态结束。

②动作要领

身体在完成难度过程中直立前倾，结束时手脚同时落地。

③辅助练习

第一，俯卧撑类：并脚起跳，空中核心区紧住，落成俯撑姿态。

第二，平板支撑静控：加强腰腹力量，防止落地时腹部触地（图 7-30）。

图 7-30 平板支撑静控

第三，手腕力量练习：手握小杠铃片或沙袋，上下左右摆动。

第四，后倒转体 180° 俯撑练习：向后倒地，同时转体 180°，落成标准俯卧撑姿态（图 7–31）。

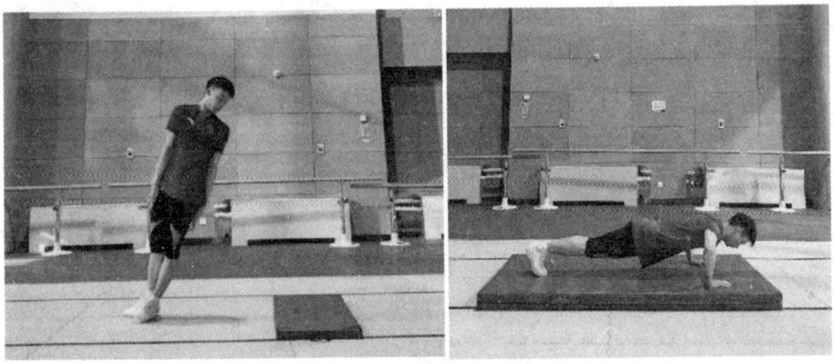

图 7–31　后倒转体 180° 俯撑练习

④保护帮助

在软垫上完成难度动作。

（3）旋子转体 360°

①动作描述

身体前俯，单脚起跳，摆动腿直腿向异侧上方踢腿的同时带动身体腾空，空中两脚分开，身体保持与地面平行并转体 360°，两脚依次落地。

②动作要领

单脚起跳时抬腿与带臂、侧身应同步，身体须经抬手方向下俯，尽可能做最大限度的身体下压（类似于“U”型），腾空阶段，双手紧贴身体，缩小转动半径，拧腰看肩膀。

③辅助练习

第一，预备动作：准确连贯做出旋子开始前的“U”型下潜动作（图 7–32）。

第二，原地旋子：练习原地旋子，体会腾空阶段的感觉，以腰部为中心，保持上身与腿部的杠杆状态（图 7–33）。

图 7-32　预备动作

图 7-33　原地旋子

第三，单腿站立带臂练习：左腿支撑燕式平衡站立，蹬地起跳，拧腰带臂，空中左腿并右腿，落地以躺、弓步撑或站立姿态结束（图 7-34）。

图 7-34　单腿站立带臂练习

④保护帮助

在练习者腰间系一根长度适中，便于提拉练习者的绳子，练习者成单脚燕式平衡姿势，支撑腿蹬地后迅速向抬起腿靠近，同时带臂拧腰转肩，与地面保持平行，旋转一周后，两脚依次落地，充分感受动作轨迹。过程中的绳子要提住练习者，避免受伤。

2. 姿态跳步动作教学

（1）转体 360° 团身跳

①动作描述

垂直起跳，腾空阶段转体 360° 并完成团身动作，两脚并拢同时落地，结束与起始面向相同。

②动作要领

起跳时身体保持直立，空中屈膝团身至两腿贴胸，落地时展髋蹦腿，屈膝缓冲。

③辅助练习

第一，单腿吸腿踹腿：两脚并拢站立，任意一腿快速吸至胸前并加速踹腿还原，上体始终保持直立（图 7–35）。

图 7–35　单腿吸腿踹腿

第二，连续团身跳：垂直起跳后两腿屈膝上举至胸部成团身姿势，同时两臂经下摆至胸前平屈，下降时两腿加速下踹，落地后迅速再次跳起重复团身动作，连接之间无停顿，初期练习时，保护者可站在后面帮助练习者完成动作（图 7–36）。

第三，连续团身两头起：仰卧于地面，上下身同时向内收紧成团身姿势，然后快速展开身体旋转成侧卧，如此左右循环。

④保护帮助

保护者站在练习者正后方，两手托其腰部，起跳时顺势给以向上的助力，帮助其体会吸腿踹腿的技术要领（图 7–37）。

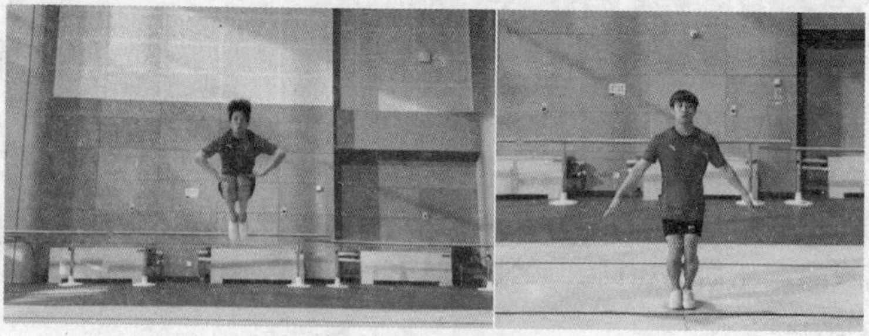

图 7-36　连续团身跳

图 7-37　保护帮助

（2）转体 360° 屈体跳再转 180° 成俯撑

①动作描述

垂直起跳，腾空转体 360° 并完成一次屈体跳后再转 180°，身体前倾，以俯撑姿态落地，结束与起始面向相反。

②动作要领

空中直体转体到 360° 时，再发力成屈体姿态，躯干与两腿的夹角不得大于 60°，屈体动作完成后，向前伸脚转体成俯撑。

③辅助练习

两头起：两头起向侧展髋转体 90° 再还原（图 7-38）。

图 7–38　两头起

动作模拟：

站立姿态转体 180°：收起右腿至水平以上，展髋顶腿，同时左转 180° 自由倒地成俯撑姿态（图 7–39）。

图 7–39　站立姿态转体 180°

悬垂举腿：大臂撑于把杆上或肋木举腿，脚离地，两腿并拢伸直，腹肌发力屈髋向上折叠，举腿需超过水平面并尽可能贴近面部。

自由倒地：两脚踩在垫子上方，身体前倒自由落地成俯撑姿态。

转体 360° 屈体跳再转 180° 接弓步手撑地：向上垂直起跳转体 360° 后成屈体跳姿态，后转体 180° 身体前倾成弓步双手撑地姿势（图 7–40）。

转体 360° 屈体跳再转 180° 脚先落地再成俯撑：完成转体接近落地时，两脚先落地，身体前倾，随后两手撑地成俯撑姿态。

④保护帮助

将垫子放于练习者身体正前方，起跳落地时两手同时撑于垫上成俯撑姿态；一人保护练习时将垫子放于身体正后方，练习者原地起跳转体 180° 落地成俯撑姿态，保护者两手轻托练习者腹部，防止其“拍地”（图 7–41）。

图 7-40　转体 360° 屈体跳再转 180° 接弓步手撑地

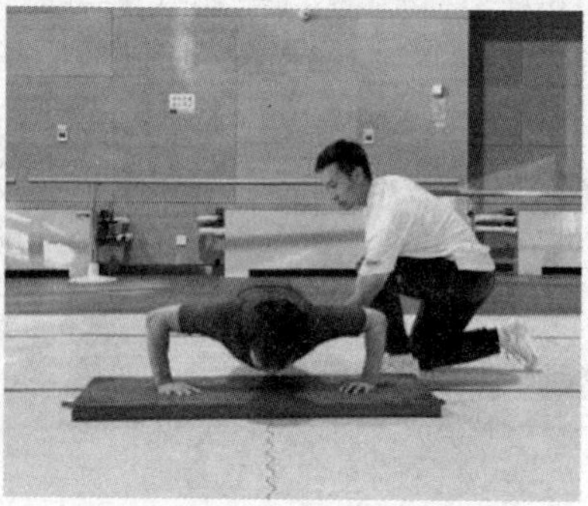

图 7-41　保护帮助

（3）转体 360° 屈体分腿跳成俯撑

①动作描述

两腿并拢站立，由上至下带臂同时拧腰，垂直起跳转体 360°，空中成屈体分腿姿态上身前倾，在落地前身体展开成直体，以俯撑姿势结束，结束与起始面向相同。

②动作要领

保持起跳高度，空中快速转体到位，完成屈体分腿跳动作后，身体迅速前倾提腰收腹并快速向后并腿，手脚同时落地。

③辅助练习

连续分腿跳练习：垂直起跳后两腿侧上举至屈分姿势，落地后迅速再次跳起重复屈分跳动作，连接之间无停顿保护帮助（图 7-42）。

图 7-42　连续分腿跳练习

连续屈分两头起：练习者平躺于垫子上，上下身同时向内收紧，成屈体分腿姿态并还原，连续重复进行（图 7-43）。

图 7-43　连续屈分两头起

前倾身体滑腿：练习者成直立站姿，身体前倾，单腿从体侧向后滑动（图 7-44）。

图 7-44　前倾身体滑腿

弹力带拧腰练习：将阻力带一端固定，另一端缠绕在腰间，身体保持垂直，左右进行转腰。

跳转 360° 屈体分腿跳：垂直起跳完成跳转 360° 屈体分腿跳，可重复进行。

连续小屈体分腿跳成俯撑练习：垂直向上起跳，空中成小幅度屈体分腿姿态，身体前倾落成俯撑，重复进行（图 7–45）。

图 7–45　连续小屈体分腿跳成俯撑练习

转体 360° 屈体分腿跳成蹲撑：向上垂直起跳转体 360° 后成屈体分腿姿态，身体前倾以蛙跳蹲姿结束（图 7–46）。

图 7–46　转体 360° 屈体分腿跳成蹲撑

④保护帮助

保护者站在练习者的斜前方，练习者跳起快要落地时，保护者迅速向上托住其腹部，以减轻俯撑冲击力，同时可以在落地区域铺放海绵垫，防止磕碰损伤。

3. 纵劈腿跳 / 跃类动作教学

（1）交换腿跃

①动作描述

单脚起跳，一腿前摆带动身体向上腾起（摆动腿在起跳前至少达到与地面成 45°），空中两腿交换并展示纵劈腿姿态，前脚先落地，以两脚并拢站立姿势结束。

②动作要领

摆动腿有控制地前摆后迅速发力向后摆动，蹬地腿前踢，前后腿在空中交换成 180° 纵劈腿。落地时，前脚掌着地，臀大肌和股四头肌收缩发力并屈膝缓冲。

③辅助练习

第一，空中撕叉：两腿同时起跳，空中完成纵劈腿动作后并脚落地，连续重复练习动作（图 7-47）。

图 7-47　空中撕叉

第二，单腿小跨跳：单脚上步起跳腾空，空中完成一次小幅度跨跳后两脚依次落地。

第三，扶杆前后摆腿：练习者单手扶把杆侧向站立，内侧支撑腿垂直站立，外侧摆动腿绷直前后发力摆动（图 7-48）。

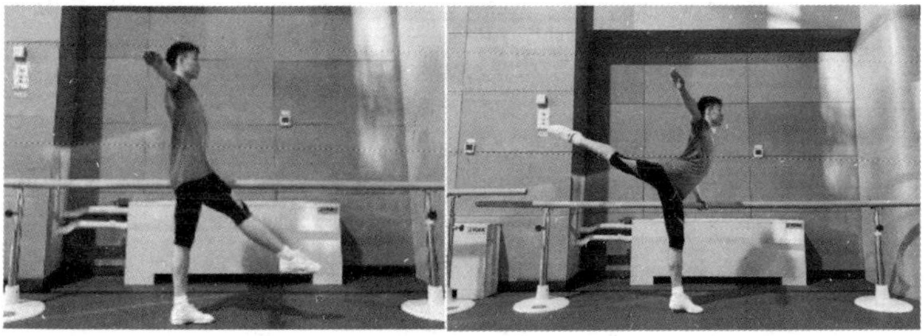

图 7-48　扶杆前后摆腿

④保护帮助

保护者站在练习者前腿同侧，扶住练习者一只手，当练习者起跳时顺势给以向上的助力，帮助其完成动作（图 7–49）。

图 7–49 保护帮助

（2）剪式变身跳转体 180°

①动作描述

单脚上步，一腿向前摆动蓄力（摆动腿在起跳前至少达到与地面成 45°），另一腿垂直蹬地起跳并转体 180°，腾空阶段交换腿展示纵劈腿姿态后转体 180°，两脚同时落地，面向与起跳方向一致。

②动作要领

单脚起跳时支撑腿弯曲蓄力，身体侧拉，起跳后，摆动腿配合带臂，必须经过“摆夹撕”的过程。撕腿后，两腿同时发力内夹，落地保持身体直立。

③辅助练习

第一，纵劈腿跳：垂直起跳，完成一次纵劈腿跳后两脚并拢落地，连续重复练习。

第二，扶杆后摆腿：练习者单手扶把杆侧向站立，内侧支撑腿垂直站立，外侧摆动腿向后发力摆动，紧密重复进行。

第三，上步摆腿夹腿撕腿：单腿上步，将预摆腿前踢，转身撕腿并迅速回夹，两腿并拢落地，可重复进行（图 7–50）。

图 7–50　上步摆腿夹腿撕腿

④保护帮助

保护者站在练习者侧后方，两手托其腰部，起跳时顺势给以向上的助力，帮助练习者体会腾空的动作技术感觉。

（3）转体 360° 纵劈腿跳交换腿成纵劈腿

①动作描述

两腿并拢垂直起跳转体 360°，完成一次纵劈腿跳，空中两腿交换，身体前倾，以纵劈腿姿态落地。必须要在空中展示矢状劈腿动作，结束与起始面向相同。

②动作要领

起跳时快速蹬地发力转体，保持一定起跳高度，起跳后迅速找到 360° 的点后两腿充分前后分开，成 180° 纵劈腿，上体应当保持直立，前后夹腿发力快速进行交换。

③辅助练习

第一，连续纵劈腿跳：垂直起跳，两腿在空中充分伸展完成一次纵劈腿，两脚并拢同时落地，连续重复练习（图 7–51）。

图 7-51　连续纵劈腿跳

第二，扶杆连续后摆腿：单手扶把杆（墙壁）侧向站立，外侧腿快速向后踢至与水平面平行，然后迅速夹腿收回，紧密重复进行（图 7-52）。

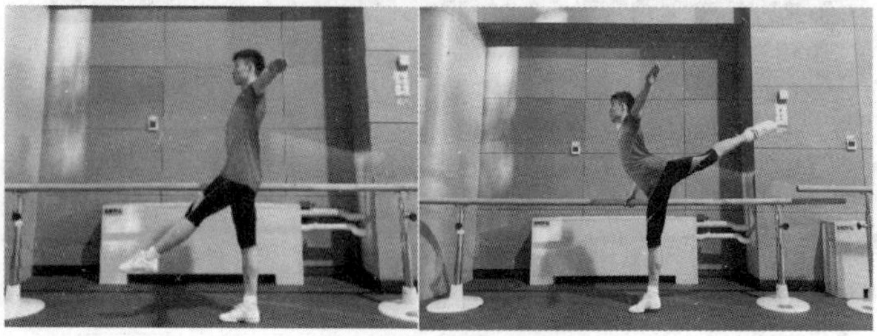

图 7-52　扶杆连续后摆腿

第三，转体 360° 纵劈腿跳：起跳后转体 360° 两腿打开成纵劈腿，落地两脚前后分开。

第四，蹲起练习：两脚并拢，手臂斜下 45°，身体垂直进行蹲起，过程中可穿沙衣增加负重，并深浅交替进行。

第五，阻力带转腰练习：将阻力带一端固定，另一端缠绕在腰间，左右转体（图 7-53）。

图 7-53　阻力带转腰练习

④保护帮助

保护者站在练习者左后方，当练习者跳成纵劈腿姿态时，保护者迅速向上托住练习者腹部，降低其重力加速度，减少恐惧并建立正确的动作概念，同时可在落地区域铺放海绵垫，防止练习者磕碰损伤。

（三）C组（站立难度）

1. 转体类动作教学

（1）单足转体 1080°

①动作描述

以左主力腿为例，单腿站立平衡，左臂水平逆时针向后摆动，带动转肩，支撑腿脚跟立起，下身以腰部为枢纽跟随肩部一起转动，完成完整的 1080° 转体，自由腿和手臂动作不限，以单腿站立或双腿站立姿态结束。

②动作要领

转体过程中，支撑腿膝关节伸直，脚跟立起，不能出现小跳动作，上体直立、含胸、收腹，头顶向颈椎延长线延伸，注意左主力腿为逆时针旋转，右主力腿旋转方向相反。

③辅助练习

立踵静控：摆动腿提膝至大腿平行于地面，支撑腿膝关节伸直，脚跟立起，两臂胸前平屈，保持此姿态静控（图 7–54）。

图 7–54　立踵静控

带臂练习：左臂水平向后摆动，带动转肩，下身跟随肩部一起转动（图 7–55）。

图 7–55　带臂练习

把杆练习：背对把杆，单足立转，迅速寻找 180° 点位，重心向后压，逐渐增加至 1080° 。

④保护帮助

保护者蹲于练习者左侧，两手轻扶练习者肩关节，在练习者进行立转动作时，帮助其控制核心区稳定。

（2）水平控腿立转 360°

①动作描述

单腿站立，摆动腿伸直，保持摆动腿水平控腿前举，在垂直轴上完成完整的 360° 控腿转体，控腿低于水平高度不能超过 15° 。自由臂动作不限，以单腿或双腿站立姿态结束。

图 7–56　保护帮助

②动作要领

转体过程中，摆动腿向内夹腿发力，支撑腿膝关节伸直，脚跟不得落地，不能出现小跳动作，上体直立、收腹，头顶向颈椎延长线延伸，摆动腿在转体过程中脚尖微微外旋。

③辅助练习

第一,静控练习：以难度起始姿态开始,摆动腿前摆至水平面,支撑腿膝关节伸直站立,两臂上举,上身直立、收腹,头向颈椎延长线延伸,保持此姿态进行静控(图 7-57)。

图 7-57 静控练习

第二,把杆摆腿：身体背对把杆,两手扶把,上身直立,支撑腿脚跟立起,摆动腿从水平静控向内摆至前控并还原,可连续重复进行。

第三,把杆旋转：摆动腿前摆至水平面,手扶把杆带动身体旋转,旋转度数由 180° 逐渐增加至 360°。

④保护帮助

保护者站于练习者身旁,强调该动作技术要领。

2. 柔韧类动作教学

(1)无支撑垂地劈腿

①动作描述

一腿支撑身体,另一腿举起至 180° 成垂地劈腿姿态,手不触地,手臂动作不限,头、躯干与腿成一直线,随后身体杠杆压起,两脚并拢站立结束。

②动作要领

支撑腿与摆动腿膝盖、脚尖绷直,两腿间开度需达到 170° 以上,上身与摆动腿发力同步,完成无支撑垂地劈腿动作后,上身快速立起,臀部收紧,身体保持呈一条直线。

③辅助练习

第一，燕式平衡：单腿站立，上体前俯，两臂前举或经体前绕至侧平举，抬头、挺胸，支撑腿膝关节绷直，另一腿经体后向上逐渐抬起，同时上体下压与地面平行，成后举腿高于头部的腹平衡（图 7–58）。

图 7–58　燕式平衡

第二，垂地后踢腿：两手触地位于支撑腿两侧，摆动腿连续后踢至 180°（图 7–59）。

图 7–59　垂地后踢腿

第三，纵叉体前屈：在地面上保持纵劈腿姿态，两手上举，上体前屈贴住前腿并还原，连续重复进行（图 7–60）。

图 7–60　纵叉体前屈

第四，慢动作：核心区收紧，慢速进行完整动作练习，充分体会动作轨迹。

④保护帮助

保护者站在练习者摆动腿一侧，一手压其背部，另一手托其摆动腿，帮助其完成动作（图 7-61）。

（2）搬腿转体 720°

①动作描述

一腿向前或向侧举起，由单手 / 双手抱住腿部平衡转体，在垂直轴上完成完整的 720° 转体（必须前脚掌撑地完成动作），以单腿或双腿站立姿态结束。

图 7-61　保护帮助

②动作要领

转体过程中，支撑腿及举起腿膝关节伸直，脚跟不得落地，不能出现小跳动作，上体直立、含胸、收腹，头向颈椎延长线延伸，举起腿贴紧身体，两腿之间开度应大于 170° 。

③辅助练习

第一，把杆踢腿：以难度起始姿态开始，左手扶把杆侧向站立，右腿踢至 170° 以上同时左脚立踵，连续重复完成。

第二，静控练习：手扶把杆或脱离把杆搬腿静控，支撑腿伸直。

第三，把杆搬腿转体（以左主力腿为例）：以难度起始姿态开始，左手扶把杆侧向站立，右腿经下向身后摆踢，同时支撑腿脚跟立起带动身体旋转 180° ，以左手搬腿，右手扶把杆为结束姿态，连续重复完成。

④保护帮助

保护者站于练习者身旁，强调该动作的技术要领。

三、过渡与连接

过渡连接动作是一个部分的两个方面，过渡动作是从一个造型、状态、风格、位置转换到另一个形式的动作，用以连接成套中两个不同主题或段落，动作空间必须改变三大空间（地面空间为A、站立空间为B、腾空空间为C）。而连接动作是指连接两个不同内容的动作，该动作本身不允许空间变化。过渡与连接动作在成套中起着承上启下、穿针引线的作用，可以有效地改变健美操动作空间，使成套动作更加流畅、自然，它不仅赋予成套动作复杂多样性与流动性，还可以提高成套动作的艺术价值，更具观赏性。

高质量的成套动作要求动作完成的整体性，每个动作的衔接、每次空间位置的转换，甚至每个难度动作的准备，都需要生动新颖的连接来完成，同时还要保持动作之间的流畅性。可见，要想体现健美操成套动作编排的多样性、创新性，就必须重视过渡与连接的练习。

（一）过渡动作

过渡动作用以连接成套中两个不同主题或段落，例如：连接操化动作与难度、操化动作与托举（集体项目）、操化动作与动力性配合（集体项目）等。根据动作空间的不同可分为站立至地面（B–A）、地面至站立（A–B）、站立至腾空至地面（B–C–A）和动作组合。下面根据规则的改变，加入了符合规则要求的复杂多样的过渡动作，以提高健美操成套动作的艺术性。

1. 站立至地面（B–A）

（1）跳起成腹贴

①动作描述：站立姿态开始，两脚起跳，两手撑地后按照胸、腹、胯、腿的顺序依次落地；两腿分腿落地后，两手推地将上体立起。

②技术要点：跳起落地时，两臂屈臂缓冲落地；腹贴时，按照胸、腹、胯的顺序落也，防止腰部损伤。

③辅助练习：手倒立练习、两手撑地俯卧拉伸腰腹。

④保护帮助：保护者站立在练习者体侧，落地腹贴时上提其小腿，减少落地带来的冲击。

（2）正踢反转下

①动作描述：两脚并拢，提臀、收腹、挺胸、右手斜上举；左腿上步

屈膝，重心后移，身体向右沿水平轴转体，右脚踢于水平面；两手按先右后左的顺序依次支撑地面；左脚蹬地发力，两腿腾空，交叉环绕延伸为一条直线；身体旋转，两手重心交替，两腿分开，左腿伸直，右腿弯曲，左手支撑地面，右手侧平举。

②技术要点：控制身体姿态，支撑的两手交替，向水平轴做转体运动，转体时重心由左手移至右手，最终以右臂单臂支撑身体转体。

③辅助练习：倒立旋腿练习。

④保护帮助：保护者两手托住练习者的空中制动腿。

（3）拧转翻身下

①动作描述：站立姿态开始，左脚向前迈，左手前举；右脚向前迈，左手下举，右臂抬起，身体向下倾斜；右脚用力蹬地，身体在水平轴翻转360°；两腿腾空，左手支撑地面，两腿前后打开；左脚落地，右手撑地，右脚落地呈弓步姿态；身体转体180°成坐立姿态。

②技术要点：带臂、拧腰、转体、撑地四个环节需要全身肌肉和关节按照既定的顺序协同发力，单臂支撑身体时应将身体重心抬高，以减少支撑身体给肘关节以及腕关节带来的损伤，需右腿蹬地时向上发力。

③辅助练习：正踢反转下、单臂后挑手翻。

④保护帮助：保护者站在练习者体侧，当练习者翻转至即将撑地时，用手托起练习者腰部。

2. 地面至站立（A-B）

（1）单臂翻身起

①动作描述：右腿弯曲，右脚支撑于左膝处，右手前平举；右腿蹬地发力，左手支撑身体重心，左脚上提，右脚腾空；以左手支撑点为圆心，身体绕转；两腿上下分开呈垂直劈腿，左脚贴近支撑手支撑地面，旋转；左手推离地面，右脚并向左脚的同时上体快速立起。

②技术要点：以支撑手为圆心做转体运动，空中两腿延伸为一条直线。

③辅助练习：单腿蹬地顶髋、垂地劈腿。

④保护帮助：保护者两手托住练习者，直腿向斜上方抛出，单臂托其腰辅助腰部发力。

（2）倒立转体起

①动作描述：坐立姿开始，两手向后撑于体侧，挺胸抬头立腰；向左

转体成右腿前弓步，左手撑地，右手侧平举；然后右手撑于右脚延长线上，左手撑于右手与右脚之间；同时摆左腿，蹬右腿，向右转体90°，成手倒立姿态；右手侧平举，身体顺势再转90°，左、右腿依次下地成弓步姿态。

②技术要点：倒立转体时，先摆手倒立，在手倒立的姿态下再去转体。

③辅助练习：站立摆倒立练习、倒立左右倒手练习。

④保护帮助：保护者站在练习者的左前侧，保护练习者成手倒立的姿态，帮助其完成转体后，扶住练习者右腿。

（3）侧手翻旋腿起

①动作描述：坐姿开始，两手向后撑于体侧，挺胸抬头立腰；右腿摆动，左腿屈腿蹬地，侧手翻；侧手翻下时，右腿不落地，继续摆动，然后顶右肩，使左手离地；身体继续拧转，左脚踩地，再推右手转身体，换左手撑地，最后右腿踩地成侧弓步姿态。

②技术要点：右腿旋腿轨迹要从面前经过，左脚踩地时髋要挺开。

③辅助练习：倒立旋腿练习、侧手翻。

④保护帮助：借助硬包来体会完整的侧手翻旋腿起，可以根据练习者掌握的程度降低硬包的高度，直至可在地上独立完成。

3. 站立至腾空至地面（B-C-A）

（1）前挺翻身下

①动作描述：站立姿态开始，左腿蹬地，右腿上摆，同时两手上举，经前交叉向后摆动，身体向前做腾空翻转；左腿伸直，右腿弯曲成坐立姿态。

②技术要点：左腿蹬地发力的同时两手向后摆动，手臂与腿部协同发力；落地时右腿弯曲落地并缓冲，两手置于身体后侧以支撑身体重心。

③辅助练习：前滚翻、前空翻，前手翻下地。

④保护帮助：保护者站在侧面，可先抓住练习者两手，翻腾时用力托住练习者的腹部。

（2）旋风腿下地

①动作描述：站立开始，左脚向侧迈步，两手侧平举；右脚继续向侧迈步，右手上举，左手下举，呈一条直线；右脚用力蹬地，左腿吸起；右

腿伸直并从右至左做盖腿动作；左脚踩地，左腿弯曲然后伸直落地，身体呈弓步姿态；翻转 180°，呈坐立姿态。

②技术要点：右脚踩地后左脚快速抬起，右腿从身体右侧向左侧盖腿，左脚落地后，身体转向前进方向，落脚落地后呈弓步姿态。

③辅助练习：上步踢腿、盖腿。

④保护帮助：保护者口令提示法。

（二）连接动作

连接动作与过渡动作的技术环节和所属能力相似，但在空间转换方面却存在差异。过渡动作用来连接两个不同空间，而连接动作则是用来连接两个相同空间的。根据动作空间的不同可分为地面至地面（A–A）、站立至站立（B–B）和站立至腾空至站立（B–C–B）。下面根据规则的改变，加入了符合规则要求的复杂多样的连接动作，以提高健美操成套动作的艺术性。

1. 地面至地面（A–A）

（1）前滚翻坐

①动作描述：两脚并拢，收腹，两手支撑地面，身体重心前移，左脚向前迈，后背提起；下颚内收，两臂弯曲，头部接触地，左脚发力蹬地，背部保持弯曲，两手保持触地；身体经颈后部、背、腰、臀依次向前翻滚；左腿伸直，右腿弯曲，背部保持直立，挺胸抬头，两手撑于体后。

②技术要点：控制身体重心、手脚协同发力。

③辅助练习：两手抱膝，背部弯曲，前后摇摆。

④保护帮助：保护者一只手按住练习者腹部，另一只手托住练习者后背下部。

（2）风车

①动作描述：坐姿开始，两腿分开，左手撑在腹部左侧；身体下躺，右腿抬高，向斜下方扫腿，右腿、左腿以髋关节为圆心依次旋摆；左手臂至背部依次触地；两腿在空中旋转带动身体翻转，用肩部力量继续旋转到全身面向地面，此时变为右手撑地，重心从右肩和右大臂转移到左手；之后重复以上动作。

②技术要点：右腿抬起的同时，左手用力向地面推，制造旋转动力，然后重心慢慢转移到右手上；右手弯曲，小臂着地，左腿踢高，右腿从左

腿下方扫过。此时身体完全面向侧面，重心压在弯曲的右小臂上；由于旋转的惯性，重心由右小臂瞬间过渡到右肩最后滑到背部，此时背部着地，两腿笔直叉开并下压，借助转身回弹的力量，两手撑地。

③辅助练习：风车摆腿、肘俯撑反转旋摆腿。

④保护帮助：借助软垫或护具进行练习。

2. 站立至站立（B-B）

（1）侧手翻

①动作描述：由站立开始，两臂向前上方摆起，左腿前举向前跨出一大步成弓箭步；后腿向后上方摆起，同时上体下压，前腿蹬地摆起；左手在两脚延长线上，手掌外展 90° 撑地并带动肩、头、躯干左转 90°，右手依次向前撑地经分腿倒立；接着左右手依次顶肩推手，一腿落地屈膝蹬直，另一腿侧伸落地，成两臂侧下举站立姿势。

②技术要点：侧手翻时，两手在两脚的延长线上，蹬摆腿主动发力。

③辅助练习：侧摆成手倒立练习、倒立分腿。

④保护帮助：保护与帮助者站在练习者前跨腿的一侧，两臂交叉扶托练习者腰部。

（2）后手翻

①动作描述：由并腿站立开始，两腿微微弯曲，两臂后摆；上体略前屈，身体后移至失去平衡的同时向前下方蹬腿，抬头，摆臂，挑胸，挑腰，两腿充分蹬直；身体后屈向后上方腾空后，两手内旋 45° 撑地，两腿纵向分开，顶肩、推手、立腰，两脚依次落地成弓步姿态。

②技术要点：下蹲时身体垂直，重心后靠，蹬腿甩臂时梗头，在快撑地时抬头看手。

③辅助练习：下腰、后手翻躺包甩臂练习，在他人保护帮助下做蹬腿甩臂成手倒立练习。

④保护帮助：保护者站于练习者手撑地点的侧后方，一只手托其腰部，另一只手压住练习者的膝关节，让练习者体会撑手时开肩展髋的手倒立姿态，然后保护者松开压膝关节的手，用托腰的手推起练习者，成站立姿态。

3. 站立至腾空至站立(B–C–B)

(1)鱼跃前滚翻

①动作描述:由站立姿势开始,左脚向前迈开一步,两臂向后摆,脚下保持左脚在前,身体前倾,两臂前摆;同时两脚蹬地,向前上方跃起;身体腾空时保持抬头、挺胸、紧腰、展髋,两臂向斜上 45° 展开,成反背弓姿势,接着两臂前伸撑地、屈臂、低头经后脑着地做前滚翻。

②技术要点:起跳时积极主动摆腿,抬头、挺胸、紧腰、展髋,两臂向斜上 45° 展开,成反背弓姿势。

③辅助练习:两臂前摆远撑前滚翻、从高处(30–40 厘米)向下做前滚翻。

④保护帮助:保护者站在练习者起跳的前侧方,当练习者腾空跃起时,顺势托其胸腹部和大腿,让练习者体会反背弓姿势后向前送下。

(2)后空翻

①动作描述:站立姿态开始,下蹲向后摆臂,用力蹬地跳起的同时,两臂上举,梗头上顶;随即两臂制动,迅速屈膝、抱腿、翻臀进行翻转;当面部朝下的瞬间,放腿、立肩、紧髋、落地成站立姿势。

②技术要点:起跳时梗头带臂,两臂向上方拎起,翻臀抱腿。

③辅助练习:借助单杠做悬垂屈腿卷腹练习,练习时两腿从两臂中间穿过,放腿松手落地。在他人的保护帮助下完成完整的后空翻。

④保护帮助:借助海绵坑或海绵包,保护者背对海绵包站立,练习者背对保护者站立,保护者手扶练习者的腰部,将练习者托起,扛至单肩。练习者做后空翻的起跳、带臂、梗头、翻臀、抱腿动作躺至保护者肩上。由保护者向后推出让练习者落入海绵包上。

四、同伴协作或配合

配合动作是指通过两名或多名运动员相互协作,呈现出组合式的成套动作内容。配合动作不一定以复杂形式出现,一个简单的舞蹈性交流动作也可以被视为一个新颖的配合。在进行配合动作练习时,应遵循由易到难的原则,同时注意保护与帮助的运用。同伴协作属于“配合”的一种。一个动作或一组动作,是由运动员与另一名或多名运动员一起有或没有身体接触而协同配合完成的动作。

（一）混双配合

1. 动作一

（1）动作描述

起始姿态（①号为女生、②号为男生）：①号在左后方，面向一点方向，②号在右前方，面向①号而立；开始动作时，①号侧并步跳接转身反跨跳，当①号在空中做转身反跨跳时，②号左手接住①号的前腿、右手抱其腰，①号左手搂住②号颈部位；在配合过程中，②号抱住①号转体180°；结束动作时，②号左臂向上发力、右臂控制①号重心缓慢放下，当②号放下①号时，①号左、右腿依次经体前向上摆动、身体后仰两手着地、成后软翻下至站立结束。

（2）技术要点

开始动作时，①号反跨跳踢腿迅速，②号抱①号时两手迅速准确；在配合过程中②号转体要流畅；结束动作时，①号后软翻时摆腿迅速、主动撑手，②号两手控制①号后软翻的重心和高度。

（3）辅助练习

①号可以先单独完成反跨跳；②号抱着①号转体180°、重复练习①号可以坐于与自身腰部位相同高度的辅助垫上，练习后软翻下。

（4）保护帮助

②号接到①号时，保护者站到其身后防止失去重心。结束动作中①号做后软翻时，保护者在①号右侧位置，右臂托住①号腰部。

2. 动作二

（1）动作描述

起始姿态（①号为女生、②号为男生），①号在右、②号在左，①号为站立姿态、②号仰卧头朝一点方向；开始动作时，①号迈左脚，左臂支撑于②号腰部左侧地面，②号右腿抬起托于①号左髋部；在配合过程中，①号摆右腿、蹬左腿，形成单臂倒立转体180°，在倒立位时，右臂打开侧平举，②号在①号蹬左腿时，右腿向上发力，在①号右臂到侧平举时，②号左手抓住①号肘关节；结束动作时，①号左腿、右腿依次落地后成弓步，在①号下腿时，②号左手放开①号右臂，然后起身，右腿在前跪步站起。

（2）技术要点

开始动作中，①号撑手位置要准确。在配合过程中，②号抓手和右腿的位置要准确、配合①号发力，①号摆腿时的重心需控制、右腿发力要迅速。结束动作要求①号整个动作流畅，左脚落地后、左手向上推出、帮助上身快速立起，②号在①号左脚落地后，再及时将其右臂放开。

（3）辅助练习

②号在①号摆至单臂倒立位时，②号两手抓住①号左腿，帮助①号完成单臂倒立 180°，最后再配合②号练习右腿和抓手的发力时机。

（4）保护帮助

在配合过程中，①号摆倒立时、保护者站在①号倒立摆腿方向、保护①号倒立时，方向准确。结束动作时，保护者站在①号右侧位置，保护其落地时重心稳定。

3. 动作三

（1）动作描述

起始姿态（①号为女生、②号为男生），①号在右前、②号在左后，①②号面向相对。①号左腿向前伸直、右腿向上屈膝坐于地面，②号为站立姿态。开始动作时，①号身体向后滚翻、两腿向上发力并伸直、两手顶住腰部成肩倒立姿态，②号向前三步起跳，①②号同时进行；在配合过程中，①号分腿向侧分开，②号从①号两腿中间鱼跃前滚翻穿过。结束动作时，①号在②号穿过后，顺势向前跪步站起，②号滚翻后、左腿在前跪步站起。

（2）技术要点

开始动作时，①号肩倒立时髋关节不能有夹角，②号上步距离要准确。在配合过程中，①②号动作时间要准确掌握，①号分腿时间要稍微提前，②号起跳时间不能提前、滚翻距离要远。结束动作时，①号切忌提前收腿。

（3）辅助练习

开始动作时，①号先单独完成肩倒立，然后①号配合②号练习上步起跳时间。在配合过程中，②号先单独完成鱼跃前滚翻，然后①②号配合练习。结束动作时，①②号多加练习以上两个步骤，顺势发力。

（4）保护帮助

开始动作中，保护者在①号右侧呈半跪姿态，在①号向上穿腿时，保护者左手抓住其膝盖,辅助向上发力的同时右手放在其腰部,以稳定其重心。配合过程中,②号在练习鱼跃前滚翻时,需要在前方放置一个垫子,提高落地时的安全性。

(二)三人配合

1. 动作一

(1)动作描述

起始姿态①号在左前、②号在左后、③号在右;①、②、③号都以站立姿态开始。开始动作时,①号转体 180° 助跑三步,②号左腿上步、两手经体前摆动至前平举,右腿跟上下蹲的同时两臂向后摆动,③号转体 90° 助跑三步,身体下压,两手撑向地面。配合过程中,②号后手翻叠腿,③号两腿向后依次蹬地,使胸部触地向前滑行,滑过②号的起跳点,①号两脚同时起跳鱼跃前滚翻跃过②、③号。结束动作时,③号经过②号后右腿跪地站起,②号等①号跃过后,两腿向前交叉,跪步站起,三者同时进行。

(2)技术要点

开始动作时,①号精确掌握助跑起跳的时间与距离,②号上步距离适中,③号助跑方向根据②号上步的距离而定。配合过程中,③号滑行发力要比②号起跳稍微提前,滑行方向是②号的起跳点,①号起跳发力比②号略晚、等③号滑到②号脚下时起跳,②号后手翻起跳时间要精准,①、③号发力时间都根据②号起跳时机而定。结束动作时,②号要等①号跃过,③号滑过后收腿。

(3)辅助练习

①、②号先配合练习助跑起跳,③号在旁观察②号和①号的起跳位置和时间。配合过程中,①号单独完成鱼跃前滚翻,②号单独完成后手翻叠腿,③号单独完成滑行动作,③号滑行先配合②号练习起跳时间和滑行距离,③号再配合①号练习起跳时间和距离,最后①、②、③号同时完成动作。结束动作时,①、②、③号多加练习以上两个步骤,顺势发力。

(4)保护帮助

配合过程中,①号在练习鱼跃前滚翻时,在前方放置一个垫子,提高落地时的安全性;②号后手翻时站立于垫子前面,保护者站在②号右边,左手放置腰上,当②号起跳有一定高度时保护其重心。

2. 动作二

（1）动作描述

起始姿态①号为男生，②号为女生，③号为男生。①号在左边，②号在中间，③号在右边位置，①、②、③号面向一点方向，站立姿态开始。开始动作时，①号向左转体 90° 迈左腿，同时右手向上摆动、左手上举。②号两腿分开，同时右手抓住①号右手，随后上身转体 90°，左手向侧摆动至侧平举。③号转体 90° 迈右脚弓步，同时右手抓住②号左手。配合过程中，②号右腿在前、左腿在后向下滑成纵叉，随后两腿同时团身，两脚离开地面，臀部在地面向左转体 360°。③号在②号滑叉时，侧并步跳到②号后方，转体时，右手拉住②号左手向后发力，转体过程中，③号左手扶在②号背部。②号转体时，①号拉着②号右手顺势向前迈步，这时①③号调换起始位置。结束动作时，②号两脚踩地，①、③号左手扶住②号后背向前发力，帮助②号恢复重心站起，①、③号右手同时向上发力。

（2）技术要点

开始动作，①、②、③号控制间距。配合过程中，②号完成动作时，①、③号辅助②号控制身体重心，②号转体时重心稍微向后，保证两腿离开地面。

（3）辅助练习

开始动作，①、②、③号先放慢动作，熟悉后加快动作速度。配合过程中，①、③号先抓住②号手臂帮助②号滑叉，①、②、③号发力点稳定后，后半程转体可直接完成。结束动作可直接完成，①、②、③号先放慢动作，熟悉后再加快动作速度。

（4）保护帮助

完成动作时，保护者站到③号身后，防止②、③号失去重心。

3. 动作三

（1）动作描述

开始时，①号站于左侧，面向 7 点方向，②号站于中间，面向 3 点方向，③号站于右侧，面向 7 点方向，①、②、③号都以站立姿态开始。开始动作时，①号先迈右腿的同时左手抓住②号左手，然后①号左腿向前上步向右转体 90°，②号同时向后迈左腿，面向①号，③号迈左腿，右手向斜上方摆置斜上举，左手向斜下方摆置斜下举。配合过程中，①号摆右腿、蹬左腿，在空中直体转体360°，直体俯卧在②号右侧肩膀上。②号在①号起跳时，左手抓住①号左手向上拉起，①号转体时，②号右臂顺势抱住①号核心部位，让①号保持直体姿态俯卧在右肩上，②号向前迈步，穿过正在做正踢反转分腿前滚翻的③号。③号在①号起跳时，进行正踢反转前滚翻动作。结束动作时，②号松开左手，抱住①号身体向前倾斜，①号顺势两手撑地前滚翻下、跪步站起，②号放下①号后转体成站姿，同时③号转身跪起。

（2）技术要点

开始动作中，①、②、③号起始站位距离，①、②号提前抓手。配合动作时，①号先起跳、后转体；①号起跳时，②号左臂帮助①号起跳；转体时，②号右臂主动伸手侧身，转体完成后，①号俯卧时，身体要与地面保持平行，③号在前滚翻分腿时要放慢节奏。结束动作中，①号前滚翻结束时两手先撑地，②号在①号手撑地时上身向前移动，保证②号的重心向前，③号看到①、②号穿过以后再收腿。

（3）辅助练习

开始动作可直接完成，调整距离后，先放慢动作练习，熟悉后逐渐加快速度。配合动作时，③号先单独完成正踢反转分腿前滚翻动作，①、②号先练习不转体动作；②号起跳时，①号直接抱住其腹部到①号肩上，①、②号有一定默契度后，②号再加上转体动作，完成后，观察③号动作时所需要的距离，稳定以后，①、②号从不转体的动作开始配合，熟悉动作以后加转体。结束动作时，②号单独完成倒立前滚翻后，①号抱住②号腹部将其扛起，让其从肩上向下完成前滚翻，最后，③号两腿向上分开仰卧在地，配合①、②号完成动作。

（4）保护帮助

配合动作时，保护者站在前面，当②号快要失去重心时，两手抱住①号，减轻②号负重，同时保护①号落地。结束动作时，在①号落地方向放一块垫子保护其落地。

（三）五人配合

1. 动作一

（1）动作描述

起始姿态，①号在左前方、②号在左中方、③号在左后方、④号在中后方、⑤号在右后方位置，①、②、③号为纵队、③、④、⑤号为横排，面向一点方向站立姿态准备，①、②号为一组、④、⑤号为一组（两组动作相同、方向不同），③号单独动作。开始动作时，①、②号向后转体 180°，同时④、⑤号向右转体 90°。配合过程中，②、④号做正踢反转分腿前滚翻，同时①、⑤号做助跑鱼跃前滚翻，从②、④号正上方越过。③号则单独做一个毽子，五人同时完成动作。结束时，①号跪步站起，②号等①号跃过后跪步站起，④、⑤号与①、②号动作相同，③号毽子接转体 180° 姿态跳起落地。

（2）技术要点

开始时①、⑤号控制助跑距离，②、④号开始动作要快，③号控制助跑方向。配合过程中，注意①、⑤号的起跳时间，要在②、④号滚翻时起跳，②、④号控制好动作方向、距离、轨迹；③号要注意跟①、②、④、⑤号的配合，动作时间要一致。结束时，③号注意转体时的身体重心和②、④号的收腿时间，五人要求同时完成动作。

（3）辅助练习

开始时先慢动作练习，熟悉后逐渐加快速度。配合时①、⑤号先单独完成鱼跃前滚翻，②、④号单独完成正踢反转分腿前滚翻，③号单独完成毽子；②号先完成动作，①号观察其撑手滚翻的位置，确定位置以后，①号再与其配合练习，④、⑤号与①、②号练习方法相同。结束时，③号先练习毽子起跳，不加转体，身体保持直立；后练习直体转体 180°；最后练习姿态跳。五人动作稳定后，再进行集体配合练习。

（4）保护帮助

配合过程中，①、⑤号完成动作时，可在其前方放一块垫子，保护落地。

2. 动作二

（1）动作描述

起始姿态①号在中间，②、③、④、⑤号分别在①号的右前、左前、右后、左后方位置，①号面向八点方向，②、③号面对面两腿分开站立，④、⑤号面对面两腿分开站立。开始时，①号两手架于②、③号肩部上方，腿向前上步；当①号两手抬起时，②、③号内侧手臂从后方抓①号肩部。当①号上步时，②、③号两腿半蹲，外侧手臂托住①号腰部；④号向①号的方向移动，⑤号原地等待。配合时，①号上步后，上身向后仰至②、③

号胸部位置,①号右腿经体前向上摆,做拉拉提,并以纵叉姿态结束回至低托位；当①号右腿摆过水平面后,②、③号托①号腰间的手向斜后上方发力推起；当①号拉拉提翻转到2/3时,④号两手抱于①号前腿、⑤号左臂抱于①号后腿、右臂抱于①号腹部位。结束时,④号抱①号转体180°,当④号抱转时,⑤号放开①号前腿；①号两手离开②、③号,身体向上立起,两腿分开坐在④号胸前,左手贴腹、右手上举；当④号抱①号转体后,①号上身经体前向下两手撑地前滚翻下单臂俯趴姿态结束；当①号撑地后,④号两臂将①号两腿向体前放下；②、③号在④、①号转体时,向外侧手翻。

(2)技术要点

开始时,②、③号内侧手臂要快速到位,同时身体重心要低。配合时,①号上身位置不能超过②、③号肩膀,右腿摆动速度要快；②、③号外侧手臂要配合①号摆腿惯性发力；④号两手提前准备抓腿；④号抱①号后腿时,左臂保持水平高度,右臂抱腰时要快,①号向上立起时,背肌发力；④号转体时上身重心微微向后倾斜,①号前滚翻时,两手主动撑地。

(3)辅助练习

开始时先慢动作练习,熟悉后逐渐加快。配合过程中,②、③号配合①号先练习翻转360°,④、⑤号观察①号两腿的落地时机,熟悉后,⑤号练习抓腿时机,④号练习抱腿、抱腰动作。结束时,④号可以先抱①号练习前滚翻,动作熟悉后,再练习转体180°,方向稳定后,练习完整动作。

(4)保护帮助

开始时在垫子上练习,保护者口令提示。配合过程中,保护者站到②、③号后面,保护②、③号重心与①号的安全性。结束时,保护者站到④号右侧,保护④号转体时的重心稳定。

3. 动作三

(1)动作描述

起始姿态,①、②、③、④、⑤号为斜排站立,①号在右后方、③号在中间、⑤号在左前方位置,都以面向两点方向站立姿态准备。开始动作时,⑤号助跑两步,向④号方向移动；④号两脚起跳,两腿并拢向后弯曲；落地时,两腿分开半蹲,两手撑在膝关节位置,上身向下至水平面；

③号向7点方向迈步；②号右腿向侧滑步，然后向前上步；①号向3点方向并步。配合过程中，④号保持半蹲姿态，⑤号助跑后，上身向左转体，左肩先接触④号背部，然后右腿先经体侧向上摆动，左腿后蹬起离地；⑤号上身经仰卧，翻滚过④号背部，两脚依次落地；③、①号单臂拧翻身，②号正踢反转360°前滚翻。结束时，⑤号落地后，左腿侧摆腿跳，然后两腿并拢成站姿；④号向三点方向迈步，两手撑地，左腿下蹲，右腿向外绕圈180°成单腿跪地；③号单臂拧翻身后，左腿弓步下地，转体360°成单腿跪地；②号前滚翻后成单腿跪地；①号单臂拧翻身后，转体360°成站立姿态。

（2）技术要点

开始动作时，⑤号控制助跑距离，其他人注意迈步方向。配合过程中，⑤号要在重心稳定后左腿再蹬离地面，保持动作流畅。结束动作时，五人动作同时完成。

（3）辅助练习

配合过程中，⑤号先在地面上练习左右翻滚，然后准备一个有一定高度的垫子，加上助跑练习完整动作；稳定后，④号配合其练习，其他人可直接完成。

（4）保护帮助

配合动作时，⑤号完成动作中，保护者站到其后面，防止①号重心不稳。

第四节　竞技健美操表现力训练教学

一、竞技健美操表现力理论教学

（一）竞技健美操表现力的概念

竞技健美操运动中，表现力是指具备一定认知力、观察力、理解力以及想象力的竞技健美操运动员运用身体形态、表情、配合动作以及运动路线，将动作和音乐的内涵转化为自己的内在情感，自信地展现出成套动作的艺术风格及魅力，从而吸引、感染观众与裁判的能力。

竞技健美操运动员艺术表现力的构成如图7-62所示，外在表现和内在情感紧密联系，构成了完整的结构体系。

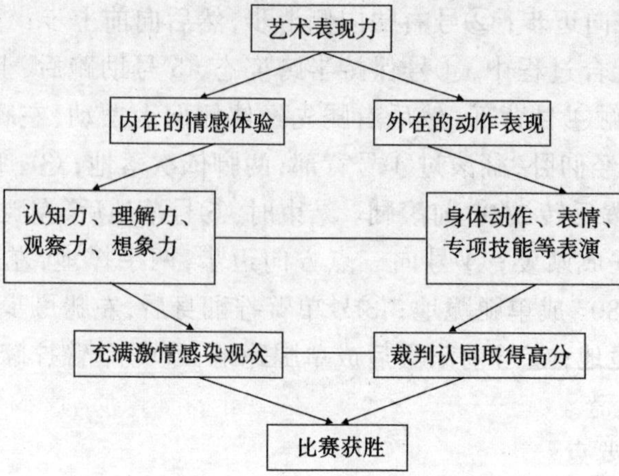

图 7-62　竞技健美操运动员艺术表现力的构成①

（二）竞技健美操表现力与运动员竞技能力的关系

运动训练学指出，运动员的竞技能力一般由体能、技能和心智三个部分组成，每个部分又包含若干子因素，如图 7-63 所示。

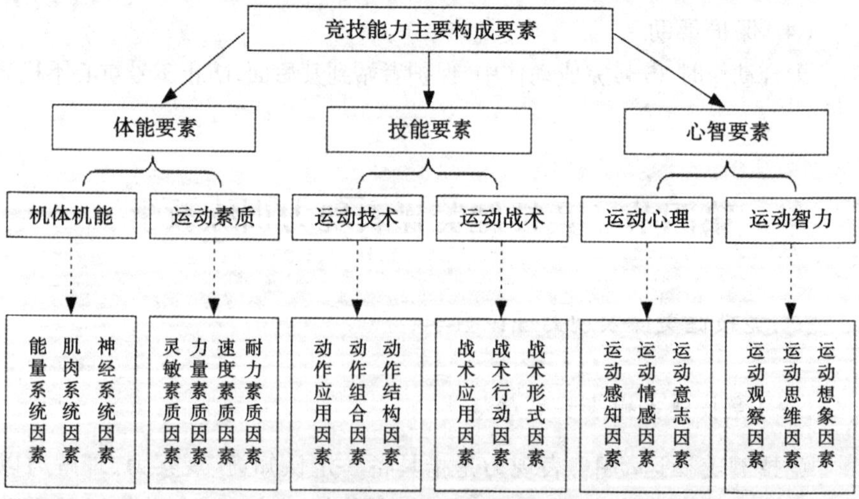

图 7-63　运动员竞技能力的构成因素②

① 刘雪菲．艺术表现力在竞技健美操运动中价值及其培养途径的研究［D］．吉林体育学院，2013：35．

② 胡亦海．竞技运动训练理论与方法［M］．北京：人民体育出版社，2014：67．

也有学者将竞技能力的结构划分为竞技实力和发挥能力两个部分，然后在此基础上又明确了各自的组成因素，构成了三级竞技能力结构图，如图 7-64 所示。根据这一观点，可以从竞技实力和发挥能力两个方面构建竞技健美操运动员竞技能力结构图，竞技能力指的是运动员的参赛能力，健美操运动员的参赛能力在比赛过程中主要表现于竞技实力及发挥能力中。

竞技健美操运动对参赛运动员的战术能力没有较为明显的要求，所以体能和技能是构成健美操运动员竞技实力的两个重要结构因素。健美操运动员在赛场上的发挥能力不仅体现于身体素质、技术等竞技状态上，还体现于艺术表现和自我调节能力上，其中艺术表现主要是指运动员的艺术表现力。健美操运动员在比赛中既要保持良好的竞技状态，利用好体能优势和技能优势，又要充分发挥自己的艺术表现力，并通过自我调节与队友相互配合，从而取得优异的比赛成绩。健美操运动员竞技能力的结构如图 7-65 所示。

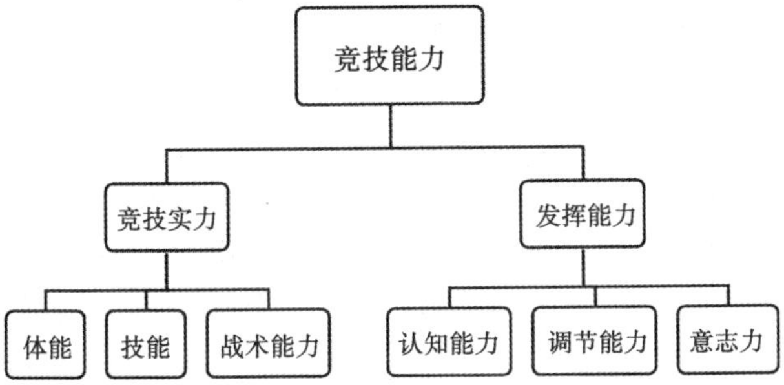

图 7-64 三级竞技能力结构图①

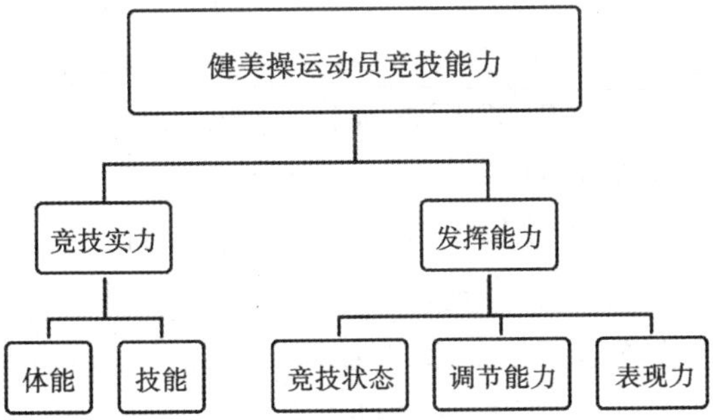

图 7-65 健美操运动员竞技能力的结构②

① 程锡森．竞技健美操运动员表现力研究[D]．华中师范大学，2006：40．
② 同上．

从上图来看,健美操运动员的竞技能力结构体系中包含表现力,表现力是竞技能力的构成因素与重要体现,运动员的表现力水平直接影响其竞技能力的发挥和比赛结果,甚至对比赛胜负有决定性影响。可见在竞技健美操教学与训练中,表现力的培养与训练必不可少。

(三)竞技健美操表现力的影响因素

1. 形态因素

竞技健美操运动具有健、力、美等项目特征,运动员的身体形态对其健、力、美的表现都有影响,能够给人留下直观的第一印象,身体形态是否良好,直接决定了印象分的高低,进而对比赛成绩产生了很大的影响。

运动员身体形态因素对其表现力的影响非常重要,因此在健美操运动员选材与培养中,要考虑影响运动员身体形态的先天基因因素和后天身体形态的可塑性,并在竞技健美操运动员培养与训练中加强基本功训练,塑造运动员良好的强健优美、端庄大方的身体形态,这有助于其在比赛中完成具有良好表现力的动作,增加对观众的吸引力。

2. 运动员专项能力

健美操运动员要完成高质量的健美操动作,就要懂得手臂和下肢如何发力,如何控制动作速度与力度,这些能力都和健美操运动专项特点有关,所以说运动员的专项能力对其在完成健美操成套动作中的表现力具有重要影响。健美操的“技术”含量虽然不及技巧类项目,但是竞技健美操成套动作之所以有很强的观赏价值,和其中的操化动作丰富多变有很大的关系。操化动作的多样性是竞技健美操运动的一个重要特征,多样性表现为手脚配合的多样性、动作路线的变化多以及难度动作在配合上是多变的等多个方面。

有的观众会认为竞技健美操运动员的表现力主要就体现在他们的面部表情上,面部表情是表现力的一个方面,而运动员完成动作的过程、举手投足的肢体语言是其表现力非常重要的呈现方式,运动员只有结合健美操专项特点进行训练,才能在各个方面充分展现自己的艺术表现力,从而达到专业的动作效果。

结合专项进行训练对健美操运动员的专项身体素质也提出了较高的要求,运动员专项力量水平影响其动作弹性和姿态控制,柔韧水平影响其关节活动范围和动作的优美性，协调能力影响其动作的自然变化与衔接，只有各方面能力达到专项要求，才能表现出成套动作的动态美，才能将内在情感充分表达出来，从而征服裁判与观众。

3. 心理因素

健美操运动员的表现力还与其心理因素有关，主要表现为与气质类型和性格有关。

（1）气质

一般来说，多血质、胆汁质性格的健美操运动员的表现力更好一些，因为这两种气质类型的运动员所具备的气质特征（如兴奋性强、精力旺盛、敏捷灵活、情感丰富、容易建立条件反射、有感染力等）和竞技健美操运动对运动员表现力的专项要求（如力度感、节奏感、活泼热情、自信表达、全心投入等）的契合度非常高。

（2）性格

健美操运动员的性格也直接影响其表现力水平和比赛中表现力的发挥。性格是心理特征的重要表现，具有相对稳定性，运动员对自己所从事项目、对周围环境、对队友或对手以及对自己的态度都能够从其性格中体现出来。运动员的性格直接影响其运动行为和个人运动特征。竞技健美操运动要求运动员有乐观、稳定的情感，有坚强的意志和果断的精神，稳定、乐观、坚强、果断都是性格的重要表现。满足上述性格要求的健美操运动员在自我控制上会表现得更好一些，在比赛中表现力更强一些，具体表现为冷静分析意外事件，灵活处理问题，机智化解难题，充分表现自身特长与优势等。

4. 动作编排

竞技健美操编排在动作设计上要有艺术性，要对运动员完成动作时的艺术表现力有较高的要求，具体要求是操化动作多变，难度动作有创新，过渡动作自然流畅，成套动作连贯完整，表现主题，动作与音乐一致，队员之间默契配合，整个队伍感染力强，等等。在动作编排中编排者要先确定主题，然后以主题为依据对动作进行设计与选择，并按照一定的规律与关系连接各个动作，最终形成完整的具有艺术性的成套动作。健美操创编者的想象力、创造力、艺术素养等在成套动作的编排成果中有充分的体现。

5. 音乐

音乐的律动性是健美操运动的重要特点之一，没有音乐伴奏的健美操是没有灵魂的。从健美操运动的形成初期就与音乐密不可分，健美操运动经过漫长的时期发展至今，与音乐的关系越来越紧密，已然成为不可分割的整体。健美操运动的意境、情感能够从音乐中表现出来，音乐是影响健美操运动员表现力的关键性因素。在竞技健美操比赛中，不同队伍可能会选择同一个音乐伴奏，但是动作编排各有特色，能否将动作与音乐完美结合，将成套动作的主题充分表达出来，直接影响最终的分数。有的运动队只顾完成动作，与音乐的契合度很低，音乐更像是一个不起眼的附属品，存在感很低，发挥不出价值，这样也很难使运动员充分发挥自己的表现力。有时运动队选择的音乐不合适，与他们的成套动作主题风格不符，动作节奏跟不上音乐节奏，运动员的动作效果大打折扣。

每个音乐作品都有自己的独特性，优美的旋律、鲜明的节奏、独具特色的风格是健美操音乐的重要特点。在竞技健美操比赛中，必须选择恰当的音乐作品，而且要跟随音乐节奏的变化而变化动作，要跟着音乐的节奏律动表达激情，抒发内心情感，将动作风格展现得淋漓尽致，使音乐与动作融为一体，这样运动员的表现力就会大大提高，这方面的得分也会提高。

6. 舞蹈基础

竞技健美操运动的“美”在单一、没有任何变化的动作中是很难体现出来的，健美操运动员连贯完成成套动作的能力是其表现力的重要体现，这对运动员的舞蹈基础提出了一定的要求。健美操与舞蹈本身就关系密切，有很多共同点，如和音乐紧密联系，动作的表现具有艺术感染力，完成动作的过程中要控制好面部表情和身体姿态。对多种风格的舞蹈都比较熟悉的健美操运动员在动作表现上更有感染力，表现力更强，而舞蹈基础差，对舞蹈知之甚少的运动员很难对健美操动作的不同表现形式有深刻的体会，其在完成动作时的表现力也不尽如人意，很难吸引与感染观众。

二、提升学生竞技健美操表现力的训练方法教学

在高校竞技健美操教学与训练中，要提升学生的表现力，就必须从影响竞技健美操表现力的因素着手，加强包括专项技术、身体素质、心理素质、音乐素养以及舞蹈基础等在内的全方位训练。

（一）专项技术训练

学生在专项技术训练中要不断反复练习技术动作，熟练掌握各项技术并能连贯完成成套动作，最终达到运动技能发展的自动化阶段，养成良好的动作习惯，从而在比赛中高质量完成成套动作。

在竞技健美操日常训练中将专项技术训练重视起来，使学生保持良好的竞技状态，在比赛中有稳定的发挥。日常训练也要结合音乐进行训练，将学生置身于音乐环境中进行有节奏的训练，随着音乐的变化而调整动作节奏、力度、速度、方向及路线，将动作的技巧性与难度性展现出来，并发挥想象力进行动作创新，加入新鲜的元素，以完善成套动作，提升动作本身的艺术表现力和感染力。在训练过程中还要合理安排运动负荷，最终在完成动作的稳定性、熟练度、难度上都能有所突破，为比赛做好充分的准备。

（二）身体素质训练

身体素质是竞技健美操运动员在比赛中成功完成成套动作及充分表现自己健美操艺术修养的基础保障。身体素质是影响健美操运动员表现力的重要因素，而影响最为明显的身体素质是力量素质、速度耐力素质、柔韧素质、协调和平衡素质。因此，在竞技健美操表现力训练中要将这几方面身体素质的训练重视起来。

1. 肌肉力量训练方法

（1）上肢肌肉力量训练

判断一个人是否拥有强壮的体力时，可将臂力作为一个评价指标，人体的健、力、美体现在身体各个部位，其中就包括上肢部位，即手臂粗壮有力，肌肉线条清晰。肱二头肌和肱肌是上肢肌群中两个非常重要的组成部分，分布在上臂前面，前者位于浅层，后者位于深层。它们作为上肢屈肌中的一部分，具有使肘关节弯曲和旋外、使上臂靠近前臂的功能。这两类肌肉的发达可以使上肢更加具有健美感。因此，在健美操上

肢肌肉训练中尤其要重视针对肱二头肌和肱肌的专门训练。

下列上肢力量训练方法对增强学生上肢肱二头肌和肱肌的力量以及增加上肢的健美感具有重要作用。

①单臂低位拉力器站姿弯举

预备姿势：

背对拉力器，两脚开立，左手用反手握法将拉力器握把握住，手腕放松，上体挺直，肩部自然下沉。

练习方法：

练习时，屈肘用力将拉力器向上提，提到最大程度后还原。

反复练习，两手交替练习。

②吊索胸前下拉

预备姿势：

正对拉力器，两脚开立，双手以正手握法将吊索两头握住，手腕保持自然状态，肘部在体侧将身体紧紧夹住，肩膀保持自然下沉状态。

练习方法：

练习时，肘关节伸展将拉力器绳索用力向下拉，前臂降到臀部高度后向内侧转，然后慢慢还原。

反复练习若干次，巩固练习效果。

③坐姿反握腕弯举

预备姿势：

坐在凳子上，上体微微前倾，双手将杠铃反握（掌心向上），窄握距。前臂支撑于大腿上，手腕位置比膝关节高。

练习方法：

松手，让杠铃从掌心向手指方向滚落，杠铃到达手指上时，立即向上屈腕，使杠铃再滚落到掌心。

反复练习，巩固效果。

④跪立臂屈伸

预备姿势：

左侧小腿跪在长凳上，右手放在长凳上（位于小腿前方），手臂伸直以支撑身体重心，左手持哑铃，肩关节伸展使上臂平行于地面，肘弯曲。

练习方法：

练习时，持哑铃手前臂伸直，再屈肘，反复练习。

（2）腰腹部肌肉力量训练

腰腹部是非常重要的身体部位，其作为身体的枢纽，将人体上、下部分连接起来。腰腹部被称为“万能轴”，人体做各种屈、旋转等动作几乎都要以腰腹部为轴。很多生活技能和运动技能都要依赖人的腰腹部力量才能完成，腰腹部承担的工作极为繁重。此外，人体很多重要器官也都集中放在人体腰腹部，如消化器官、排泄器官等。

人体站立、端坐、行走都离不开腰腹肌群参与工作，增强腰腹部肌肉力量，能够起到预防不良身体形态的作用，如对脊柱弯曲、驼背等的预防等，同时能够使腹内压提升，对腹腔器官起到保护作用。

腰腹肌肉美是形体美的重要组成部分，要通过健美操训练获得形体美，保持健康向上的气质，就要通过专门的腰腹部肌肉锻炼来使腰部更加细壮挺拔，使腹部扁平又结实。

下面对腰腹部肌肉力量训练的几种常见方法进行分析。

①侧板式支撑

预备姿势：

在垫子上成跪姿，伸展髋关节，身体协调用力同时向右侧弯，左手置于身体正下方，左臂支撑身体。

练习方法：

练习时，右腿向异侧方向（左侧）伸展，以右脚内侧着地，然后左腿缓慢向异侧方向（右侧）伸展，两脚并拢，此时身体成一条斜线，保持数秒，还原。

反复练习，左右两侧交替练习。

②坐姿扭转

预备姿势：

在器械凳上坐好，双脚紧紧踩在踏板上。用固定器固定好两侧肩膀，双手将固定器握把牢牢握住。

练习方法：

练习时，主要由腹部发力，带动身体向左右两侧来回扭转，每一侧都要扭转到最大限度。

反复练习，提升腹肌力量。

③支撑屈膝上举

预备姿势：

将两只手臂的前臂和肘关节放在器械的托架上，腰部向身后的支撑靠背贴近，两腿伸直，两脚并立。

练习方法：

练习时，屈膝举腿，使大腿平行于地面，上体保持稳定，慢慢还原。

反复练习。熟练后进行难度较大的支撑直腿练习。

④拉力器侧身扭转

预备姿势：

站姿为身体左侧对着拉力架，两脚分开而立，双手在身体左侧同时将拉力器握把握住。

练习方法：

练习时，向右扭转上体，双手用力将拉力器握把向右侧肩上方拉，拉至手臂充分伸展即为最大限度，目随手动，到最大限度时稍停数秒，然后慢慢还原。

重复练习，熟练后换另一侧继续练习。

⑤悬垂屈膝举腿

预备姿势：

双手将器械横杠紧紧握住（宽握距），身体成基本悬垂姿势。

练习方法：

练习时，屈膝上提，使大腿与躯干先成直角，再继续上提至大腿与躯干成锐角，双膝尽可能靠近胸部，上体保持固定。屈膝上提至最大限度后慢慢还原。

反复练习，以发展腹直肌和股直肌。

⑥身体旋转

预备姿势：

两脚开立（宽站距），将杠铃置于体后肩膀上。

练习方法：

身体缓慢做左转动，转至最大限度后还原，然后向右转动，同样转至最大限度再还原。

身体向两侧来回转，反复练习，以增强腹内斜肌和腹外斜肌的力量。

（3）背部肌肉力量训练

健美的形体必然包括强壮有力的背部。在竞技健美操身体训练中加强背部肌肉力量训练，不仅能够获得形体美，增强背部力量，对预防和矫正驼背等不良身体形态有积极的作用。

进行背部肌肉力量训练可以采用以下方法。

①直臂下拉

两脚一前一后，上体稍向前倾，挺胸、收腹、立腰。双手以正握方式将拉力器握住（中握距）。练习时，肩关节伸展，背部发力，同时两手协调用力将拉力器拉向大腿前侧。

注意拉到最大限度时稍控制几秒，然后还原。反复练习。

②俯身杠铃划船

两脚开立，稍屈膝，双手正握杠铃（宽握距），挺胸、收腹、立腰。稍向前俯身。背部发力，同时两手协调用力将杠铃拉到腹部前，稍控制一下，然后还原。

③单手哑铃划船

右手和右侧膝关节置于长凳上支撑身体重心，左手持哑铃，俯身使背部平行于长凳，身体保持不动。持哑铃的左手先自然下垂，然后屈肘向后、向上提拉到最高位置，肘始终保持向后的姿势。控制数秒，然后还原。

反复练习数次，然后换另一侧手臂练习。

④正手颈前下拉

正对器械坐在器械凳上，膝盖抵在器械的固定轴下面，将双腿固定好，上体保持直立，手臂分别向两侧前上方伸展，双手正握拉杆两头（宽握距）。练习时，屈臂同时将拉杆向下拉到与胸齐平的高度，下拉后肘关节位于体侧，拉杆与颈部距离很近，然后逐渐还原。

反复练习，以增强背阔肌、胸大肌的力量。

⑤单臂俯身划船

两脚开立，膝盖微屈，上体以骨盆为轴向前屈。右手将拉力器紧紧握住，手臂充分伸展，左臂弯曲，将左手放在左腿膝部以支撑重心。练习时，右手屈臂将拉力器上提至腹前，然后手臂伸展，慢慢还原。

重复练习数次，两臂交替练习。

（4）下肢肌肉力量训练

腿是非常重要的身体部位，它是人体的支柱，支撑着人体各种各样的活动。健美的体格往往要求双腿线条流畅，这也能彰显人的生命活力，并且是维持运动的重要保障。从健美操的审美视角来看，评价大腿是否健美，要看股四头肌是否结实而丰满、健壮而有力，肌肉线条是否清晰，小腿肚的外观是否看起来呈纺锤形、并且适当向外鼓。如果腿太细，会让人觉得没有力量，比较柔弱，如果双腿太粗，会让人觉得笨重，身体不灵活。健美的双腿应该是苗条修长、结实健硕的，在竞技健美操身体训练中通过专门的腿部肌肉力量训练能够使人的双腿更加健美。

下面介绍几种常见的腿部肌肉力量训练方法。

①仰卧腿屈伸

按练习要求在训练器械上坐好，背部与器械靠背紧贴，脚放在平台上，两脚分开，间距等于肩膀宽度，根据自己的身体特点和练习需要对座椅与平台的距离进行调整，稍屈膝，重力放在两腿上。

练习时，屈膝、屈髋，使器械平台下降，直至屈膝至大小腿垂直时，恢复预备姿势，反复练习。

②器械腿内收

按要求在器械练习机上坐好，两腿分开与两侧垫板紧紧贴住，将两腿展开的角度调整好，上体保持直立，双手将器械握把握住。

练习时，两腿同时用力向内侧收，使两侧垫板尽可能靠拢，收至最大限度时控制数秒，然后还原。反复练习。

③拉力器单腿内收

站位为侧对拉力器，如身体左侧对着拉力器，左脚踝与拉力器连在一起，重心慢慢转移至右腿，左手扶拉力架，右手自然垂于体侧。

练习时，左脚用力向右前上方拉，在右脚前上方交叉，至最大限度时保持片刻，然后还原。

重复数次，换脚继续练习。

④拉力器单腿外展

站位为侧对拉力器，如身体右侧对着拉力器，而将左脚踝与拉力器连在一起，重心慢慢转移至右腿，右手扶拉力架，左手自然垂于体侧。

练习时，左腿向左侧外展直至最大限度，然后还原。

重复数次，换另一侧脚继续练习。

2. 速度耐力训练方法

（1）花式跳绳

进行跳绳练习，如单人跳、双人跳、带人跳，跳绳时身体始终正直，每一组都要连续跳，不能中断，练习负荷要求如下：

练习强度：55%–60%。

练习数量：30–40 次 / 组，共 5 组。

间歇时间：组间 5 分钟。

（2）跳与跃组合

将健美操竞赛规则中的跳与跃两类动作组合起来循环练习，练习过程中身体姿态始终保持准确、规范，不断增加练习难度。练习负荷要求如下：

练习强度：55% –60%。

练习时间：4–6 分钟 / 组，共 5 组。

间歇时间：组间 10 分钟。

（3）成套练习

循环练习成套动作，包括难度类动作，练习过程中身体姿态始终保持准确、规范。练习负荷要求如下：

练习强度：55% –60%。

练习数量：1–2 套 / 组，共 5 组。

间歇时间：组间 5 分钟。

3. 柔韧性训练方法

柔韧素质是身体素质的重要组成部分之一，因而柔韧性练习是竞技健美操体能训练的一项重要内容。在健美操柔韧性训练中，主要通过对肌肉、关节的拉伸而增加肌肉的弹性与身体的灵活性，从而为完成竞技健美操成套动作打好基础。

在柔韧性训练过程中，伸展练习是非常重要的一种练习方式，不同练习者的伸展练习应该具有针对性和个性化，应该从个体肌肉结构和肌肉紧张度出发进行专门设计，练习时在确保安全的前提下挑战自我极限，坚持不懈，有效提升柔韧水平，从而提升身体健康水平，塑造形体美，以及有效预防运动损伤。

（1）上肢柔韧性训练

①前臂肌伸展练习

以站立单臂伸展为例。

两臂在体前平举，掌心朝上，一手握住另一手五指向下拉伸，拉伸到最大程度时保持 10–30 秒。两侧手臂交替练习。

②上臂肌伸展练习

双手交叉伸展：两脚开立，挺胸收腹，后背挺直。手臂放在背后，双手十指相交，吸气，手臂在体后向后上方充分伸展，呼吸应均匀、自然，伸展到最大限度时保持 10–30 秒，还原，反复练习。

体侧屈臂伸展：侧对墙壁以小弓步姿势站立，立腰直背，目视前方，靠近墙一侧的手臂屈肘至前臂与上臂垂直，并将前臂贴在墙面，大臂与肩齐平，另一侧手叉腰，身体随呼气向与墙壁相反的方向扭转，扭转至胸肌达到中等紧张度时，保持 10–30 秒，还原，两臂交替反复练习。

上举屈臂伸展：两脚开立，两臂举过头顶，右臂向后背弯曲，使肘朝上，用左手抓右臂肘关节并向左侧拉引，最大程度地拉伸右肱三头肌，保持 10–30 秒，还原。两臂交替反复练习。

屈臂侧弯：两脚开立，右臂上举再向左侧弯，肘关节向上，右手扶在头左侧位置，左臂自然落在体侧，身体尽力向左侧弯，到最大限度时保持 10–30 秒，还原，两侧交替练习。

手臂十字伸展：两脚开立，立腰直背，左臂横于胸前，掌心朝内，右臂向上屈肘，用前臂将左上臂固定住，此时两臂成十字形，保持 10–30 秒，还原。两臂交替反复练习。

（2）下肢柔韧性训练

①股四头肌伸展练习

站立单腿屈伸：身体背对把杆，两脚开立，立腰直背，右手将把杆扶好，稍收腹，重心放在右腿，左腿向后屈膝，脚面置于把杆上，身体缓慢后移使臀部贴近左脚，这样大腿前侧肌肉能够得到充分伸展，保持 10–30 秒，还原。两脚交替反复练习。

跪姿单腿屈伸：先按左弓步的要求站立，然后右膝跪地，上体直立，左腿屈膝，左手放在左腿膝关节处，右手将右脚踝握住向臀部方向拉伸，充分伸展右大腿肌肉。保持 10–30 秒，还原。两侧交替反复练习。

②小腿三头肌伸展练习

弓步伸展：成右弓步姿势，左脚牢牢踩地，左腿膝关节绷紧，上体尽可能挺直，保持 10–30 秒，还原。两侧腿交替练习。

勾脚伸展：身体面对墙壁，双手扶在墙面上，勾右脚，脚尖贴墙，上体前倾，重心向前移至右脚上，以拉伸左侧小腿肌肉，保持 10–30 秒，还原。两侧腿反复练习。

③臀大肌伸展练习

仰卧双腿十字屈伸展：仰卧在垫子上，两腿屈膝向上体靠拢，右脚脚踝放于左大腿上，右手穿过右腿空隙与左手十指相交（将左腿小腿抱住），上体紧贴垫子保持不动，屈臂拉左腿使之向身体靠近，充分拉伸右侧臀部肌肉。保持 10–30 秒，还原，两侧交替反复练习。

站立单侧屈腿伸展：正对把杆站立，手扶杆，屈膝下蹲，左脚置于右侧大腿上，上体挺直，继续屈膝下沉，臀部后坐至最大程度时保持 10–30 秒，还原，两侧交替反复练习。

④腘绳肌伸展练习

坐姿双腿伸展：坐在垫子上，两腿伸直且并拢，上体直立，躯干与腿成直角，身体以髋关节为轴向前倾，手臂向前伸展，用双手触碰脚尖，尽可能使身体向大腿靠近，至最大限度时保持 10–30 秒，还原。反复练习。

坐姿单腿伸展：坐在垫子上，两腿伸直，左腿折叠，左脚贴近右腿大腿根，上体以髋关节为轴向前倾，同时两臂向前伸直，用双手去抓右脚脚尖，尽可能使上体向右腿靠近。保持 10–30 秒，还原。两侧腿交替反复练习。

站立腹背伸展：两脚开立，向前下方尽力俯身，两臂伸展下垂，十指相交触地，保持 10–30 秒，还原，反复练习。

（3）躯干柔韧性训练

①胸大肌伸展练习

站姿主动伸展：侧对墙以小弓步姿势站立，立腰直背，靠墙一侧手臂屈肘至大小臂垂直，小臂贴于墙上，大臂与肩齐平，肩部保持水平状态，身体向墙壁反方向扭转，直至感到胸肌达到中等紧张度时停止扭转，保持 10–30 秒，还原，两侧手臂交替反复练习。

坐球被动伸展：在健身球上坐好，保持平衡。同伴站在身后，一侧腿屈膝提起顶在练习者的背部位置，双手将练习者的手臂上侧握住，并适当用力将练习者的两臂拉向中间。练习者感到胸大肌的拉伸感。

背靠球坐姿被动伸展：背靠健身球坐好，两臂向后屈肘，双手十指交叉抱头，同伴站在健身球后，一腿将健身球抵住，另一腿成弓步位于球的外侧，双手将练习者的小臂握住，用中等力度向后拉引，练习者身体不要晃动，保持稳定和平衡，并保持自然呼吸，坚持片刻，还原，反复练习。

②背阔肌伸展练习

站立伸展：两脚开立，两臂在体前平举，掌心朝外，十指交叉，低头含胸，向后拱背，体会背部肌肉的拉伸感，拉伸到最大限度时保持 10–30 秒，还原，反复练习。

站立侧伸展：两脚开立（间距大于肩宽），一侧手臂上举，另一侧自然落于体侧，身体向上举手臂的反方向侧弯，收腹，脊柱充分伸展，保持5-10秒，还原，两侧交替反复练习。

站立弓背：两脚开立，手臂在体前伸展，双手十指交叉，缓慢推背向后拱起，尾骨内收，体会骨盆后倾的感觉。

站立俯身：正对把杆，两脚开立，两臂向前伸展，双手扶杆，两手间距大于肩宽，对双脚与把杆之间的距离进行调整，上体前俯至躯干与两腿垂直，保持10-30秒，还原，反复练习。

③腹直肌的伸展练习

弓式伸展：在垫子上俯卧，向上屈膝，双手将两脚脚踝握住，身体形成弓形。在四肢的拉引下，上体慢慢离地，两臂和双脚尽量向上伸展，试着用腹部支撑，坚持数秒，还原。

俯卧主动伸展：在垫子上俯卧，屈臂至大小臂垂直，前臂贴地，腹部也与垫子紧贴，肩膀放松，上体用力向上伸展，体会腹部拉伸感。或者两臂伸直、双手撑地，带动上体离地，充分伸展腹部，注意切忌端肩，保持10-30秒，还原，反复练习。

靠球仰卧伸展：坐在垫子上，身后放一个健身球，身体与球体贴近，屈膝，两脚蹬地，带动球向后滚，身体缓慢向后躺在球体上，肩胛骨和腰背部都应该在球上，头也贴球面，手臂在头后充分伸展，腿伸展放松，用两脚控制身体的平衡。反复练习。

④腹内斜肌和外斜肌的伸展练习

坐姿扭转：在垫子上坐好，右腿屈膝经过左腿着地，使右脚紧贴左腿大腿外侧，左手抱右腿膝关节外侧，右手放在身后地面，手臂伸展支撑重心。向右侧转换转体，转到最大限度时保持10-30秒，还原，两侧交替练习。

坐姿伸腿扭转：在垫子上坐好，双腿伸直分开，两臂在体后伸展，用手掌撑地，身体稍后倾。右腿靠近左腿并上抬，使右脚脚跟紧贴左脚脚趾，抬臀，上体缓慢向左扭转，双脚内侧贴地，保持5-10秒，然后身体向右侧扭转，同样保持5-10秒。两侧交替进行。

4. 协调性训练方法

协调性也就是配合性，它是指人体在神经系统的控制下，身体各部位肌肉、关节在准确的时机，释放大小适宜的力量，并以适宜的速度达到运动要求的能力。协调性的强弱直接影响人的爆发力、柔韧性和平衡力，也影响完成技术动作的综合能力。因此，学生要通过身体训练提高健美操表现力，就不能忽视协调性训练。

下面简单分析一般协调能力的几种简易练习方法。

（1）各种跑

进行不同步伐、不同方向的跑步练习，跑步中加上踢腿动作，如交叉步前进或交叉步后退、快速转身跑、快速倒退跑、边踢腿边跑等。跑步中注意步伐、方向的变化。

（2）模仿做对侧动作

教师徒手做一套操类运动，学生在教练身后做和教师动作相反的一套操，动作相同，方向相反。

练习中增加组合变化来提高练习难度。

（3）弹簧走

短距离"弹簧步"练习，尽可能伸展踝关节，动作幅度尽量大。注意练习中以前脚掌着地。

5. 平衡力训练方法

将健美操竞赛规则中规定的平衡动作单独提出来进行练习，练习时间逐渐增加，练习内容主要包括平衡类动作、转体类动作、高踢腿类动作、劈腿类动作等。

练习负荷要求有以下两种情况：

练习负荷一：

练习强度：90%。

练习时间：12-20 秒 / 组，共 5 组。

间歇时间：组间 3 分钟。

练习负荷二：

练习强度：100%。

练习时间：8 12 秒 / 组，共 3 组。

间歇时间：组间 4 分钟。

（三）心理素质训练

优秀的竞技健美操运动员身体素质都很强，技术水平都很高，在体能和技术水平相当的情况下，决定比赛结果的因素就转移到运动员的心理素质上。竞技健美操是"高、难、美"竞技运动，运动员训练与比赛的过程是身体活动与心理活动的统一，健美操运动员要在有限的时空环境下高质量地完成比赛动作，并通过动作表达自己的情感，展现自己的气质，彰显健美操的艺术表现力及艺术内涵，这些都对运动员的心理素质提出了较高的要求。健美操动作完成的质量直接受运动员心理素质的影响，心理素质较差的运动员很难在完成动作的过程中通过表情和肢体语言流露真实情感，这样会弱化运动员的表现力，难以吸引与感染广大观众。因此，在高校竞技健美操表现力教学与训练中，要将心理素质的培养与训练纳入训练计划中，将这方面的训练重视起来。

下面具体分析学生自信心训练和应变能力训练。

1. 自信心训练

学生在竞技健美操比赛中要想取得好的比赛成绩，首先要有这份渴望和期待，然后转换为强大的动力，在这份动力下表现出自己最好的一面。学生渴望获胜不能只是内心想想而已，还要有信心相信自己可以获胜并能为之努力。如果没有自信，哪怕对冠军有强烈的期待与渴望，也很难迈出关键的一步。所以，在高校竞技健美操心理素质训练中，要通过自信心训练来帮助学生建立自信。

培养学生的自信心，不能一味夸奖和毫无原则地吹捧，这会使学生盲目自信甚至自负。帮助学生建立自信，需要教师多与学生交流和沟通，这种互动应该深入到情感和心理的层面，教师要善于运用鼓励法、激励法来引导学生突破自己，多赞美学生的优势与长处，同时也要诚恳地指出学生的问题与不足，使学生在不断改正与完善的过程中树立自信心，在比赛中展现自己的自信与魅力，超水平完成比赛任务。

2. 应变能力训练

竞技比赛场上情况瞬息万变，发生超出意料之外的事也是普遍的，而遇到意外情况或出现自己已有能力解决不了的事情时，参赛者能否快速调整身体和心理状态，灵活应对与解决问题，这是决定比赛胜负的一个关键，这对学生的应变能力提出了较高的要求。缺乏应变能力的学生一旦遇到突发事件，就会乱了阵脚，心理负担沉重，在慌乱之中频频出错，最终导致比赛结果差。有时当比赛环境出现意外情况而不得不中止比赛时，心理素质差的学生也不善于利用暂停时间调整状态，反而担惊害怕，而且在重返赛场后也无法保持之前的比赛状态，竞技状态前后有明显差距。对此,在日常健美操表现力训练中,要有意识地培养学生应对突发情况和解决突发问题的能力,使其在千变万化的比赛环境下依然能够从容比赛,自信发挥,表现竞技健美操的艺术魅力。

（四）音乐素养训练

作为艺术的一个重要组成部分,音乐本身就充满表现力。对竞技健美操运动尤其是成套动作而言,音乐就是灵魂一般的存在,没有了音乐,成套动作便没有了生命力。竞技健美操运动员的音乐素养直接影响其艺术表现力,运动员能否正确理解与深刻体会成套动作,直接影响其艺术表现力,而了解音乐、音乐修养高是运动员体会成套动作的基础条件。所以,在高校竞技健美操表现力训练中不能忽视培养学生的音乐素养。

在音乐素养训练中,首先要培养学生对音乐的感知觉能力,也就是培养乐感,最好的方法就是多听优秀的音乐作品,用心体会,在听音乐的过程中在大脑中勾画技术动作。结合音乐进行训练时,要做好动作力度、节奏与音乐旋律的配合,从而充分展示健美操动作的表现力。

（五）舞蹈基础训练

舞蹈训练有助于提高学生的基本素质,有助于提升学生的艺术修养。学生在日常训练中要注意多积累舞蹈元素,尝试不同风格的舞蹈,体会不同舞蹈的表现力,吸收舞蹈中的元素融入健美操中,提高艺术表现力。

参考文献

[1] 蔡昌文. 高校健美操课程教学及现代发展 [M]. 延吉：延边大学出版社，2020.

[2] 程辉. 体育新课程背景下学校体育理论研究 [M]. 北京：科学出版社，2016.

[3] 顾圣益. 现代体育管理学——理论与应用 [M]. 大连：大连理工大学出版社，2004.

[4] 胡亦海. 竞技运动训练理论与方法 [M]. 北京：人民体育出版社，2014.

[5]《健美操运动教程》编写组. 健美操运动教程 [M]. 北京：北京体育大学出版社，2014.

[6] 匡小红. 健美操 第 2 版 [M]. 北京：高等教育出版社，2019.

[7] 廖丽琴，傅超. 健身健美操 [M]. 长春：吉林大学出版社，2016.

[8] 刘世奇. 健美操教学与提升艺术 [M]. 长春：吉林美术出版社，2020.

[9] 陆丹华. 新形势下高校健美操创新发展研究 [M]. 长春：吉林人民出版社，2020.

[10] 马鸿韬. 竞技健美操 [M]. 北京：高等教育出版社，2005.

[11] 毛振明. 简明体育课程教学论 [M]. 北京：北京师范大学出版社，2009.

[12] 王京琼. 健美操教学与训练 [M]. 长沙：中南大学出版社，2008.

[13] 王丽娜. 高校时尚健身健美操训练探索 [M]. 徐州：中国矿业大学出版社，2018.

[14] 王鹏. 高校健美操教学理论与实践探索 [M]. 北京：中国民族文化出版社，2019.

[15] 王姝燕. 全民健身与健美操研究 [M]. 天津：天津科学技术出版社，2018.

[16] 肖林鹏. 现代体育管理 [M]. 北京：北京体育大学出版社，2009.

[17] 徐宝丰. 高校大学生健美操核心素养的培育与训练研究 [M]. 北京：中国书籍出版社，2023.

[18] 徐吉，邱玉华，闫锦源. 高校健美操教学可持续发展研究 [M]. 北京：经济日报出版社，2018.

[19] 徐裴，韩颖，徐立宏. 高校时尚健美操运动教学理论与实践 [M]. 北京：光明日报出版社，2015.

[20] 张冰妹. 高校健美操课的教学优化研究 [M]. 北京：中国纺织出版社，2020.

[21] 张岚，田颖华. 健身健美操教程 [M]. 武汉：华中科技大学出版社，2009.

[22] 赵静晓，陶永纯，杨红果. 基于有效教学理论的高校健美操内容设计与实务研究 [M]. 北京：中国商务出版社，2017.

[23] 赵萍. 健美操课程教学分析与实践创新 [M]. 长春：吉林大学出版社，2019.

[24] 郑柏香. 高校健美操的教学与训练 [M]. 北京：电子工业出版社，2019.

[25] 冯道光. 我国竞技健美操运动发展对策 [J]. 体育文化导刊，2008（6）：70–72.

[26] 胡少娟. 云南省普通高校健美操课程设置的研究 [J]. 运动，2013（18）：73–74.

[27] 居杨. 高职院校健美操课程资源开发新模式的建构 [J]. 体育世界（学术版），2014，731（5）：91–92.

[28] 匡梨飞，龚卉. 竞技健美操操化训练方法探讨 [J]. 教育教学论坛，2012（8）：243–244.

[29] 李凤梅. 关于我国竞技健美操后备力量培养体系的研究 [J]. 当代体育科技，2020，10（8）：68+71.

[30] 刘昕. 健美操教学方法的选择与运用研究 [J]. 当代体育科技，2020，10（12）：165–166.

[31] 卢愉，涂运玉. 体育美学视域下体育舞蹈的美学特征分析 [J]. 体育世界（学术版），2020（2）：75+77.

[32] 莫艳霞. 我国竞技健美操发展的困惑与选择 [J]. 体育世界(下旬刊),2014(3): 6-8.

[33] 齐作成,王赞. 浅谈影响竞技健美操运动员表现力的因素及其培养 [J]. 休闲,2020(1): 152-153.

[34] 杨雪红,郑磊石. “互联网 + 教育”背景下健美操在线教学课程设计 [J]. 体育科学研究,2020,24(3): 89-92.

[35] 杨洋. 精准教学视域下高校健美操教学方法的创新研究 [J]. 才智,2019(25): 161.

[36] 余慧琳,袁青婷,吴文雅. 高校公共体育健美操课课程思政建设研究 [J]. 公关世界,2023,544(4): 141-143.

[37] 张惠芳. 对建构新型高校健美操课程资源开发与利用模式的研究 [J]. 运动,2017,165(13): 99-100.

[38] 张建龙,王炜. 体育教学方法优化组合的依据、原则与程序 [J]. 新西部(下半月),2009(5): 241+238.

[39] 卓志伟. 普通高校健美操课程资源开发与利用的模式研究 [J]. 体育科技,2015,36(3): 166-168.

[40] 陈启琴. 微课技术在高校健美操专项教学中的应用研究 [D]. 陕西师范大学,2017.

[41] 程锡森. 竞技健美操运动员表现力研究 [D]. 华中师范大学,2006.

[42] 董高峰. 对我国体育院校健美操精品课程建设的对比研究 [D]. 山东体育学院,2012.

[43] 刘焕. 竞技健美操运动员艺术表现力的研究 [D]. 郑州大学,2015.

[44] 刘琳. 大众健美操广场化发展的 SWOT 分析 [D]. 南京体育学院,2015.

[45] 刘雪菲. 艺术表现力在竞技健美操运动中价值及其培养途径的研究 [D]. 吉林体育学院,2013.

[46] 鹿丹. 竞技健美操运动员表现力的构成因素及训练方法的研究 [D]. 西安体育学院,2011.

[47] 田舒雅. “三段式”任务驱动教学法在普通高校健美操公选课教学中的应用研究 [D]. 云南师范大学,2019.

[48] 王美英. 北京体育大学体育教育专业健美操课程资源开发利用

的研究 [D]. 北京体育大学,2008.

[49] 闫凤娟. 新视角下我国健身性健美操多元艺术要素融合发展的研究 [D]. 广州大学,2012.

[50] 颜敏. 我国体育院校健美操精品课程建设研究 [D]. 成都体育学院,2019.